昨風集

◉李志强／著

中原出版传媒集团
大地传媒

大象出版社

图书在版编目(CIP)数据

临风集/李志强著.—郑州:大象出版社,
2013.12

ISBN 978-7-5347-7955-8

Ⅰ.①临… Ⅱ.①李… Ⅲ.①社会科学—文集
Ⅳ.①C53

中国版本图书馆 CIP 数据核字(2013)第 297200 号

临风集

李志强 著

出版人 王刘纯
责任编辑 谢景和
实习编辑 刘丽娜
责任校对 牛志远 张 涛 裴红燕
书籍设计 付锬锬

出版发行 大象出版社(郑州市开元路 16 号 邮政编码 450044)
发行科 0371-63863551 总编室 0371-63863572
网 址 www.daxiang.cn
印 刷 安阳市泰亨印刷有限责任公司
经 销 各地新华书店经销
开 本 787×1092 1/16
印 张 23.5
字 数 360 千字
版 次 2014 年 5 月第 1 版 2014 年 5 月第 1 次印刷
定 价 46.00 元
若发现印、装质量问题,影响阅读,请与承印厂联系调换。
印厂地址 安阳市解放路 76 号
邮政编码 455000 电话 0372-5923207

目 录

校长·书家·诗人

——焦作“新教育”人物李志强印象

朱永新

我认识一些诗人，也知晓不少书家，更熟悉无数校长。但是，能够把这三个角色兼任，而且每一个都完成得非常出色，大概就数焦作市人民中学的校长李志强先生了。

我经常读志强的诗。他在“教育在线”网站的“书香校园”栏目里开设了李志强旧体诗专栏。那些诗词写焦作的山水，大气磅礴之中透露出他对家乡的深情；那些诗词写人生的情怀，宏大叙事之中流淌着他对生活的挚爱；那些诗词写教育的得失，褒贬抑扬之中折射出他对职业的思考。最让我感动的是他为学校写的一首校歌：

疏星暗去，红日欲东升。晨号响，闻声起，正衣冠，净门庭。操场任驰骋。舒筋骨，充精力，清肺腑，强体魄，壮心胸。指点江山，铁臂夸遒劲，翼比苍鹰。正青春年少，意气贯长虹。破浪乘风，鼓帆行。

做云间鹤，山巅树，天岸马，人中龙。须勤奋，有志者，事竟成。戒骄盈，自主修学业，能合作，不盲从。书万卷，路万里，浪千重。莫道艰难险阻，高山上，我敢为峰。走苍茫大地，射虎挽雕弓，谁是英雄?!

读着这首激情澎湃的《六州歌头》，我们可以想象人民中学的师生们会用怎样的姿态和心思去学习、锻炼和生活。

在焦作期间，我主动提出去看看志强的学校。虽然尚未竣工，但已经能够感受到学校浓厚的文化气息。学校设计了“绿意迎宾”“云蒸霞蔚”“风荷凝碧”“正气干云”“春华烂漫”“七贤余韵”“飞絮飘雪”“高山仰止”校园八景，从立意、命名到造型，甚至连树种选择都由他亲自操刀。

学校的每栋建筑都有一个儒雅的名字，办公楼称为“砺耘楼”，两栋教学楼分别是“相长楼”“格致楼”，学生餐厅名为“箪瓢堂”，他也分别为每个楼名写了四字一句的铭文。

砺耘楼的铭文是：

勤学为砺，善教为耘；勤学善教，砥砺耕耘。
教贵善诱，诱贵得人；愤悱启发，导引如神。
治学严谨，强记博闻；弄潮学海，德隆望尊。
德崇仁厚，学尚精深；爱生如子，诲语谆谆。
师道千秋，力戒因循；千里足下，高山微尘。

相长楼的铭文是：

教学相长，重在双方，曰教曰学，振羽颉颃。
学知不足，始能翕张，如鸿戏海，若鹤翱翔。
教后知困，于学何伤？困知勉行，历久弥刚。
学亏教困，自反自强，师生互动，日月同光。
杏坛春满，桃李芬芳，前途似海，来日方长。

格致楼的铭文是：

师为导引，学贵自得，格物致知，早有先河。
天道苍苍，日月盈昃，地无四维，所系者何？

人生茫茫，纷纭因果，身体发肤，我知几多？
追根溯源，应能探索，洞幽烛微，须费琢磨。
细能察漏，勤可补拙，寸阴是竞，慎勿蹉跎。

这些铭文言简意赅，读起来朗朗上口，便于记诵，也寄托了校长的思考与期待。

学校有亲水亭一座，亭子的四面有四块悬匾，分别是“荷风”“怡心”“听涛”“倚翠”。与悬匾相对，设楹联四副。“荷风”一面的楹联是：沐月华而酣眠得清风而曼舞，出淤泥而不染濯清涟而不妖。“怡心”一面的楹联是：雁影涛声学耕胜地，诗情琴韵梁栋摇篮。“听涛”一面的楹联是：一抔足成丘一勺亦可海，三载应逞志三省始修身。“倚翠”一面的楹联是：神定如山心静如水，品端为尚学高为尊。这些寓教育于环境之中的楹联，也无不出自志强之手。

志强以为，诗写得好坏并不重要，诗意的生存与栖居才是人生的旨趣所在。所以，志强的诗词从来不是无病呻吟，大部分是在工作和生活的场景中与友人唱和的。有唱必和，来而无往非礼也，是他的基本信条。在志强的唱和诗词中，和张丙辰局长的最多。与张局长的唱和，也不是志强为了溜须拍马，讨好上级，他们之间的唱和交往，早在张局长来到教育局之前就已经开始了。而且正因为他与局长的这层特殊关系，志强放弃了许多机会。他有一段座右铭：“你不努力，谁都救不了你；你坚持努力，也没有几个真想或者真能够遮拦住你的人。”我们看几首他们之间的唱和，也可以窥见他们的情怀与视野。

张丙辰写道：

大业中兴教为先，老骥何须频着鞭。
曾因边草思骏马，最怕薄暮望夕烟。
勘乱无私惟民意，公正有志效前贤。
落日楼头怅望处，目送归鸿又一年。

李校长则唱和道：

殷勤驽马敢争先，骐骥趑趄须重鞭。
志士犹堪绝大漠，良谋岂可化飞烟？
茅庐三顾图王道，枯骨千金为募贤。
壮岁怎能思薄暮，泱泱大业正当年。

张丙辰局长感叹时光如水，担忧自己虚度年华：

叵耐日月太匆匆，谁解燕然未勒功？
教苑每思旌旗动，龙泉屡作风雨鸣。
臂有蛮力能屠狗，心无良策难雕龙。
惆怅不忍临晚镜，因怕须长称老翁。

李校长则唱和鼓励：

流年似水自匆匆，育苑何忧无显功？
润物无声因雨细，惊蛰有意寄雷鸣。
羯胡塞北擒伏虎，诸葛南阳起卧龙。
点水蜻蜓终叵耐，论功还是主人翁。

在绛县的新教育现场会后，张丙辰写了一首《绛县又见朱永新先生感怀》：

谁为教苑开新声？大道丹心惠师生。
盛夏江南播时雨，严冬塞北布惠风。
欣见孩提平林戏，喜听书声入霜钟。
我对此景三稽首，幸继陶公有朱公。

志强也唱和了一首《为张丙辰君又见朱永新先生诗感赋》：

物欲横流世不平，阳关当道路难行。

杏坛罕见师徒义，学海频吹剽窃风。

童子久违童子戏，书香乍起书香浓。

魂归育苑托朱子，穷漠欣闻蕙草青。

志强不仅诗好词佳，也写得一手好书法。他是中国书法家协会会员，也是河南省书法家协会教育委员会委员、焦作市书法家协会的副主席，他的书法作品2002年入选首届中国书法兰亭奖，2003年入选首届“杏花村杯”中国首届电视书法大赛，还曾获得过河南省行草展一等奖。要知道，这些奖项连许多职业书家都是不容易拿到的。

我看过志强的许多书法作品。《焦作新教育实验简报》的题款，就出自他的手笔；人民中学办公楼上的校训“舍我其谁”，潇洒自信，大气磅礴，也是他亲手写就；甚至在焦作的许多学校，都可以见到他的墨宝。

我收藏有志强的两幅墨迹。一幅是2007年我到焦作介绍新教育实验，晚上与志强等一起晚餐，席间听说他的书法造诣深厚，就表示希望一睹他的书道风采。没有想到，第二天晚上，他就亲自把写好的书法作品送到我下榻的焦作迎宾馆。内容是关于新教育的书香校园的：“门第曾因此道扬，校园今日有新章。人文自在书香后，且把清丝做羽裳。”很遗憾，那天晚上我正好去登封出席“禅宗少林音乐大典”开幕仪式，未能与他深谈。细心的志强把书法作品交到宾馆前台，并嘱咐服务员一定要送到，同时发短信叮嘱我不要忘记去取。为怕我对他的字迹看不真切，还专门在短信中把释文附上。记得我回了这样一条短信：“非常感谢，让我们携手共圆新教育之梦！”

另外一幅是前些天全国新教育实验在萧山举行开放周，他和张硕果带领57位焦作新教育人参加会议，也带来了他唱和张丙辰局长的那首诗。我最喜欢其中的那句“童子久违童子戏，书香乍起书香浓”。我想，如果今后新教育建自己的博物馆，我一定会把志强的这两幅书法作品送去陈列。为此，我和卢志文院长特意与志强展开此书法作品，合影留念。

志强不仅书法好，人品也好。他经常从书法中参悟人生，反思教育。他曾经对我说，写字与做人其实是相通的，“要想达到高境，必先临摹高人”。他的人生境界，也是在临摹中求提升。他以为，这样的提升虽然与“创造”远了点，但路不至于走斜。他曾经写过许多书画研究的文章，其中一篇研究徐文长的长文，对于徐文长的“高书不入俗眼，入俗眼者非高书”，有他自己独特的理解。他有这样的说法：“除了自己替自己蹩脚的字找理由之外，无论如何解释不了《兰亭序》为何人所共赏的。我最看不惯的是那些不想下真功夫却要用歪嘴理论以证其高的那种东西，欺世盗名，贻害无穷。”

值得一提的是，志强曾经也写过一篇《从书法习练中参悟课堂教学》的文章，介绍了自己学习书法的过程，也讲了书法与教育的关系。他认为，教育教学的管理应该善于学习别人成功的经验。“这正如临帖，写不好我们临就是了，在亦步亦趋之后，成长自在其中矣。”他主张不必过早地张扬自己的教学风格，因为没有足够的继承，只能将自己的“风格”陷于无本之木、无源之水。他以米芾集古字为例，认为米芾虽最初遗时人笑柄，但如今谁不承认米芾的书法艺术成就居宋四家前列呢？他还用一个“大”字书写的几重境界，来说明课堂教学也有不同的境界，颇有见解。

当然，志强最钟情最投入最擅长的，应该还是校长这个角色。在人民中学“砺耘楼”的正厅，有一个名为“高山仰止”的雕塑群。这是志强的好友、著名雕塑家薛俊猷先生创作的以孔子、陶行知和苏霍姆林斯基为题材的教育家人物群雕，周边陈列的是精选的古今中外 20 位教育家的教育思想精髓。之所以取名为“高山仰止”，是因为志强希望自己和学校的教师能够以这些伟大的前贤为榜样，“虽曰不能，心向往之”。

其实，在焦作的新教育人中间，我最早认识的应该是志强。1997 年，中国教育学会中青年教育学者分会在焦作召开，我有幸参加会议，并且在会上被邀请做焦作市的教育现代化顾问。当时，在会上会下忙得团团转的“干活的人”，就是李志强。那时他还在市教育局办公室工作，兼领教育现代化办公室副主任之职。

在教育局工作的十多年间，志强先后做过办公室秘书、办公室副主任、大中专教育科科长、电教馆馆长兼信息中心主任、基础教育科科长等职，考察了全国名校不下百所，多次向领导请缨，希望能到学校工作。

有一件事对他的震动非常之大。2004 年，在担任市教育局基础教育科科长期间，他带队考察了河北衡水，山东潍坊，江苏泰兴、徐州等地的多所学校，回来后的考察报告在全市引起很大反响，市教育局也专门下文，要求全面推广衡水中学经验。然而，会开了，文件发了，工作布置了，却没有收到任何效果，甚至连反响都没有。他意识到，教育行政管理力量有时也是非常苍白乏力的，“许多很有分量的文件，都仿佛是高高举起的重锤砸在了海绵上，连个声息都难以听到。许多基层领导似乎都是太极高手，你一次次冲出的重拳，他仅仅是一扭腰，便轻易地把你的劲儿化成虚无”。这使他暗下决心，到学校做校长，从改变一所学校开始做起！

第二年，焦作市部分学校校长竞聘时，李志强义无反顾地报了名。虽然没有如愿担任实验中学校长，但是终于有了一个自己的舞台，他当上了市第十三中学的校长。十三中是个力量十分薄弱的学校，原来是职高与初中并存的完中，2000 年职高部被分离出去之后，学校几乎到了办不下去的边缘，100 多个教师招的学生还不到 80 人，2004 年中招时，及格率、优秀率、平均分排名在市区 40 多所初中里倒数第三。

穷则思变。志强提出，尽管学校是“四流的生源，三流的设施，二流的师资”但也要用“一流的努力”，把学生培养成才。2006 年，李志强把诱思探究学科教学论引入十三中，2007 年，李志强把“新教育实验”引入十三中，一个直接解决课堂教学效率问题，一个渐渐润泽学校风气。经过近三年的努力，学校教师逐步学会了用研究的方式对待课堂教学，学会了读书与写作，学生的成绩也节节攀升，2007 年，及格率、优秀率、平均分等各项指标就开始进入市直学校前列。

2008 年，十三中并入新成立的人民中学。志强从学校的一砖一瓦一草一木开始打造，在一片废墟上建设了一座如前所述的现代化学校。他为这所学校确定了价值追求和文化取向：“宁可没有现代化，也不能没有文化；教师宁可没有高学历，也不能没有高学养；学生宁可没有骄人的学科成绩，也不能没有教养。”希望能够用文明化解粗蛮，以人文化育童蒙。通过建设优雅的校园，塑造儒雅的教师，来培育文雅的学生。

在“新教育实验”、“毛虫团队”蒸蒸日上的焦作市，人民中学是第一个开展“新教育实验”的中学，志强也是“最铁杆”的中学校长。从2007年运城年会开始，在新教育的重要会议上，总能够看到他的身影。近年来，他的学校在“营造书香校园”“师生共写随笔”“培养卓越口才”“聆听窗外声音”方面做了大量的工作。学校不仅建有可供学生随时借阅新书的“读书馆”，还在“教育在线”网站建设了班级或个人的主题帖。在实验班级，教师和学生只用三分之一的学时便学完全学期的课程，然后有计划地开展拓展性阅读与写作，做到课外阅读课内化。

作为“新教育实验”的网络平台，“教育在线”网站为新教育的传播、完善和发展起了重要的作用。志强也是“教育在线”的优秀网友，他的两个主题帖“大河风——李志强教育随笔”和“李志强旧体诗词”，早已经成为精华帖子，人气很旺。他还组织了部分网友到焦作搞读书沙龙，引来了不少才子能人。他介绍说，之所以开主题帖，一是为了方便与自己学校的老师交流意见，二是想给大家做一个常读常写的榜样。“校长不读不写怎么给老师们做表率！”用自身的行为为师生做榜样，是志强管理学校的基本要求。

志强不仅在自己的学校开展“新教育实验”，而且为“新教育实验”在焦作的全面推进，做出了许多不可替代的重要贡献。他是张丙辰局长的诗友，经常彼此唱和，切磋诗艺，耳濡目染之间，对于教育行政部门下决心把新教育写进《政府工作报告》，作为焦作素质教育的突破口，多少起了推动的作用。而作为张硕果的支持者和高参，志强也是竭尽全力。他心里想的远远不止是一所学校，而是焦作的教育。这不由得让我想起了他们学校的校训“舍我其谁”。在志强看来，这并不是狂妄，而“是一种大气，是一种精神，是一种气概，更是一种人生的实践”。

他说，我们的老师无论别的学校老师收入多少，一直默默奉献着自己的才华与智慧，这对于教育事业来说，就是舍我其谁；我们的行政人员看到一些同学有了不合规范的行为，无论别人怎么回避，自己出面管一管，这就是舍我其谁；我们的同学看见有公物被损坏，不是漠然置之而是主动向老师报告，这就是舍我其谁；我们的师生在校园里看到掉到地上的纸片，不等责任班级的同学前来打扫，弯腰捡起来放到垃圾桶里，这就是舍我其谁！同时，这还“是一种精神，是一种境界，是一种责任，也是一种高尚品格外化出来的主人翁行动”。他解释说，看到别人做好事不习惯甚至不屑一顾，是你还没有这种精神这种境界这种品格；看到应当做的事情不去做等着别人来做，是你把净化灵魂积蓄品质培养习惯的好机会拱手让给了他人；明知道是好的事情不敢去做害怕别人笑话，是你心中还没有真正树立自己的浩然正气。自己不愿做，又看不惯别人做，总要千方百计挑毛病说怪话，不是积极行动投入建设而是唯恐破坏得不够，这种人真的应该去看看医生了。不然的话，害别人的同时，害自己是确定无疑了。所以，以一个校长的身份，全身心地投入焦作新教育的事业中，其实也是一种“舍我其谁”的精神。

离开焦作的时候，志强送了我一本他的新著《期待是美丽的》，巧得很，是我们民进中央的开明出版社出版的，感到特别亲切。这本书有许多值得一读的美文，如《“毁”与“诲”的辩证法》《以文化涵养文化》以及关于学校、关于校长、关于课堂等问题的小语。

我问志强，为什么取这样一个书名？志强的答案是：如果做教育的没有了期待，没有对期待的美好憧憬，不可能做好现实的事情。做教育的人，要像周弘对于孩子一样，有一种花苞的心理——稚嫩是成熟的花苞，懒惰是勤奋的花苞，弱小是强大的花苞，粗蛮是文明的花苞。只要你有期待，花苞总是会开放的。只要你在期待中，总会看到花苞开放的那一刻。

是啊，难怪在焦作的时候，志强让我写了“相信种子，相信岁月”几个字，其实，这不是让我对人民中学、对焦作的新教育充满期待吗？我们完全有理由相信，志强会以诗人的激情、书家的豪迈，写出人民中学新教育的壮丽诗篇！

山阳风雅　福慧双修

有一种诗文佳构，只可激赏，不宜置评。因为它使任何评介都成冗词赘句，类似隔靴搔痒，真正激荡人心者还是作品本身。

有一种人性修养，只可赞叹，不能复制。因为复制要以理解为酵母，而令人赞叹的往往是不可思议的奇迹。

20年前初识李志强，我便即刻产生这种强烈的印象。我不信年纪轻轻便有这般深厚的诗文积累，也不信“文革”淫威下还有文化种子幸存，更不信疾风怒雨后会有此灿烂的盛开。

我总认为，在这浮躁喧嚣的尘世间，在与他相类的年龄段里，李志强算是个成长的奇迹。十年动乱，文化陆沉，中国教育已经完全乱了方寸。当学校的教室已经不再安放书桌的时候，广阔的黄河滩涂自然就成了他和同伴们撒欢的游乐场。中小学课本无非几句激昂的政治口号，该学的文化知识都被扫荡进“封资修”的撮箕。尽管从文明薪火传承的角度上看这样的浩劫令人发指，但漫长的混乱和松弛状态却无疑成就了孩子们的天堂。它对那一代人的影响不仅在于让他们虚掷了光阴，更重要的是“造反有理”和“知识无用”的世界观在幼稚的心灵上打下了深刻烙印。“马尾巴的功能”成为知识分子迂腐的笑柄，鄙夷文化、轻蔑知识、嘲笑读书成为普通人的思想底色。即使在恢复高考之后有不少人进了大学校门，他们也只不过是人才青黄不接时期的幸运儿，其知识基础和学习自觉性都带着明显的先天失调。贫瘠的土壤长不出参天大树，这是尽人皆知的道理。以李志强的年龄和经历，毫无疑问应该属于被浩劫耽误的这茬人，能够考上大学并在毕业后混个公家差事已属万幸。然而他却笃志业儒，沉迷诗书，“恒兀兀以穷年”。诗词文赋，出口成诵，随风咳吐成珠玉，挥翰舒展走龙蛇。年岁不大却名动山城，享誉全国。其中，定有其独特的智慧密码未曾破译。

“节义傲青云，文章高白雪，倘不以德性陶镕之，终将为血气之私、技能之末也。”明代大儒洪应明这句话是锤炼道德文章的点睛之笔。带着钦佩和不解探究李志强为文之路及德行，应该是一把打开锁码的金钥匙。

亦步亦趋，尊师重道，李志强身上古风盎然。20世纪60年代初期出生的人，是比较独特、比较另类的一代。与前人比，他们从未打上传统文化底色；与后人比，他们带着与生俱来的“文革”胎记。十年浩劫礼崩乐坏，师道尊严荡然不存。我们见到或听到太多的欺师灭祖的恐怖故事。这茬人，没有门墙桃李的传统观念，难以认定自己的授业恩师。尤其是在大轰大嗡上大课的专科班里，老师只是个群体概念，没有明确的个体对应关系，自然也说不上交情深浅。但李志强却偏偏有着异常强烈的恩师情结。他是同学当中年纪最小的，却一入校门就深得老师青睐。一与之订，千秋不移。直到恩师撒手西去，连追悼会都由他参与操办，并且事后都有锥心泣血的悼念文章在报刊发表。李志强文集中多次提到的刘性坚、戴直夫老师，都是名动山阳的鸿儒名宿。我虽未有幸忝列门墙，但也都有过一面之缘。一袭儒风，清癯朗润。其学养、气节和风骨无不带着民国文人气象，那都是传统文化的珍贵遗存，学富五车的教坛至宝啊！我亲见李志强在他们面前，执弟子之礼，行则扶舆，止则陪席；色愈恭，礼愈敬；亦步亦趋，不离左右。那令人感动的画面，会令人想起2500年前曲阜杏坛的圣贤师徒。而李志强能在衮衮诸生中成为这些硕儒的亲传弟子，除发自内心对恩师的崇敬和始终如一的个人勤勉之外，我想不出别的理由能得到这些高傲大师的首肯。

人见人赞，温润如玉，李志强无愧“有脚阳春”。孔融有一篇著名的《论盛孝章书》，被认为是古人弘扬友道的代表作。“驰一介之使，加咫尺之书，则孝章可致，友道可弘矣”。孔文举怜友情殷，向曹操举荐不遗余力。这种美德也在李志强身上有淋漓的体现。在李志强涉足的圈子中，他的好名声、好修养、好人缘令人嫉妒。与人不轻交，一交定不负；重承诺、守信义、有担当，决不轻弃。在他的周围聚集了不少品位很高的文人雅士。或吟诗作赋，或挥毫泼墨，或夺席谈经，或引吭皮黄，大都称得上是“人中吕布，马中赤兔”。他们互相砥砺，以求精进，关系深笃，历久弥坚。文集中提到不少天南海北的网络朋友，比如风之舞、日出东南、水易等，这些中青年才俊都是“教育在线”论坛的高人，现实世界中距离往往有千儿八百里之遥。在浩如烟海的网络世界里，即便是君子之交也可淡如水的，但李志强却很认真地把这些高人当作他办学的宝贵资源。他会一个个邀请来自己的学校开沙龙，办讲座，当评课专家，指导教师的成长。在他谦虚的视野里，“士乃国之宝，儒为席上珍”。带着谦虚的襟怀和求教的热望，李志强待人接物便如霁月光风。“德胜者，其性平和，见人皆可取，故口中所许可者多；德薄者，其心刻傲，见人皆可憎，故目中所鄙弃者众。”李志强交友，不是声气浮慕，共图豪举；不是虚张声势，以壮辞色；而是以朋友为箴规，做自己进德修业的砺石。谦虚是交友的通行证，真诚是友谊的保鲜膜。眼中常见人不是，乃诸恶之根；心中常虑己之非，为万善之门。李志强是深谙结友之道的。

无怨无悔，为报三春，李志强反哺情深。“求忠臣必于孝子，求孝子必于情人。”清代文学家朱锡绶这里说的“情人”，当然指的是有情义的人，他认为这是忠臣孝子成长的根基。要证此言不虚，李志强即是一例。书法、诗文、讲学、工作，他在许多领域都弄出了较大动静，为此他忙得脚不沾地。但这些名头都丝毫未改变他农家子弟的赤子情怀，都不影响他在奔波颠沛之余恪守着为人子的那份孝心。年近九旬的老父，因恶疾缠身行动不便，举步维艰。几年来，他侍奉汤药，未敢丝毫怠惰；殷期床榻，昏定晨省；骸垢想浴，执热愿凉。与李志强熟悉的人，见惯了他搀扶老父出入浴池的场景，也亲睹了他搀扶老人上下六楼的艰难。为了伺候方便，他又特地在城区郊外的农村买地盖了三间房子，把和煦的阳光迎进地道的农家小院。看到老父在屋檐下享受灿烂的暖意，是李志强心里最熨帖的一件事。李志强的孝心纯正无瑕，但悄无声息，如一泓汩汩清泉，从不干涸，从不枯竭，就这样秋流到冬，春流到夏。圣人说，大象无形，大音希声。作为人世间最高的德性，即使孝到极处，也是平静无波。人伦亲情在李志强心里盛开着不败的花朵，人性的光辉在这里得到了最朴素、最家常、最自然的展示。

今年春天，李志强先生赴省会高就。他的离职，在焦作的文化教育系统和政府大院内引发了一时的热议。惋惜者惜其佳境初开，庆贺者贺其潜龙得跃，惊讶者惊其半百荣登。“才子而兼富贵，必从福慧双修得来”。我知道，一潭池水难困真龙，是真金终究会引人注目。李志强的造化绝不仅仅是舞文弄墨那么简单。在为李志强饯行的一次文友酒会上，借着三分酒力，我说出的一句感伤话“君将远行，山阳风雅尽矣”，曾引得满座欷歔。山阳文坛河汉灿烂，但真称得上才子者寥若晨星。老的已上不去马，小的还拉不开弓，在这承前启后的年龄段中寻觅担当者，李志强堪为承载众望第一人。但是，我们谁都明白，对于正当盛年的李志强，登高望远，眼前铺展开来的是一片更加广阔的天地。那他的远走高飞，就不单单是个人的际遇，而是事业的幸运了。我们有理由期待，李志强将会如得神助，挥动生花妙笔，写出更多的锦绣文章。

张丙辰 2013 年 11 月于山阳洗心斋

儒雅温润　如是我闻

——李志强先生印象

杨寿良

人很难改变自己。因为人很难改变自己的第一印象。

我也曾试图改变我的第一印象。这种印象跟印象派艺术没关系，跟中国官窑出品的大导演的“印象”系列声光电无关，跟官长第一能耐地搞个人印象无关。我说的这个第一印象，形成于观其人、味其诗、品其书之后的无法更改的认识与看法。我也曾试图从其他途径和渠道寻找论据，以求推翻或者颠覆这种印象，但是事实证明，可怜无补费精神。

这有点西方询证医学打破砂锅问到底的做派，也有点周伯通双手互搏的意味，甚至有点像茨威格《象棋的故事》里那位象棋大师跟自己对弈，结果只有一个：第一印象无法改变，也无需改变。

当然，这个结论基于一个前提：这个第一印象是对李志强而言的。

与李志强君交往多年，对其印象，一如初识；察其所安，了无再迁。若非要说更改，便是印象变得更深。如大师掌力发功，早年手印或浅，久而久之，一掌入石，手印还是那个手印，只是更深刻更明晰而已——我不是大师，也没有功力，只有跟大师发功可比性的印象。

志强先生一直在勇猛精进，发功发力，我则只做一个采集其功力印记的见证人，将自己越来越深刻的印象记录下来，并对其真实性负责。佛家弟子记述佛之言语法旨，总始于一句“如是我闻”，以证所言不虚；我也在自己的印象之前加上“如是我闻”，以证其真实不虚。

行走的儒者

我的第一印象中，志强先生本是一个覃思笃行的儒者。

何谓儒者？

《说文》如是释儒：“儒，柔也，术士之称。从人，需声。”儒者，是一个风度翩翩的学者，能将百炼钢化为绕指柔，而从不颐指气使、飞扬跋扈。有内敛、克己的功夫，才能称为儒者。古时这个“儒”字，还有“懦”之义，便是极在柔性上做标记的。

在《论语》里，孔子对子贡说道：“汝为君子儒，无为小人儒。”孔子将儒者分为君子儒和小人儒。可见，儒自孔子开始已经成为一种有职业特征的群体，且这个儒的群体已有左、右派的分化。到了荀子，他更是分儒为类似左、中、右的三类：俗儒、雅儒、大儒。（《荀子·儒效》）——这颇有点道生一，一生二，二生三的趣味。孔子、荀子对儒者的分类告诉我们这样一个道理：做一个儒者，很容易；但是做一个真正的雅儒和大儒，很难。

《三国演义》第四十三回“诸葛亮舌战群儒”里，谈到君子儒和小人儒，饶有趣味：

> 忽又一人大声曰：“公好为大言，未必真有实学，恐适为儒者所笑耳。”孔明视其人，乃汝阳程德枢也。孔明答曰：“儒有君子小人之别。君子之儒，忠君爱国，守正恶邪，务使泽及当时，名留后世。若夫小人之儒，惟务雕虫，专工翰墨，青春作赋，皓首穷经；笔下虽有千言，胸中实无一策。且如扬雄以文章名世，而屈身事莽，不免投阁而死，此所谓小人之儒也；虽日赋万言，亦何取哉！” 程德枢不能对。

“君子之儒，忠君爱国，守正恶邪，务使泽及当时，名留后世。若夫小人之儒，惟务雕虫，专工翰墨，青春作赋，皓首穷经；笔下虽有千言，胸中实无一策。”

这话是对孔子提出的“君子儒”和“小人儒”的发挥。罗贯中借孔明之酒杯，浇自家之块垒，解释得还是蛮有意思的。不过呢，罗贯中还是很维护儒者形象的，他虽然看好“君子儒”，不看好“小人儒”，但是他眼里的“君子儒”也好，“小人儒”也好，在我们当下看来，其实都是很可贵也很难做到的。如果严格地加以考量的话，目前能做到“君子儒”的少之又少，像我们认为的或自认为的“大师”；即便是“惟务雕虫，专工翰墨，青春作赋，皓首穷经；笔下虽有千言，胸中实无一策”的“小人儒”，也是很少的。试问，又能有几人能像古人那样饱读诗书、习文弄武、样样精通呢？

在我看来，无才学，不能工“翰墨”，不能作诗赋，没有穷经典，便不能称儒者。这是儒者的基本条件。以此为标准，成为儒者当是我们这个时代最奢侈也是最难的事。倘若穿上这样的打底裤之后，再有爱国爱民之姿态，“守正恶邪”之勇力，就更是丰姿绰约了。

但是，作为诗人、书法家、杂文家的志强先生却正是这样一个博才学、工翰墨、擅诗赋、穷经典、守正恶邪的儒者——世人大多皆无，唯他独有，这真让我眼红和沮丧。然与他交往愈久，这种印象愈深刻，任我怎样眼红和嫉妒都无法磨灭。

志强先生以满腹诗书行走天下，广交文友，诗词酬唱，既快且好。我一直觉得他的诗近杜工部，歌诗为时事，笔墨皆春秋，沉稳端庄，典雅雄健。他的诗厚重凝练，用典灵巧，炼字精细，格律谨严，用韵妥帖，不露破绽。他为焦作市人民中学题写的楼铭，以及亭台之上的对联，还有他与教育界、诗文好友酬唱往来的诗作，都颇能体现他的诗文才学，得“新教育实验”创始人朱永新公之激赏，当之无愧。

《尚书》云：“汉室龙兴，开设学校，旁求儒雅，以阐大猷。”自孔子以儒立教，礼乐垂世，光大杏坛，儒者为中华文化之薪传，为人类文明之延续，功劳甚巨。志强先生本一介书生，不求宦达，甘赴一线，辛苦耕耘，将一所凋敝无名之中学，建设为以“舍我其谁”为校训，践行“过一种幸福而完整的教育生活”理想的优秀学校，成绩斐然，众目所睹，有口皆碑。我不愿意将他一腔热血、满腹经纶奔走杏坛的肝胆高义用“忠君爱国”之类的名词招安，而更愿意将他比作守正恶邪、奖掖后进、培育栋梁的园丁和护林人。相比那些“笔下虽有千言，胸中实无一策”

的文弱儒生，志强先生以手中的权力和所管理的学校平台作为实现教育理想的方便法门，诗文明志，颇显盖世之学；教化修身，尽是传灯之功。这样的儒者，乃是孔子所谓的“君子儒”、荀子所谓的“大儒”了。

读他的教育随笔《期待是美丽的》，读他这部新书稿，读他与教育界友人唱和之古体诗，都能感受到他的温暖之心、柔软之心、悲智之心。这是儒者之心，是对新教育的缱绻之心，也是坚守担当的勇毅之心。“士不可不弘毅，任重而道远。”在他的诗作中，在他不懈的辛苦奔走中，都能感受到他坚忍勤勉的心志和情怀。

一个谦谦之君子，一个勤学的儒者，一个灵动沉稳的诗人，一个默默担当的学者，一个知行合一、博学笃行的儒者形象，映射杏坛，斯诚山阳之幸也，斯诚新教育之硕果也。

博通的雅士

志强先生是个作大猷巨献的大儒，又是一个通诗文书法的通儒。不少人都称其儒雅，却鲜有展开论证分析的。我且做第一个写：志强先生之儒雅气度之人也。

何谓儒雅？

据说雅是一种鸟，故从“隹”。所以《庄子·逍遥游》里“抟扶摇而上者九万里”的大鹏鸟，那是相当优雅自由的；像鸟一样飞翔的列子“御风而行，泠然善也”，当然也是最优雅的姿态了。诗三百以“雅”三分天下，《荀子》也说：“君子安雅。”《荀子》注云：“正而有美德者谓之雅。” 可见，在古代圣贤看来，像鸟一样飞翔，是神仙一样的境界，当然需要“正而有美德”。优雅、高雅、文雅、娴雅、清雅，都让人觉得轻飘飘的，有说不出的愉悦和自在。

儒雅因此关联到一起，互为表里。儒以雅为外在理想，雅以儒为内在修炼。内化为儒之圣，外现为雅之美。“儒雅”有两义：一为学识深湛，二为气度温雅。学识深湛，方能做到气度温雅；气度温雅，也正是学识深湛的表现。在眼下学识气度不可兼得，甚或无学识更无气度的学人充斥江湖之态势中，儒雅似乎成为一种末世奇观。

第一次见到志强先生，是在焦作的一个饭局中。他很是儒雅谦和，席间还唱了一段京剧，字正腔圆，神韵兼备，满座为之击节。后来每次见面，都觉如沐清风。他带我参观同样儒雅的人民中学校园，欣赏他的书法作品，让我惊奇于焦作还有这样风雅的所在，还有这样风雅的人物。

从那时候起，我就将儒雅与志强先生画上了等号。

儒雅是一种修行，是一种内外合一、表里如一的气象，是一种满腹才学、化繁为简、举重若轻的智慧。志强先生的儒雅，让我总联想到水，那种温润、柔软而又澄明的水。如果以“仁者乐山，智者乐水”来评骘人物，我则把志强先生归为乐水的智者一类的（不知志强先生以为然否）。

《道德经》上说：“上善若水。水善利万物而不争，处众人之所恶，故几于道。”人们因此还引申出水有“五德”，可见水是圣贤们所喜欢的，大概从水可以引发人们很多关于道德和人格的观想。从志强先生之儒雅联想到水，再用水之诸德又能表述志强先生如水之雅。

志强先生对于水也是情有所钟。本书中即有篇什名曰《上善之水何汤汤》，他尤喜南宋赵师秀的那句话：“无欲自然心似水，有营何止事如毛。”

水性至柔，亦至刚。顺势至柔，也是志强先生的智慧和涵养。水性至刚，又是一种持守和勇毅。即便泰山压顶，志强先生也始终是面带微笑，谦和柔顺。无论谁向他求墨宝，他都会夤夜书丹，一早送上，从不食言——很多次，想起志强先生，首先想到的就是他的微笑。笑里有充盈的谦和，谦和源自慈悲，源自宽容，也源自爱。

如水之柔顺，在他的书法创作中又体现为一种行云流水的潇洒畅达和挥洒自如。赏志强先生之行书，便觉满纸流云，两眼清气，无涩滞委顿之败笔，多快意悠然之抒怀。王右军，米襄阳，黄山谷，皆为我所用，不为形役，不受拘牵。看他的书法，你即便不懂，仍能感受到其中流动的气韵，还有云水般飘逸的雅意。

与志强先生谈诗论书，最宜二三子来相对坐，几盏清茗，几杯好酒。我曾倡议组合焦作张丙辰、李志强、汤保成、范光等诸公而成新“竹林七贤”，曲水流觞，畅叙友情，当为快事。志强先生诗书茶酒俱佳，亦擅京剧篆刻太极拳，能文能武，当是具通才多技之雅于一身了。正因于此，张丙辰公曾借《小窗幽记》之句赠志强先生：

是技皆可成名天下，惟无技之人最苦；

片技即足自立天下，惟多技之人最劳。

这是赞叹，是欣赏，也是鞭策和鼓励。志强先生是一个劳苦功高的多才多技之人，偏又不知爱惜自己，在赏识教育的东风下，即便到了数字出版这个新的领地，依然鼓吹新教育，不改儒者心。

儒是雅之心。“毋意，毋必，毋固，毋我”讲的都是打开自我，破除障碍。可惜很多儒者有勤学笃行之心，却鲜善学致用之智，空有一身本领，却难以施展抱负。志强先生的儒雅，还体现在他自强不息的成功背后那样一种圆融自得的智慧和识见。

志强先生曾寄我诗云：

书生意气语还羞，傲骨曾惊万户侯。

物理综析方悟透，自除碍眼越田畴。

儒家与佛家都重内省的功夫。反求诸己，在自性上修炼，“物理综析”、“自除碍眼”。在这一点上，志强先生的儒，是融通智慧之儒，是自利利他之儒，是炼化雅韵之儒。他悟透了，也做到了，便无碍潇洒了，便成为无所挂碍之雅，成为挥洒自如之雅。

“去岁月圆人定后，山阳寓里听风。长年病酒累心功。桂花香细细，帘外起寒蛩。　闻道今宵月更好，不欺瘦绿肥红。沧溟稳泛也匆匆。眼前黄叶过，心下有波清。”这首词是他2013年仲秋之作，当是他性情的流露，足见他看过圆亏，悟透万殊的心志。我尤喜欢末尾两句：“眼前黄叶过，心下有波清。”眼前白驹过隙，黄叶翻飞，心中却波澜不惊，心静如水——有这汤汤的水波流淌在心中，流淌在他的笔端纸上，流淌在他的眉间笑中，流淌在他谦和的赞许与扶持中，流淌在他的勤勉历练中，流淌在淡泊闲远的持守中——我突然觉得，志强先生的生活和思想，已经化为浓浓的诗意，化为优雅而美丽的水墨丹青。

清人张潮说得好：“人须求可入诗，物须求可入画。”（《幽梦影》）志强先生其人可入诗，入诗便为诗中雅韵；其志可入画，入画即是画里清音。我真想画一幅关于志强先生的雅士图：云水深处，衣带飘飘，三千弟子环拱；行吟途中，文思袅袅，几卷诗书生香。有儒之风，有雅之韵——可惜我不会作画，憾之憾之！

荷尔德林的名言“人诗意地栖居”经手海德格尔，已经成为工业时代乃至信息时代的理想生活的象征。荷尔德林在其《远景》中还这样描述：“当人的栖居生活通向远方，在那里，在那遥远的地方，葡萄闪闪发光。那也是夏日空旷的田野，森林显现，带着幽深的形象。自然充满着时光的形象，自然栖留，而时光飞速滑行。这一切都来自完美。于是，高空的光芒照耀人类，如同树旁花朵锦绣。”我不由得想起朱永新教授发起的“新教育实验”的理想“过一种幸福而完整的教育生活”，与“诗意的栖居”有着同样的完美和完整，也是同样的自由而光明。在当下的中国，能有比这更有意义、更为壮丽的伟业吗？

那个“傲骨曾惊万户侯”的志强先生，其实并不狂傲，也不寂寞，他所从事的事业，功勋垂世，膏泽后人，惭煞那些尸位素餐、鱼肉民智的酷吏，也愧煞如我这般庸碌苟活、百无一用的俗汉。当越来越多的有识之士、同道中人从铁屋子中觉悟过来，新的教育、新的思想、鲜活的诗意如“高空的光芒照耀人类，如同树旁花朵锦绣”的时候，我愿浮几大白，与志强先生一道，把栏杆拍遍，共听美丽的新声。

有这样美好的第一印象，有如是多的如是我闻，志强先生如汩汩泉水，涌出的是对新教育的热情，是温润的诗情，是舒展的笔墨，是儒者的心曲和情志，展示出的是一个雅士的魅力生活。我无法抑制我的赞叹，如同我无法抑制我的嫉妒一样。领略着他如许的诗意，我斗胆吟成此诗，我也知道，我的拙诗又岂能穷尽他儒雅背后的蕴藉和璀璨！

儒者千言阐大猷，杏坛椽笔自风流。
禅心云水说温雅，勋业常惭万户侯。

2013年10月15日于京北临湖轩

第一辑　河滩闲话

玩深沉不容易

光阴荏苒，日月如流，转眼已过而立之年。三十而立，对于人生来说，着实是个难跨的门槛。照实说，到了三十，即使无所立，也不能风风火火做儿童状了，举手投足均当慎之。换言之，就是要“深沉”点儿了。

说起深沉，顿生诸多感慨。十几年前，二十啷当岁便开始装模作样玩儿起了深沉。19岁那年，从课桌边站起，走上了讲台。当时虽年轻气盛，周身奔涌着流不尽的热血，但既为人师，便当为之表率，非但授业解惑，关键要传之以道。道乃天地间至大至刚之物，万物之所由生，若不“深沉”点，如何传授得了？几年下来，学生倒是一茬茬走出了校门，再看看自己，虽形容未衰，但精神却如枯木朽株，无论如何也透不出一丝的朝气了——从思想到言行，似乎一切都已与奔涌如潮的社会格格不入。

玩深沉把自己玩到这步田地绝非我的初衷，于是不知不觉中从体内游离出了另一个灵魂，对于故纸堆中前代遗老般摇头晃脑的那个灵魂产生了本能的反感，强硬地拉扯着我的躯体走进喧闹的市井，去感受鲜活的人生。但第一个灵魂并未因此弃我于不顾，它不顾一切地牵扯着我，萦绕着我，即使后来被迫退避，仍躲在阴冷的角落幽幽地望着我，企盼着重新附体的机会。在两个灵魂的撕扯中我终于走出近乎陈腐的深沉与清高，走出了自我围困的苑囿，看到了外面异彩纷呈的世界。

走出灰得发皱的人生，脸上也显出了以往少有的红润，在体健身轻、物我相宜的韶光中，我走下讲台，在办公桌边坐下，开始了最有特点又最没有个性的机关工作。二十六七岁，心血常澎湃于“壮岁旌旗拥万夫”的豪壮，可时移事易，自己能触及的却只能是纷繁杂芜的机关事务。精疲力竭之后，不觉发出了“壮岁自知欢娱少，纷纭世事伴华年”的慨叹，梦想着有朝一日能“跃马驰情紫陌上，擎樽泻意白云边”。但，这只是梦想而已。自己心里比谁都清楚，故纸堆的超然不复存在，闲云野鹤的飘逸同样不是吾辈之所能够。所以，只好默默地低下头来，仔仔细细地琢磨周边的人和事。渐渐地，觉着先前“为赋新词强说愁”之类的“神圣忧思”过于浅薄了——虽则“天凉好个秋”我还说不出来，可还是觉着真的深沉了许多。

然而，没多久，这种深沉使我陷于更加苦闷的境地而难以自拔。在人和事的琢磨中，日渐觉得天地间阴与阳、善与恶、是与非是那么不和谐，且这些不和谐古往今来无时无处不在，亦将为未来的人类社会所不可或缺。这种认识使我理解了黑格尔“存在”与“合理”的朴素的辩证法，可由于长时间受孔孟之道的熏染，我仍无法接受老庄超脱人间的出世与无为。我必须入世，我必须深沉，尽管这样的深沉与沉重没什么两样。

如此沉重的深沉压得我几乎无法喘息。看着身边哼着“潇洒走一回”飘然而过的女士先生，也时常禁不住心旌摇曳。但我自觉“深沉”与“潇洒”其实是合为一体的，“先天下之忧而忧，后天下之乐而乐”的范仲淹，一生无论荣与辱、尊与卑，始终没有舒展紧锁的双眉，其精神负担可谓重矣，但读他彪炳千古的雄文，谁又能说他不是潇洒走了一回呢？

几度回环的“深沉”中我跨过了30岁的门槛，无声无息，无知无觉。如果说上苍还有所“表示”的话，那就是我顶上本就不多的头发日渐稀疏了。有几次朋辈相聚，哥儿几个笑我杞人忧天，我欣然应之。因为我觉得，杞人忧天固然可笑，但“天塌砸大个儿，与我无相干”的冷漠与天之将倾依然故我的麻木就近乎可憎、可悲了。

深沉玩不得，但要得。深沉的人生可能很累，但至少能让你在悠悠的人生旅途中划出一道无悔的印痕。

自尊与自卑

人类其实是很有意思的物类，如果你留意观察，会发现到处都有辩证法。老子在两千多年前就曾说过，无论自然还是人类，都是“有无相生，难易相成，长短相形，高下相盈，音声相和，前后相随”，且“福兮祸之所倚，祸兮福之所伏”的。遗憾的是更多的人没有把聪明才智用到琢磨这些道理上，而是用于琢磨人了。不然的话，到如今也该是“老子如云”了吧。

就说自尊吧，这当是人类一种可贵的心态。有了这种心态，人们才得以自律、自省、自爱、自强；失却了这种心态，就会自卑、自弃、自轻、自贱。按理说，自尊与自卑当是相拒相斥、不可相容的。然而，仔细观察尘世中人们的行止，便会发现道理没有那么简单。

比如，人们常说的“穷汉乍富，挺胸腆肚”，你说他是自尊还是自卑呢？乍一看似乎自尊得可以，但如果深究一层，探求一下“乍富”的穷汉这样做的心理，便不难发现，就是不愿人们再以穷汉视之。由是观之，如此这般的挺胸腆肚，其实是“乍富”的穷汉那种深层自卑心理演化出的一种外在的伪装，是蠕虫软弱躯体外的一层甲壳。过去听人谈起日本人时常以“穷汉乍富”称之，当时还不理解。现在看看他们过分考究的笔挺西服，过分张扬的自信神采，就连那过于繁缛的接待礼仪，与西方贵族相较，似乎真是带有点败国子民的小家子气了。

其实，不独日本人这样，国人之具备此种心态者也俯拾皆是。曾经听说一则故事，若干年前一个大学生，刚入学时怕人不知道他有学问，还要在上衣口袋挂上钢笔，还要戴上一副装着平光镜片的秀琅眼镜。可到大学毕业著述颇丰之后，就再也不愿干那种勾当了。无独有偶，一位朋友和我谈及，他原来只挣几个大钱儿时请朋友们到餐馆吃饭，常是不讲价钱一点一桌的；如今是远近闻名的大款了，到餐馆吃饭时却总要讨价还价，还往往当着客人的面，并不以为寒酸。这种心态再推开来，不独个人有，集体也有，不信你看一下，上级请下级抑或有钱单位请没钱单位，常常没有下级请上级抑或没钱单位请有钱单位显得阔绰。明白了这一点，也就不会惊怪于小不点儿企业贷款购买豪华轿车的作为了。

想到这里，我觉着自尊应当是一种境界了。这种境界是在自我价值完善、自我智慧充盈、自我力量宏大、自我蓄积丰厚、自我意识充分觉醒、自我束缚完全摆脱之后表现出来的平和、大度与不失谨严的从容，仿佛余秋雨笔下的那种明亮而不刺眼的光辉，不理会哄闹的微笑，洗刷了偏激的淡漠，无须声张的厚实和并不陡峭的高度。无论大款们的一掷千金、官僚们的骄横傲慢，还是小文人那带点清高的矜持，似乎都与自尊无缘。没有那些前提的自尊，只能是外化了的自卑，自己看起来是保护自己的甲壳，但让别人看到的只可能是覆盖在你身上的一张薄薄的蝉翼，透过它，你的隐秘甚至满肚的下水只能暴露得更清晰、更充分。

实话与实惠

实话与实惠仿佛就是天生的一对克星，有你没我有我没你。之所以这样说，的确是有感而发——不仅是今人弄虚作假，这种弄虚作假古亦有之。中华文明源远流长，不仅四大发明是我们的，祖冲之圆周率是我们的，不仅我们秦皇汉武唐宗宋祖的时候美国人还不知道美国在哪个半球，而且就连实话与实惠的二律背反竟也是我们先人的杰作！

过去读唐史的时候就知道盛唐时期有个奸相叫李林甫的，坏透了，但的确不知道坏透了的李林甫还很有才能。后来偶然得知，李林甫还真是不简单。那还是在上演连续剧《唐明皇》的时候，剧中有一出戏，说是诗仙李太白等精英分子被把持朝纲的李林甫排斥在朝门之外，老臣贺知章等在皇上面前力陈李林甫选才无力，结果被李林甫一句“野无遗贤”堵得哑口无言。看过之后仔细琢磨，不得不佩服李林甫的辩才。好一个“野无遗贤”，既堵住了诸位老臣的嘴（开明盛世才会野无遗贤，请问哪个老头儿敢在皇上兴头儿上说天子不开明），也把风流天子李隆基拍得个屁颠儿屁颠儿。能把谎话说得那么好听那么入耳，足以看出其超群拔俗的“才能”，设若没有这样的“才能”，何以能够专权19年呢？这个口蜜腹剑的卑鄙小人，诱发安史之乱的真正祸首，最后竟得以善终，如此巨大的“实惠”，讲实话怕是绝对难以得到的。

由此我想到了韩非。这位满腹经纶的政治家，在给始皇帝出主意的时候曾引用晋文公时国卿狐偃的话说，“战阵之间，不厌诈伪”，成为“兵不厌诈”一语的滥觞。然而他也许想不到，他的后人们举一隅而三隅反，非但兵不厌诈，而且商不厌诈，政不厌诈，甚至为人也不厌其诈。商之诈者昔少而今多，如今虚假广告、假酒假药、集资传销之类已将“老字号”们弄得声名狼藉。政之诈者更不鲜见，从亩产万斤粮的放卫星到诱“敌”深入地反右，发展到现在，数字出干部干部出数字之类的游戏更是将堂堂正正的一部《统计法》调侃得哭笑不得，甚至明明是“王八蛋”、“豆腐渣”的工程也敢当着首长的面说得“固若金汤”。凡此种种，不都是为了讨好上司，捞点“实惠”？！

尽管人类社会实话与实惠的距离那么遥远，但遗憾的是人算不如天算。苍天在上，慧目圆睁，不断用天谴无情地戳穿欺诈者的“鬼画符”——“近者祸及身，远者及其子孙”。盛唐时期的安史之乱可以看作重用李林甫与杨国忠之徒的天谴，如今更是“现世报”，乱砍滥伐以水土流失报之，毁草种田以土地沙漠化报之，无限排污以损其健康报之，虚报浮夸以经济萧条报之……总而言之，天道昭昭，因果自然，绝不会让说假话者的实惠这样一直享有下去。

什么时候实话与实惠不能统一起来，什么时候就要出问题；什么地方不能将实话与实惠统一起来，什么地方就要遭天谴——而且，无论是哪家的天下。

闲人与等闲人

本人生性愚钝，然并不懒惰。总觉着鸟已笨矣，倘不再多飞一飞，想必不是撞到猎人的枪口上，便是被豺狗黄鼠狼叼了去。壮岁之际进了机关，终日为冗务所累，自是想懒也懒不起来了。一天天忙碌下来，充实不充实那是自我安慰不安慰的问题，但总想着有一分耕耘，便当有一分收获。突然有一日，朋友告诉我：不是闲人闲不住，闲人不是等闲人，瞧你整天忙碌的样子，若能成就什么事情，鸡都要尿尿了。闻听此言，我如坠五里云雾，茫茫然不知何去何从了。

诚然，凡做得大事的人，绝不会事无巨细，事必躬亲。关于这一点，史书所载颇多，道是有所为有所不为。倘若真的事必躬亲，那可真要累死人的。三国累死个诸葛亮，今世累死个周恩来，这就是明证。然而，在一起做事，尤其要做大事，有举重若轻者，必当有举轻若重者做搭档，如此才算是最佳搭配。想那刘备，若无诸葛军师运筹帷幄之中，决胜千里之外，单凭他那点儿“兄弟情谊大于天，遇事不爽把泪弹”的本事，且不说能否于群雄并起之际分一鼎足，性命能否保全都值得怀疑。毛泽东不愧旷世奇才，有泰山崩于前而不改其色、刀俎之上悠然听琴的胆略与勇气，有“指点江山激扬文字”、“数风流人物还看今朝”的胸怀与气概；但是，纵观毛泽东主政中国共产党以来的历史，倘若没有周恩来鞍前马后的拾遗补缺，这一代天骄在中国革命史上的成就，怕也会逊色许多。由此可见，人生在世，属不属于等闲之辈，以“闲”与“不闲”来鉴别，怕是大谬不然。尽管我辈与伟人差之天壤，但以小比大，当如是理。

不错，中国有过南辕北辙的掌故，道是方向不清楚，越努力离目标越远。西方也有过类似的故事，说是愚蠢而勤奋的人，只能坏事而不能成事。从这个意义上讲，似乎可以当作某些“闲人”无为的借口。但是，看一看我们周围的“闲人”，真正属于这种原因“闲”下来的的确不多。中国毕竟是个文明古国，就连劣根也能找出个把“渊源”来。两千年前，在弟子冉有为季氏伐颛臾辩解的时候，孔老夫子就一针见血地指出，“君子疾夫舍曰欲之而必为之辞”，意思就是说君子们最讨厌那种本来想那样做，但却不直接说，偏要寻找一些冠冕堂皇的理由来掩饰的人。可事实上这种人在我们数千年的文明史上从来没有真正“退休”，只要你留意，可以说身边比比皆是。不愿意退下来，明明是贪权恋位，却偏要说是对年轻人不放心；把你弄到条件恶劣的地方去，明明是整你，却偏要说那是党和人民的需要；对本应属于企事业单位的权力一收再收，明明是不愿放权，却偏要说成是加强管理；乃至于明明是盯着你口袋里的钱，却偏要煞有介事巧舌如簧，非说是为了你的健康你的发展你的前途你的命运不可。包括我们刚才说的那种“闲人”，本来就是为了自己的懒惰开脱，不照样说成是“不是闲人闲不住，闲人不是等闲人”了吗？！

常言道“天道酬勤”，人之道想必也不会“酬”懒。遍览世情，细推物理，勤奋者不一定都能成功，但成功绝不会偏爱怠惰者。我还是要“行我素”的。同时也想劝劝我的朋友：为人固然不要只低头拉车不抬头看路，但也千万不要在无谓的张望中耗掉自己宝贵的时光，更不敢很为自己身上的那点并不光彩的缺憾寻找“灿烂”的遮羞布。

进化与退化

世道的变化真是神鬼莫测。如今，科学技术的发展已经能够使人们想有什么就能有什么了。别的且不说，看看我们周围，人是一个比一个聪明，商品是一个比一个精致，发明是一个比一个离奇。以前人们看不到想不到听不到做不到的事情，现在都能看到听到想到做到了。过去人们总是担心人多地少土地不够用，这不，袁隆平一个发明，就解决了七千万人的吃饭问题——人真的是一种不可思议的东西!

然而，随着科学的发展和社会的进步，不知什么时候，人们忽然发现，自己并不是越来越自在，而是一步步陷进了自己挖掘的泥淖之中，甚至是四面楚歌，十面埋伏。曾经看到《扬州晚报》一则报道，说是江苏省38位全国人大代表，联名提出疑问，说是猕猴桃喷施“膨大剂”增大，黄鳝添饲“避孕药”速肥，银耳用硫黄熏制增白，用牛血加兑洗衣粉制造“鸭血”，大米用矿物油“抛光”……这些人为造假掺毒的现象，造成了严重的“餐桌污染”。为此，代表们忧心忡忡，惊呼——我们还敢吃什么?!

无独有偶，近日《市场报》也在报道，说是目前的家庭主妇难当。尽管三餐采购是她们每天的必修课，然而，每次到了菜市场，却要为该买什么发愁——买牛肉，害怕有疯牛病；买猪肉，担心捎带着吃了瘦肉精；买鸡肉，不知道雌激素含量是否超标；买鱼吧，眼看着养鱼的水塘不干净。一赌气说干脆来点青菜豆腐，谁成想又有人告诫，那东西不是农药残留过高，就是加工环境不卫生。无奈民以食为天，总不能把脖子扎起来，于是乎，就费尽心机挑挑拣拣，又是研究产地，又是查看生产日期，真是比买首饰还费劲。即使这样，还免不了担惊受怕——这世道到底怎么了，让人这么遭罪？

而且，岂止是吃的，有资料说，目前市场上五花八门的保暖内衣多数质量不达标。非但如此，单说那层为“保暖”而夹进去的塑料纸，几年以后就可能造成难以解决的污染问题——那东西没法自然分解，今后淘汰掉的那些破内衣，总不能一直压到箱子底儿吧!

人们对衣食不放心，住行又何尝不是如此。如今走到大街上，路上到处都有花钱买照儿的“半瓶子”司机，一不留神就可能“吻”到你；人行道两边又有那么多的阳台，指不定哪家的孩子一不小心，就把花盆搁下来给你来个“灭顶之灾”；你说上娱乐场玩儿一把，天知道哪家娱乐场不会着火，而且现在的娱乐场所，都给你设计得曲里拐弯儿，若发生意外，没人引导你还真不知道该怎么拐出去；心说待在家里安全了吧，且不说房地产开发商偷工减料把房子质量整得忽忽悠悠，如果哪地方再出个石家庄那样丧心病狂的混蛋放个炸弹，你在家里待着他不照样说炸就给炸了吗?

社会发展到这步田地，真是让人哭笑不得。

为什么会这样？为什么要这样?！哥儿几个得空儿在一起发牢骚，发着发着就玩儿起了深沉，都感觉到“人类社会”的发展是有点不大对劲儿了——就好比车子爬坡吧，上坡的时候总是越来越慢的，可从坡顶上往下出溜那就快了。现在人们说的“蒸蒸日上”“日新月异”“一日千里”，天知道是在上坡还是在下坡。如果说是在上坡，怎么会把人整得像今天这样尴尬？现在人人牢骚个个闹心的现实，至少说明这个社会某些方面是在滑坡。

在中国，似乎从来没有人像今天这么关注环境，也似乎从来没有人像今天这样糟践环境——无论是自然环境还是社会环境!

有一种现象大家都知道，当生理年龄和心理年龄不和谐的时候，就会让人感到特别别扭。比如一个人，当他的生理年龄已到成年，而心理年龄只有四五岁的时候，一般就要表现为弱智。弱智就不正常，不正常就要出事儿。其实人类的成长大抵也是如此，如果技术的进步推动社会飞速发展，社会伦理跟不上去，就必然要出现某种程度的扭曲。在西方社会也出现过此类现象，从卡夫卡的《变形记》到毕加索的变形艺术，反映的就是艺术家眼中、心中扭曲的社会。到了后来愈演愈烈，荒诞派、黑色幽默、嬉皮士，个性的张扬伴随着生理、心理的变态表现得淋漓尽致，甚至一些已经发展到挥洒自如，炉火纯青。在中国，改革开放以后经济的快速发展与社会伦理发展的相对滞后也已经为社会的扭曲提供了“丰厚”的“滋养”，于是乎，人们在拼命追求自我实现的同时，也顺理成章地沦落到了自我尴尬的境地。

诚然，人都是希望自己好起来的。现在把人大代表们整得什么也不敢吃的“产品”都是人们“生产”出来的，而且给自己带来了丰厚的利润；那些让家庭主妇们无从下手的菜市场，也不知道成就了多少人的发财梦。但是，如果只顾自己的快乐不管别人是不是快乐，只顾自己发展无论他人是不是遭罪，只顾自己愿望的实现不怕“顶上三尺有青天”，看似害的别人，最终遭报应的还是自己。在美国的动画片《狮子王》中，老狮王木法沙以“不遇到生命的威胁不要去伤害别的生命”来训诫儿子，可人类中的许多“部分”做出伤害“别的生命”的行为，竟是为了贪欲和野心，甚至有的就是为了“玩儿”！

环境是大家的环境，大家“创造”出来大家“享用”。你做短期行为我要做长期行为我就不是 ×××，这样做的最终结果只能是缩短人类这一物种的存在时间，大家一块儿“玩儿完”——“时日曷丧，予及汝偕亡”。如果大家都拼上去了，那也无所谓，要紧的是几乎所有的“短期股”持有者都是希望别人短点而自己“长治久安”，“武运长久”。仔细想想，做得到吗？

当社会人治太久、无法可依的时候，领袖们提出了“依法治国”的思想；如今元首们又提出了“以德治国”的理念，怕就是看到了全社会性的“缺德”。但愿道德的重建能唤起那些已近疯狂的人们的良知，更愿每一个社会人都能够不光顾自己，也真正顾念一下他人。

伪君子与真小人

一提起伪君子，人们就会很自然地想起“披着羊皮的豺狼”，想起莫里哀笔下的答尔丢夫，想起雨果《巴黎圣母院》中的克洛德·佛罗洛，还会想起笑里藏刀、口蜜腹剑、外示忠厚、心存狡诈的形形色色坏蛋。仿佛有个伪君子在身边，就会处处是陷阱，处处有危险。若想真正睡上个安稳觉，就非得先除掉那些伪君子不可。

其实，只要我们认真思考一下，就不难想到，“君子”们大多都是“伪”出来的。

纵观人类社会，品察世态人情，真善美人人都喜欢，假恶丑人人都讨厌。然而，大千世界十分复杂，真善美往往不能和谐统一。真的东西未必就善，善的东西未必是真；真实的面目不一定美，“美”了以后往往又失却了真。当“鱼”与“熊掌”不可兼得，而又必须有所选择时，人们大多选择了善与美。每当这个时候，“伪”就不可避免地出现了：安慰垂危病人，明知道他病入膏肓，已属不治，你也会说出“看气色比前两天还好”之类的话；朋友做了错事，为了不让他遭受责罚，你往往会挺身而出，说“这是我干的，跟他没关系”；大丈夫每临大事能镇静，并不意味着他心中就没有起伏的波澜；女士们多数不愿意“素面朝天”，而要施以粉黛——无论如何这也算是伪装的——但这“伪装”还真是扮美人间的善举。这些看起来都有点儿“君子”气的伪装，如果我们都以“伪君子”视之，怕是要乱了套的。

如果换一个角度，以进化论的观点分析，我们也能看出，“伪”在人类文明史上也曾发挥过真正的大作用。

从猿到人的进化过程，其实就是兽性逐渐消退、人性逐渐增长的过程。人类源于野兽，就必然带有“先祖”的“基因”。带有兽性的人类，为了真正活出个“人”样来，就必须压抑或掩饰自身的兽性。一些人“压抑”到了兽性的逐步泯灭，做到了表里如一，便成了真正的君子——但这样的人极其罕见。另一些人即使兽性不灭，但始终在“掩饰”下不让兽性发作起来，虽然“伪”了点儿，但其行为合乎道德，不违典章，至少也算是个“准君子”了。中国古代的士大夫们之所以要“修身”，就是感觉到自己身上有那么一些“不君子”的所在。我们在公共场合看到彬彬有礼的谦谦君子，首先感到的是社会的进步与文明，鬼才会想他是不是“伪”出来的呢。

然而，不知道从什么时候起，也不知道是受了哪位“哲学家”的开导，一些人开始不管君子不君子，大张旗鼓地向“伪”宣战了。他们高举所谓“襟怀坦荡”的大旗，主张只要是真的，不管多么不善不美，都可以尽情地袒露；反之，只要不是真的，无论是否善与美，一概加以排斥。此风所及，许多人开始视文明为虚伪，视野蛮为“坦荡”，大有捐弃人类文明、重归原始蛮荒的架势。

打个比方，狼的贪婪、残忍众所周知，豺狼当道、狼狈为奸、狼子野心、狼心狗肺，都不是什么好东西。只要是善良的人，都不愿意“引狼入室”、“与狼共舞”的。但也不可否认，一些人身上确有狼的一面。按照常理，即使人有狼性，也必须按人的行为规范来规范它，不能使之表露出来。可如今不一样了，大马路让“紫狼”、“野狼”给整得“狼烟”四起；好端端的几个年轻人，在一块一嘀咕，就成了什么“七匹狼”；甚至有人无论什么场合，一张口就是“我是一只来自北方的狼”——坦荡倒坦荡了，但也着实有些“狰狞”。

再比如说，照正常人看来，流氓不是什么好东西，即使你不是一点儿“流氓”的心思都没有，但如果有人当街喊你一声“流氓”，你不跟他急才怪呢。可是现在不一样了，居然有人把“流氓”当昵称，以流氓为光荣，在光天化日之下，朗朗乾坤之中，硬是不避流氓之举——我是流氓我怕谁?！

“襟怀坦荡”到这种程度，真要令人“大跌眼镜”了！

其实，狼就是狼，流氓就是流氓。真的东西仅仅是“真”的而已，绝对不会因为“真”就“善”、就“美”起来。豺狼不会因为显露出了豺狼的牙齿就变成绵羊，流氓也不会因为自称“流氓”就不再是流氓。

人类文明发展的历史长河，向“善”、向“美”无论如何应是主流的东西。如果“小人”能以君子的面目来伪装自己，只要目的不是害人，至少还可以看出点向上的追求；如果听任“小人”破罐子破摔：“我就这样了，想怎么着就怎么着吧！”不仅他们不会因此而趋于高尚，而且人类的“精神”什么时候才能“文明”，或者说到底能不能“文明”起来，怕是真要打个大大的问号的。

婚姻、距离与审美

天地萧萧，人生渺渺。在大千世界，人明白的东西实在少得可怜。即使一贯被人们奉为圭臬的“真理”，如今解释起纷纭世事来也常常捉襟见肘。自然科学界的泰斗们前赴后继，不知道花去多少功夫才发现同性相斥、异性相吸的道理，然而没过多长时间，就开始“失效”了。不仅同性恋现在不能再称为“患者”，而且即使被异性引力所吸，组合起来的婚姻也在纷纷土崩瓦解。如果你留意就会发现，现在的年轻一族，碰到一起，连打招呼的内容都变了——“哎，哥们儿，离了吗？”

自然科学解释不了的问题，往往交给社会科学来处理。于是乎，用“异性相吸”原理解释不了的大规模离婚现象，社会学家给出了一个很“经典”的解释——距离产生美。关于这一美学理论，法国印象派大师塞尚和莫奈在绘画艺术方面出色地实践了一把。欣赏莫奈的《日出·印象》、塞尚的《圣维克多山》，如果离得近了你可能什么也看不出来，只知道那画布上涂满了花花绿绿的油彩；可是你若是离开一定的距离，就能在那缤纷的色彩中看到美妙逼真的形象。欣赏艺术品是这样，想来欣赏老婆、老公也一定如此。即使貌若天仙被冠以“沉鱼落雁闭月羞花”的美女，怕也未必经得起真正离“近”了看，倘若你将她们曼妙无比的鼻子放在显微镜下，保不准就会看到那上面蠕动的螨虫；即使被少女少妇崇为偶像的周润发、刘德华、阿兰·德龙，如果你跟他生活在一起，保不准也会让他脱下的臭袜子熏得死去活来，更不要说他还极有可能随时给你带回一打的“跟屁虫”。

炎黄子孙是形象思维胜于理性思维的，所以，尽管我们没有及早概括出“距离产生美”那样“精辟”的论断来，但凭着自己的感受与体验，早已懂得了“小别胜新婚”的道理，这就是“距离产生美”在婚姻领域的最佳注脚。婚后的男女，整日价待在一块儿，哪有舌头不碰牙的。可假如让他（她）们分开一段儿，有“距离”了，也就有了“美”了。双方因为需要都会想到对方的优点——当然，实在没法在一起过的夫妻不在讨论之列——“相思”之所以会成为那么令人陶醉令人感伤甚至令人萦损柔肠刻骨铭心的情感，就是因为他（她）们想的都是对方的好处，越想越舍不得，越想越离不开，离不开又见不到，于是就更加想念。一旦见了面，不“胜新婚”，那才叫怪呢！

其实，“距离”“产生”的这种“美”，不仅在“小别”上体现得明显，“大别”有些时候体现得更充分。在我们身边，确有这么一些人，结婚之后没因为什么大事儿就“拜拜”了，当他（她）再撮合一对儿之后，你若推心置腹地跟他（她）谈起前妻或前夫，就不难发现，他（她）们对于“前任”的优点记得往往比“现任”要多，而且还常常会拿“前任”的优点来比“现任”的缺点。汉代乐府民歌《上山采蘼芜》就讲了一个这样的故事：一对儿离婚之后的青年男女在山上干活儿碰面了，女的问：“新人怎么样？”男的答：“新人虽然也好，但还是不如你呀。尽管你们的容貌差不到哪儿去，但她干活儿可比你差多了。”以前，我们的教科书动辄都要分析这首诗是怎么“揭露”封建社会“黑暗”的婚姻制度，怎么揭示封建时代妇女的“悲惨遭遇”。但如果认真想想，它压根儿反映出来的就是一种人类共同的思维方式，什么时代都是这么回事儿。正因为如此，也就难怪目前社会上出现的屡见不鲜的离了复、复了离、离了再复，甚至离了以后各自再婚，过一段儿俩人感觉都不是那个味儿，于是两家都离，重新“拨乱反正”的情况了。

既然“距离产生美”是一种客观存在的社会性思维模式，也就不必再对男人们“别人的老婆好，自己的孩子乖”或女人们同类的现象口诛笔伐了。但是，由此向深处引申，我们不难发现个中还有更深层次或更为广泛的人生哲理——既然双方都是在了解对方不错的情况下才结合的，为什么结合之后反而对于对方的优点视而不见了？既然离了以后能想到他（她）身上有那么多的优点，为什么在一起的时候就发现不了？既然发展到最后还是你们在一起更合适，为什么还要给第三方或者第四方带来合的喜悦与离的痛苦？既然男女求偶的“货”比三家必须以婚姻的形式进行，那么我们现行婚姻制度先进还是那些少数民族试婚、走婚甚至干脆回到原始母系时代只知其母不知其父的婚姻制度先进？既然在婚姻问题上自己的幸福要建立在他人（也可能包括自己）的痛苦之上，那么就没有一种更好的制度或理念让人们躲开至少是忽略这些痛苦吗？“距离产生美”在婚姻问题上反映的到底是人类善（求美）的一面还是恶（贪欲）的一面？是不是“占着碗里的，望着锅里的”？婚姻、家庭到底是社会的需要还是人本质的需要，抑或是第三方或某种意志的需要？……不敢再问下去了，如果再问下去，非但我自己解答不了这些问题，即使可以解答，就一定能答得对吗？本就是“了犹未了”的事情，还是“不了了之”吧。

不过，问题提出来，总是要想些办法的，即使不能从根本上解决，缓解一下总可以吧。我们可以承认在广域上的无知，这是客观的。我们还应当承认在某些“狭”域的有知，这同样也是客观的。比如，我们明明知道婚姻方面的“距离产生美”，那么，能否人为或自觉地“制造”一些“距离”？当然是要在向心力大于离心力的“度”内把握，不能让“距离”“产生”出“隔膜”来。我们明明知道即使异性在一起太近了也会发现对方丑陋的一面，那么，我们能不能教人学会“审丑”——丑也是美的一种，只要你找到合适的角度。我们明明知道金无足赤人无完人，那么我们能不能不要求全责备，对你的那个他（她）少一些苛责多一些理解——其实人们往往对人对己的要求不用一个标准。我们若是能拿看对方的眼光看一看自己，保证会吓自己一跳——原来都不是什么好东西——自己都这模样，能要求人家怎么样呢？你离配偶近，离自己就那么远吗？

早知今日，何必当初；在手中的时候不知珍惜，失去之后才觉得是最好的——人不该总是这个样子吧？！

从世事变迁说到爱的标准

盖自天地玄黄，宇宙洪荒，阴阳交替，四季轮回，世事更迭，朝代兴废，沧海桑田，物种消长，整个人类与自然界都处于无休无止、无穷无尽的变化之中。虽西汉大儒董仲舒有“天不变，道亦不变”之说，然天之“变”在所难免，道的“不变”自然就站不住脚了。于是乎，先贤们大声疾呼：“穷则思变。”“变则通，通则久。”于是乎，“后贤”们每至穷境，就纷纷然要改革，要变法了。

社会变革有骤变的，也有渐变的；有显性的，也有隐性的。政治、经济等方面的变革多是骤变的、显性的，与人们的命运息息相关，无论好与坏，人们都会有切肤之感。而思想、道德、精神方面的变革则多是隐性的、渐变的，因而常常被人们忽略。

就说精神文明吧，其实类人的猿猴们自打丢了尾巴穿上衣服之后，在不断生产物质财富的同时，也在不断进行着精神方面的创造，渐渐活得越来越像个“人样儿”了。尽管在历史长河之中也时有逆转，但从大体上看，人种无论黑白，性别无论男女，地位无论尊卑，国家无论中外，求真、求善、求美始终是人类精神追求的主流。而且当真、善、美不能兼得的时候，也往往以后者为重，表现出了人类毅然告别兽类的决心。然而随着世事推移，近年来人类中的那些“聪明”者在精神领域“整”出了一大堆“道理”，叫嚷着要“道德重建”。于是，在“道德重建”的呼声中，就有了《厚黑学》之类的书公然与中外名著并架而售的“奇观”；有了视坑蒙拐骗、投机倒把为“能人”的“明辨”是非；有了“男人不坏，女人不爱”的爱的“标准”。

照常理说，女人寻找终身依靠，总是要找个正经人家。虽然“绣房里钻出个大马猴”是哪个女人都不情愿的事情，但只要“很温柔”，即使很丑的男人也还是有人喜欢的，更不必说忠厚善良、勤劳勇敢、奋发进取的男人了。正是有了这些男人的存在，才有人类社会生生不息的奋斗与发展。对于这些男人，如果按照“男人不坏，女人不爱”的“准则”来衡量，恐怕就都有当“光棍儿”之虞了。

“男人不坏，女人不爱”这一“准则”产生的根源，照那些“聪明人”的解释，是女性天生柔弱，需要呵护。好男人志在四方，自然无暇顾及身边的女人；而坏男人坑蒙拐骗、投机倒把无所不为，生计没有问题不说，还有大量的闲暇可以和女人玩乐，自然就备受青睐了。此种解释乍一听似也在理，但细细琢磨，此种“准则”绝非女人所出。大凡稍有智慧的女人，都不会“糟践”自己，将一些生活问题看作自己爱的全部，把贪图安逸当作人生最大的追求。恐怕只有那些自己不愿做或做不了好男人，看见好男人气就不打一处来的另一部分雄性才会想出这种办法，来进行“放水养鱼”的。

尽管我不相信“男人不坏，女人不爱”之类的野狐禅，不相信女人们会那样的无知，但我却不得不承认眼前的这一类事实——君不见，献身边防的卫士们，女朋友经常跟他们玩儿“拜拜”；醉心研究的学者们，夫人们在家中常是怨声载道；一些叱咤风云的这个家那个家也时常有后院失火的担心；而那些不阴不阳、不三不四，甚至五毒俱全、十恶不赦的“混混儿”，倒是身边少不了花枝招展的女人。

诚然，男人的好坏不仅表现在社会上，同样也表现在家庭中。如果男人在家中稍不如意便对女人拳脚相加；或者终日不顾女人的喜怒哀乐，自个玩儿自个的；或者对男女之事一窍不通，只知道傻干活；那么，这自然算不得真正的好男人，女人不爱是他咎由自取。与此同时，我们也得承认，物以类聚，人以群分，即使一泡臭狗屎，也照样会招来成群的苍蝇，能和坏男人一拍即合的女人，也绝非什么良善之辈。坏男人身边有几个浪荡妇人，更不值得大惊小怪。但是，有一点必须注意，那就是“男人不坏，女人不爱”这一“准则”的影响力，绝对不能小视。尽管它对于成熟的男人和女人可能意义不大，但对那些涉世不深的男女孩子，极有可能成为人生的误导。这样离谱却能成为“准则”，也的确透射出了社会邪气上升、正气下降的道德逆流。这种道德危机发展下去，会比令人头痛的生态危机更加无法招架。

知足、不知足与知不足

中华民族是个善良的民族，这有餐具筷子为证。一位智者曾做过一次大胆的推测，说从现在人们的餐具使用习惯中，可以看到其远古祖先的性格崇拜。西方一些民族的祖先崇拜尖牙利爪的食肉猛兽，发展到如今他们吃饭仍要用刀叉；而东方神州的炎黄部落崇拜性格温驯的鸟类，故而其子孙们便逐渐学会用两根筷子“啄”食了。

善良的人们总是易于知足的。他们中的大智慧者有着视功名利禄如敝屣的胸怀，能够洞悉“好了歌”中唱出的人情世理，甚至具备四大皆空、六根清净的觉悟，故而可以超然物外，自得其乐。然而大智慧者毕竟稀少，芸芸众生的“知足”则往往不论事实上是否真的“足”，要紧的只是“乐”了。人生在世不容易，总不能因为有花天酒地的阔人，劳苦大众就都活活气死。既然生而为人，还是豁达些好，别总跟自己过不去，没事儿就偷着乐呗。于是乎，丢了钱要说“破财免灾”，打碎了器具要说“碎碎（岁岁）平安”，看到比自己强的人就找他们的短处，凡是吃不到的葡萄就说那一定是酸的……凡此种种，虽然也足了，也乐了，但这种知足说好听点儿是精神胜利，说难听点儿就是自欺欺人了。无论历朝历代统治者多么欢迎、多么提倡，应该肯定地说一句，这样的知足对于社会的发展、民族的进步，无疑是消极的。

如果说知足消极，那么，不知足就近乎贪婪了。年初久旱之后下了第一场春雨，甘霖所及之处，有人欢呼“好雨知时节，当春乃发生”；有人一张口就是“雨下得太小了”。如果大家留意，类似的事情身边还有许多。孩子们吃饭，往往要发牢骚：饭做熟就行了，干吗要做那么热？不知道饭要做熟必须做热。成年人在社会中也常不平：调动积极性也可以嘛，干吗非要拉大收入差距？不仅中国这样，西方国家也如此。有句西方谚语，说是桌上放着半杯水，悲观者只看上半截，乐观者常看下半截。悲观与乐观的差异，就是知足与不知足的区别。由不知足的心理出发，就有了贪而无厌，就有了人心不足蛇吞象，古今中外铁窗之中上自王侯将相，下至黎民百姓，虽入监的情由千差万别，但究其根本，多由不知足的贪欲而发。

知足近乎惰，不知足又近乎贪，那么人生在世，何去何从？丈夫修身，如何趋避？这就要引出我们的第三个命题了——知不足。古人云：“学然后知不足，教然后知困。知不足，然后能自反也，知困，然后能自强也。”意思就是说，在学习的过程中能发现自己的不足；在教育别人时能感到无知的困惑；看到自己的不足才能自我反省，才能放下臭架子，甘当小学生；感受困惑才能自警自励，才能自强不息。由此可见，知不足无疑是一种良好的品质。

探讨知不足者与不知足者的区别，一要看其如何律己——知不足者责己必严，不知足者责己必宽。责己严者总不满意于自己的缺失，因而要不断地学习，当然也就无心于身外之物；责己宽者总看不到自己的缺点，为了一己私欲，就有可能“声色犬马，放浪形骸”，无所不为。二要看其如何待人——知不足者有自知之明，明白自身的缺点，自然就容易看到别人身上的长处，故而能与人和睦相处；不知足者即使别人把心都掏给他，他也还会说，你为什么没有把这“心”给咱馏馏煎煎炸炸或者拌拌！

明白了知足、不知足与知不足的道理，庶几可以算作“懂事儿”了吧。

“毁”与“诲”的辩证法

曾经在网上看到一则新闻，讲的是方宏进“曝光”《焦点访谈》，向世人披露《焦点访谈》的一些内幕。读后觉得新闻的内容虽然平平，然而一位先生不经意间“幽”的一“默”，倒是让人感慨良多。那位先生说起《焦点访谈》，以为常对社会上的现象进行无情揭露，坏了人家不少的好事。真是“焦点访谈，‘毁’人不倦”哪！

我实在佩服此公点石成“金”的本领。区区的一个“诲人不倦”，经他这么一改，平添了许多“深刻”。不仅“精辟”地点破了这一栏目的宗旨是“毁”人，而且还准确地概括出了《焦点访谈》栏目自成立以来，孜孜以求、不知懈怠的工作精神。较之那些“萤光灯管——一‘明’惊人”、“贵州神奇——‘咳’不容缓”之类的蹩脚广告，不知要高明出多少倍。

的确，《焦点访谈》应该是“毁”了不少人的。人家“好端端”的事情，经你这一曝光，“生意”做不下去不说，连那些“好心”人捂都捂不住了。本来是在天高皇帝远的地界儿，本来都是神不知鬼不觉抑或神鬼都心照不宣的事情，你这么一整，满世界都知道了。最要命的是，有些上峰就爱看《焦点访谈》，看了以后还就是揪住不放。于是，有人因此丢了饭碗，有人因此丢了前程，有人因此丢了乌纱，更有甚者是丢了身家性命。你不是“毁”人又是什么？

然而，若是将这“毁”字的意义仅限于这一层，我们的思维就又“蹩脚”了。如果你留意，还能从中看出“毁”与“诲”的联系，看出“毁”与“诲”的辩证法。

首先，只要我们稍加思考，就不难发现，这“毁”只是手段，“诲”才是目的。毋庸讳言，《焦点访谈》是敢于站在百姓的立场上说话的，许多让老百姓恨得牙痒的事儿，它都敢给撂出来，而且敢于把那些丑类挤到墙角，剥个精光，让人们都看到，那些平时道貌岸然的锦衣绣袍之中裹着的到底是什么货色。像那些糟蹋环境，毁坏资源，欺上瞒下，姑息养奸，乃至于让刘邦、项羽、叶利钦、克林顿都出来缴钱纳税的荒唐事儿，不晓得已经坑了多少人。《焦点访谈》把他们抖露出来，毁的是一小撮，教育的是大多数；即使对于那些被“毁”者，只要不是罪大恶极，立马枪毙的，毁的也只是他的前几年，却能教育他的后半生。从这个意义上讲，这“毁”与“诲”看似殊途，其实同归，看似对立，实是统一着的。

其次，往深层次说，“毁”与“诲”虽是相对的，但对这两个字怎么看，则取决于你对己对人的态度。因为“毁”与“诲”本身就是你中有我，我中有你的。俗话说，忠言逆耳，良药苦口。你若劝谏他人，总要肯定他一部分，否定他一部分——看似在“诲”，实际已经在“毁”了。虽然说当面批评不叫“毁”，但如果你遇到的是听不进忠言的短视者、遍身逆鳞的暴躁者或者另有所图的阴谋家，他不认为你在“毁”他才怪呢。当然，还真有另外一种人，他们能够客观对待来自各方的毁誉，非但能听进善意的教诲，即使是恶意的诋毁，他们也能听出些门道来，做到有则改之，无则加勉。由是观之，毁就是诲，诲必含毁，无诲不毁，无毁不诲。不能正确对待，必然以“诲”为“毁”；能够正确对待，则可将“毁”当“诲”。事情原本就是这样，关键看你是否想得通，想通了就是天堂，想不通就是地狱。

由此，我们似乎可以明白一点儿参禅悟道的途径——倘若能够养成由近至远，由小到大，由表及里，由浅入深，由具象而抽象，由人文而自然的思维习惯，或者遇毁先检点自己，逢誉且尽着他人，是否就算是在这方面开了点儿窍呢？

关于“双刃剑”的双刃剑

人类社会的发展真是日新月异，稍不留神，就把你给撂下了。这不，才在故纸堆中钻了几天，一抬头，眼前竟是一片花花世界。前几日和一位朋友闲聊，谈起美国的对华政策，朋友说：“美国人不要那么得意，那是一把双刃剑。”猛然听到“双刃剑”这个词儿，叫我迷糊了好半天。心想，剑定是双刃，如果是单刃，那该称之为“刀”才是。当时怕朋友笑我无知，不敢当面讨教，回到家中细细揣摩，方才恍然大悟。原来那位朋友说的，是美国的对华政策有两个面，如果有害于我，也必然有害于他；若要加害于我，就必须先想想他自己。如此说来，这令我百思方得其解的“双刃剑”，原来就是我辈惯常于口的“一分为二”，只不过是变了“行头”而已。

其实，一分为二的辩证思维是中国人最熟悉的，除了少数几个玩“玄”的形而上学者常用“静止的、孤立的、片面的”观点“观察世界”以外，多数人都会“一分为二”的。因为大凡事情都有正反两个面，所以要做事情，就不能偏激、走极端，有道是“君子不为已甚”，讲的就是这个道理。做事如此，治国亦然。《尚书》中说，尧劝告舜要“允执厥中”；商汤治国也是“执其两端而用其中于民”。后世贤哲将此种哲学发扬光大，创立了中庸学说；再往下的统治者为了治国驭民的需要，又进一步将此学说奉为国家的指导思想。于是乎，中庸之道在四海之内一统天下，成了几乎所有中国人处世、安身、立命的根本绳墨，就连我们这个国家，也鬼使神差被叫成了“中国”。

应当承认，在华夏民族发展的过程中，中庸的思想确实起到过不小的作用，它有效地防止了一个成长中的民族往往不可避免的幼稚与偏激，让我们的祖先创造了无与伦比的封建文明。然而，大凡物“必至其极而后反”。到了后来，我们民族精神方面的“中庸”，就开始让人头疼了：敢打敢拼固然可嘉，但那太显眼，枪打出头鸟呢！是非分明的确很好，但那太容易得罪人，人至察则无徒哇！襟怀坦荡当然不错，但害人之心不可有，防人之心不可无啊！此类思想虽不起眼，却被编入各种“贤文”在人们中间广为流传。这样一分为二下去，到处都成了“双刃剑”。被这种思想陶铸出来的中国人，嘴脸大抵也长成了一副模样——胖乎乎，圆溜溜，没棱没角，低眉顺眼，不思创新，不敢冒险，逢人先哈腰，遇事把头点，三分浅笑脸上挂，一点主意留心间；甚至好端端的一个年轻人，也给整成了小老头儿的模样。林语堂先生在他的《中国人》中，就曾痛心疾首地列举过一个典型的中国式论断——“甲是正确的，而乙呢，也不错。”

想到这里，我不敢再往下想了。在我们周围，瞻前顾后，畏首畏尾，谨小慎微，圆滑世故的“同仁”太多了，而且文化层次越高，表现就越明显。过去我总纳闷儿，为什么目不识丁的主儿却能畅游商海，现在看来，其实这些人恰是国人中传统文化负累的最轻者，他们看不清大千世界中有那么多的“双刃剑”，自然就敢大胆地试，大胆地闯。一切的创造、发明或惊人的成就或许就在这“试”与“闯”之中开始孕育了。

尽管我们遇事仍要坚持一分为二，但将一切问题都反过来倒过去地看，着实会在徘徊观望中丧失进取与创造的欲望。谋得亦谋失，甚至未谋成先谋败都不为过，但是不能长时间地谋而不断。袁绍之败于曹操，就是因为他的多谋而寡断。秀才造反十年不成，怕也是秀才们心头悬挂的“双刃剑”太多了。美国人即使知道他们的对华政策是把“双刃剑”，也不会立马改弦易辙。以往总是以自己能看到“双刃剑”而自豪的中国人，恐怕也当看到，双刃剑本身也是一把“双刃剑”的。

宠物、时尚及其他

半个世纪前，传芳孙大帅在沪上主政，因惧怕“雌女养雄犬”会造成“无耻秽闻”，于是对夫人小姐手中牵的、怀里抱的那类宠物下了一道格杀勿恴的命令。顷刻间，可怜那毛茸茸、灵兮兮、种纯品正、逗人喜爱的狗儿们命丧黄泉，惹得那群小姐太太们如折娇儿般很是难过了一阵子。怎奈狗党尚未剪除净尽，大帅就败给了北伐军。鸿业未竟，大帅不得不带着诸多憾恨，匆匆逃离上海。

上海一解放，夫人小姐随大人先生走的走逃的逃，留下的又不得不自食其力。没有了蓄养宠物的银子，愿意或能够牵狗上街的便日见其少了。由此而后，名犬名猫之类供女闲人玩耍的东西失却宠爱，惶惶然沦为丧家之物。这个结果虽非大帅力量所为，但倘若大帅冥间有知，也该放下那颗心了。

然而，岁月悠悠，沧桑历历。不晓得从什么时候开始，社会上有了“款爷儿”这个名称，“款爷儿”的女眷们也有了吃饭穿衣置首饰买化妆品用不完的票子。女人的心最慈悲，推恩足以及禽兽，于是乎，猫儿狗儿们又首先得到了她们奉献出的那片爱心。

国人的思维往往是创造不足而模仿有余的，当第一对女人和狗在街头出现被人们用异样的眼光审视之后，一批夫人小姐准夫人准小姐们为爱心闲心慈悲心虚荣心所驱使，也竞相拉出了品种不一、贵贱各异的狗狗来，仿佛男人们手握大哥大招摇过市一般涌上街头，纷纷然演成一股时尚。

其实，时尚云者，时代风尚之谓也，本无所谓褒贬之分。时尚的优劣关键要看对社会产生何种影响，影响好的应该提倡，否则理当被扬弃。比如20世纪五六十年代兴穿“补丁”，就是一种时尚。尽管也有在新衣服上弄块补丁的“冒牌货”，但这至少可以折射出点艰苦奋斗的气息来。可如今这养狗就不同了，且不说狗儿们发起狂来，会给人“种”上点狂犬病毒之类的祸根，单说那狗儿们的花费就令人咋舌。在狗市上一只好狗的成交价动辄上万，且这等名贵的家伙一旦被请回家中，也一定得饲之以肉蛋、饮之以佳羹。不论人的生活水准如何，它必须先进小康。当然，若是它们真有什么实用价值，即使奉为上宾甚至举案齐眉也情有所出，可遗憾的是，它充其量不过是供那些先生女士们寄托空虚或者招摇显摆的玩物而已。

有时，我真想斗胆劝劝那些有几个钱的先生女士们，能否把眼光放得宽些，要是能看一看家庭困难到被迫辍学的孩子，看一看温饱尚未解决的那部分贫民，看一看天灾祸乱的那些灾区，想必就会觉得，在推恩及于禽兽之前，是该先顾念一下自己同宗的。毕竟，血浓于水呀！何况那还是些畜牲。

从猫儿闹春说开去

夜半时分，有几只猫儿在屋后闹春。一阵阵撕肝裂胆般的嗥叫冲击耳鼓，惊得我睡意顿消。辗转于床榻之上，不由得想起了许多东西，就越发睡不着了，便挑灯杜撰这篇东西。

幼时对猫儿闹春很是惧怕的。因为它多半在后半夜，且声音特别难听，故而长辈们常以此来吓唬我，称之为“鬼哭”。后来童稚渐开，非但明白了这“鬼哭”之声出自猫口，而且也知道了这是它们在幽会。然而，平日温顺柔弱的猫儿何以要把这醇美的爱情演绎得如此“悲壮”，却始终未能思谋明白。不过人有人情，兽有兽理，既然猫儿们多年都是这么过来的，想必自有它的道理。虽然夜半猫声常惊人睡梦，但自从入城以后，常惊破酣梦的，又岂止这些？何况人家还在闹春！

城市人的神经多是很麻痹的，这源于人们对环境的适应力。以大工业为标志的现代文明，早已打破传统静谧的世界。人要活下去，就必须适应噪声。尽管发达国家发达地区已把噪声编入现代污染之列，但看看我们周围，钻机得有人看，火车得有人开，在轰鸣的机器旁边照样有人能打得了盹儿，铁路两旁的人家在睡梦中听见火车鸣笛儿，怕也仅仅是翻个身儿而已。

现在的世界越来越精彩，现在的世界也越来越无奈。无奈的固然有对现代文明的困惑与适应，但更无奈的要算现代文明在人与人之间形成的那种隔膜。日前有位朋友到我家闲坐，两眼布满血丝形容憔悴且精神疲惫，一问才知道，他连着几夜没睡好觉了。新搬进的房子，左邻右舍忙装修，白天上班晚上干，冲击钻嗡嗡嗡地一开就是大半夜，紧张的神经刚松弛下来，楼下吊嗓子的又起来操练了。周六到岳父家住，本想睡个安生觉，谁承想人家楼上又开家庭舞会，叮叮咣叮叮咣又弄到大半夜。我说你不会去给他们招呼一声，他一脸疲惫也一脸不屑：“现在他妈的谁管谁呀！”

的确，现在的人除管自己外管别人的确实太少了，这也是现代文明的“结晶”。原始部落中如果不结伙而行就可能让老虎叼了去。现在不了，机器声把狼虫虎豹都吓进了深山，没了敌手人就开始各顾各，而且文明越发达，这种各顾各的现象就越突出，闻说法国不是有位老妇人死到家中两个多月没人知道？

尽管现代文明越发达人们的独立生存能力越强，但人们是不是顾及一下自己同类更好些。猫儿们爱到“潇洒”处可以不管人是否睡得着觉，因为它是异类。人要是只管自己不考虑别人，迟早有一天你会“潇洒”不起来的。

不信你就试试看。

岂能“怠慢”了帮凶

时常看见报端披露，某凶犯罪大恶极，被处极刑；其帮凶因属从犯，则从轻发落。平日读之觉着理从义顺，没有什么不正常的。近日在朋友家中听得一则故事，使我此念顿消，倒觉着我们的纪纲对帮凶们也忒“怠慢”了点儿。

故事云：在江南某镇，一小偷儿单枪匹马，白日行窃，不想窃术生疏，被主人发现。那主人孔武有力，见小偷儿敢打自己的主意，三下五除二将其扭住。周围人闻讯而至，纷纷上来帮忙，最后大家将小偷儿扭送派出所，尽欢而散。谁想那小偷儿出来后纠结“同志”报复的不是扭他进去的被偷的主人，而是帮忙的几个“旁客”。按他们的道理，为捍卫自己的钱财而奋然相搏者情有可原，属“正当防卫”；而那些“管闲事”的太“可恶”，我偷的又不是你，何苦相逼如是？

其实，大千世界，芸芸众生，以助人为乐者所在皆是。但这助人者由于阅历、品行、素养的差异，近朱近墨的不同，其行为及其产生的后果就判若泾渭。佐舜为治的大禹流芳千古，助纣为虐的奄国遗臭万年。因为有了这一层，也就有了“帮忙”与“帮凶”的区别。

照常理说，帮忙者是大可敬的。忙时去帮，足见扶危济困的侠肝义胆；事成身退，可知视功名如敝屣的亮节高风。至如那抱着欲人报答的杂念帮人，然后又乘人之危进行胁迫者狗彘不如，自然是进不得帮忙者的行列。因为有了帮忙者的可敬，就愈显得帮凶者的可恶。“帮凶”云者，盖指首恶行凶之时为之出谋划策，帮助实施犯罪的那类东西。此类东西之所以可恶，从外部讲，他们往往张贼胆而助贼威，掩贼迹而隐贼踪。设若没有他们，元凶势单力薄，是否敢去作恶已值得怀疑；倘若真的作恶，也必然无处逃匿，怎能不束手就擒？从内部讲，他们则是有贼心而无贼胆，做贼事又不负贼责的。大凡这类人，既想作恶，又怕担作恶的责任，只好乱中行事，以图其快意。其实在纷乱之中那致命的一拳一脚或一刀很难说就不是帮凶们干的，但即使是帮凶干的，他们也会因属从犯而逃脱应有的责罚，而让“元凶”去扛大头。因此，对于帮凶，千万小觑不得，“怠慢”不得。

理虽这么讲，可我们还是“怠慢”了许多。不然，怎么会有那么多的“从轻发落”呢？我们“怠慢”了人家，人家可从来没有“怠慢”过我们。他们报复的对象不正是我们的帮忙者吗？我们的“帮忙”者，对他们来说自然就是“帮凶”，他们这样做除了故事里讲的那点道理，还是有深意的。那就是远交近攻，各个击破。先将你们的帮忙者给镇住，好人居多的优势就会失去意义，“分割围歼”起来也就容易多了。事实也正是如此，社会上看见勇士斗歹徒而趑趄不前者有几个不是怕遭报复呢？有鉴于此，我们不妨也来个以其人之道还治其人之身，从治帮凶入手，或许还真的可以走出一条整顿社会秩序的新路子呢。

咎其既往，何如

记不清是一则什么材料，说中国人之不够大度，遇事总爱睚眦必报云云。其实，据我所知，国人大抵是很宽容的。因为凡大丈夫为齐家治国平天下而修其身时，受使命感的驱使，往往是责已甚严而待人甚宽的。于是乎，“既往不咎”、“下不为例”之类的言语行为便使许多有意无意的罪错者感激至于涕零，甚或因而效死沙场、自毙庭前的也大有人在。当年孟德公败袁绍于官渡之后，只一把火，就烧干净了许多僚属的狐狸尾巴。因为有了这种胸怀，也便有了后人虽褒贬不一却广为传诵的魏武霸业。

人们的思维常常是创造不足而模仿有余的，因为有了伟人运用此道成功的先例，后来的准伟人、常人乃至于庸人也便纷纷仿效，演出了一幕幕喜剧、闹剧甚至丑剧。远的不说，且看如今大到颁布政令，纠正行风，小到树立乡规，教化百姓，许多政策都是不咎既往的。久而久之，人们习惯了这种思维方式，便对“规定”满不在乎了。即便想起某事可能与某“规定”相忤，但一旦上级重申“规定”，我这已成“既往”，又在“不咎”之列了。由于有了这种心理，也便有了当今社会诸多屡禁不止的怪现象。

同样一个“既往不咎”，或因以布泽，或因以养奸，一物所出，差之天壤。细究起来，后者不及前者远甚的原因大致有二：其一是“术”的问题，即后者时移事易，不知变法。如同医之用药，同样一个方子，良医用之以治病，庸医用之以致命。其二是“心”的问题，即用这种办法本就不是为了解决问题。因为“咎”人之过是要开罪于人的，这年头与人方便自己方便，但上级指示得贯彻，“群众”呼声也得响应。于是乎，或为搪塞上司或为掩人耳目的那个“既往不咎”，便应运而生。也正因为有了这样的“既往不咎”，才将一些人惯得敢于视政令如草芥，敢于无视律条而屡屡犯禁。

由此可见，区区一个“既往不咎”，其学问也颇耐咀嚼。术不正不能作为，心不正不思作为，只有心、术皆正方能有所作为。再进一步分析，上述问题虽因分为二，然后者重而前者轻，后者因而前者果。因为如果愿意作为，办法自然就会多起来；倘若不愿作为，无论如何是不会想出好办法的。再以曹公为例，马踏青苗，割的虽只是曹某的头发，但群下已吓得面如死灰，谁还敢“下为其例”？如果曹操也来句“下不为例”，下一回怕就不会有人听他“聒噪”了。

当今社会，反腐呼声日盛一日，腐败的官僚也日甚一日。正因如此，在下也想冒天下之大不韪，向官家提个建议，对于那些被“既往不咎”“惯坏”的人们，是否给政策条文也赋予一点“溯及力”，来个“咎”其“既往”，何如？

竹子的讽刺

院内新栽翠竹一丛。每当课余闲暇，我都要去玩赏一阵。看着它绿荫婆娑的神态，听着微风过处的竹叶沙沙，细品着那纤枝摇曳的韵致，一任尘俗烦恼云散烟消，自有一番难以名状的妙趣。

竹子在源远流长的中国文化长河中是有着特殊地位的，被列入岁寒三友，除了“先芽而后凋”的特点，最重要的要算它的谦谦君子之风了。它从不与梧桐争高下，随便一片土地，哪怕假山旁边的些许薄土，都可作为它的栖身之所；它生长很快，但步步有节，行止有度；它宁折不弯，从不做有污清名之事；同时，尽管人们把它比作君子，画它、写它、咏它、赞它，但它始终能虚心纳下，即使长到最高处，也从不自满。有此诸德，且莫说列为三友，即使奉为楷模，不也是当之无愧的吗？

看着，想着，品味着，似觉竹子的可人之处还当有许多，只是前人尚未发觉，后人又懒于发觉罢了。我愤愤然，很为之不平。

终于有一天，我不再想走近它。打那天起，似乎它的一切隆德令誉荡然无存。它何尝有一点君子气节？凤凰非梧桐不栖，非醴泉不饮，可是它却随遇而安，只要人对之略施恩惠，它便乐不思蜀了。君子们潇洒处世，不为世俗羁绊，可它却畏首畏尾，不敢越雷池半步。不错，它是“虚心”，但腹内空空，不“虚”而何？且以“虚心”来掩饰无知与苍白，这不又是在欺世盗名吗？就连它子孙的声誉早已是“嘴尖皮厚腹中空”了。至于那宁折不弯，更是不实之辞，它何尝不弯？你见过几株亭亭玉立的竹子？如若在竹林中，那是群居的环境使然，一旦植根他处，便会随风摇摆。想到这里，就连它的频频点头也觉着有点儿媚世求青之嫌了。

呜呼，我为竹子悲哀！

我更觉悲哀的是人口之难凭，说黑便是黑，说白便是白，三人成虎，人言可畏哟！

国有孤臣天下幸

《雍正王朝》播过之后，如今还有人记得那位“孤臣”田文镜吗?

史载，田文镜，清汉军正黄旗人，监生出身。康熙二十二年出仕，为县丞，康熙末年升任内阁侍读学士。雍正元年任山西布政使，次年任河南巡抚，旋加兵部尚书衔，授河南总督，后又兼领山东，称河东总督。因匿灾不报，苛征田赋，致百姓流离。曾为李绂等参劾，后以老病辞官……

这则史料是很有意思的，田文镜的迅捷攀升，与其在任期间的“暴敛”百姓，对比十分鲜明，让人一眼就可以看穿个中的因果。如此“对上负责对下不负责”，以生民血汗浸染顶戴的家伙，想不遗臭万年，怕是不大可能的了。

田文镜为官一世，落得如此下场，尽管匪夷所思，倒也属于必然。因为此人生性耿介孤直，不擅官场交接，早在出任县丞期间，就颇不得势，于同僚之中茕茕孑立、形影相吊，是当地有名的“孤臣”。雍亲王江南筹款时发现并举荐了他，有了“皇上”做主，他的一腔热血更是挥洒得酣畅淋漓，先是在清理王公大臣府库欠款时脸黑如铁，继而又在推行雍正新政时大刀阔斧，从官绅一体当差、一体纳粮到摊丁入亩、火耗归公，真正成了雍正皇帝的得力干将，为雍正充府库、治国家立下汗马功劳。正因为如此，他无疑是动了许多“太岁”头上的“土”，与上自王公廷相、下至豪绅地主等一大批“不得了”的人物结下了怨仇。虽然他的所为使许多黎民百姓备受荫泽，然而，目不识丁的下层百姓却无法写出传之久远的历史。雍正抱屈“身后骂名滚滚来”，但这落下骂名的又何止他一个雍正！

雍正之喜欢田文镜，大概就是喜欢他“孤臣”的个性。其实，雍正在做亲王的时候，在众阿哥之中，何尝不是个“孤臣”？在位十三年，使府库银两增至数倍，且吏治几至于清明，民风又归于淳厚，为清王朝“康乾盛世”的形成承上启下。如此卓著勋业，非但史书不载，到如今刚有几个人为他讲了句公道话，马上就又遭到围攻、非议，说什么“美化封建皇帝”。设若中国历史上能多几个这样的皇帝，中国或许不至于贫穷至此；抑或今天的官员们能多学学田文镜的勤政，也不至于演出如此久禁不止的腐败吧！

发思古之幽情，往往是为了现在。对过眼人物的褒与贬，也往往反映了人们的情感倾向与价值尺度。封建王朝的官僚容不得孤臣，因为孤臣是一面镜子，能照出他们的无能、无为甚至更深层次的内心丑恶；今天出现不能褒扬孤臣的情况，是因为这面镜子又照出了一些当今官宦与昔日封建官僚没什么两样的劣根。

诚然，孤臣绝不是完人。但孤臣却有着常人不具备的品质。首先，孤臣之所以“孤”，是因为眼睛里容不得沙子。众所周知，金无足赤，人无完人。水至清则无鱼，人至察则无徒。既然你容不得他人犯错误，谁还肯和你在一起。其次，孤臣之所以孤，还是因为他们的正直而有能力，不正直的必然同流合污，庸碌之辈又对朋党们构不成威胁。对于拉不过来的有能力者，他们能采取的最佳“策略”就只能是“孤立他”了。同时，还应看到，凡孤臣必无朋党。有道是朋比为奸，在公义和大局之下，暗地里结就的团伙，其行为能告白于天下者恐怕不多。还有，孤臣之不朋党，是因为没有非分的欲望。孤臣最突出的特征是“存天理而灭人欲”，没有那么多的私欲，何必去蝇营狗苟。由此可见，孤臣的存在，尽管会做出一些超乎常规的事来，但于国于民，均是利大于弊。纵观封建社会数千年的历史，没有明君在世抑孤臣而扬朋党的。

治国齐家，千古一理。如今，尽管做人要培养协调性的精神品质，做官也还允许工作中的错误，但在鱼龙混杂、良莠互见的社会中，无论为人还是为官，确乎应当培养些孤直耿介的气质，培养些为大局、为百姓不怕骂名滚滚来的勇气；对于那些掌握着乌纱的当权者，更需要学一学孤臣的精神，眼睛里也少容些“沙子”，在允许“发展之中”有错误的同时，不要将“人察无徒”、“金无足赤”之类的往古圣训当作用人失察，甚至姑息养奸的借口。

想为齐景公说句话

披阅《晏子春秋》之前，对晏子的印象，其实只有他出使楚国的两个小故事，一个是他巧妙骂楚国为“狗国”，留下“使狗国者从狗门入”的谑语；另一个是楚王想用“齐人善盗”来窘迫他，结果他用“楚之水土使人善盗”来化解，留下“橘生淮南则为橘，生于淮北则为枳”的佳话。让人感觉到，晏子是个头脑灵活、巧言善辩的外交家。当真正读了《晏子春秋》之后，掩卷长思，一个智慧充盈、直言敢谏、体恤下情、尚俭节用而又幽默诙谐的政治家形象，便渐渐清晰起来。

晏子是春秋时齐国的三朝元老，虽然服务了灵公、庄公与景公三代国君，但辅佐景公的时间最长，因此，《晏子春秋》中所录的，大部分都是与景公在一起的事情。

在中国历史上，君明臣贤的佳话不少，最著名的要数唐太宗李世民与丞相魏征了。魏征以直谏著称，敢于犯颜谏上，多次把太宗搞得很不舒服。但是魏征死后，李世民痛哭流涕，说他失去了一面可以照见自己的镜子。于是，“以铜为鉴，可以正衣冠；以古为鉴，可以知兴替；以人为鉴，可以明得失”，几乎成了李世民作为一代明君的金字招牌，与“载舟覆舟”的典故一起，树起了唐太宗在人们心目中的傲岸丰碑。

在《晏子春秋》里，也有过类似的一则故事：晏子死后，齐景公对着他的手下大臣痛哭流涕，说晏子太忠诚也太优秀了，你们中间有谁能一天给我纠正三次错误呢？！这个故事虽然与李世民恸失忠良的状态差不多，但齐景公却远没有李世民那么幸运，依然被钉在历史的耻辱柱上，对他的评价，依然是“声色犬马”，“醉生梦死”，“残忍暴戾”，“不恤民情”。

齐景公到底是个什么人，在《晏子春秋》里有多处精彩记录。有一则故事是很有趣的，说景公晚上一个人喝酒不痛快，想找个伴儿，跑到晏子家。晏子说，陪你喝酒不是我的职责，你还是回吧！跑到司马穰苴家，司马穰苴也说，陪你喝酒不是我的职责，你还是回吧！最后他跑到梁丘据家，梁丘据很恭敬地把他请进家中，两人饮酒作乐，尽醉方休。而后，景公大发感慨：没有晏子，何以治国？没有司马穰苴，何以守边？没有梁丘据，寡人也不会活得这么痛快舒服啊！

齐景公在国事问题上，对晏子几乎可以说是言听计从，虽然也有个别时候不听话，但极少见。以至于有时景公也抱怨，说怎么着都得听你的，我这个国君只是个傀儡啊！甚至有几次晏子因景公不听话负气出走，景公听到后第一反应便是“赶紧追赶”，追上之后再赔礼道歉，然后晏子再半推半就，趁坡下驴，于是乎，君臣再度走向默契与和谐，再度扮演他们的双簧角色。

在历代人臣中，以忠贞耿介被剖心挖肝的大有人在，如殷纣时候的王子比干；以诙谐幽默被视作玩物的也大有人在，如汉武帝时候的东方朔。像晏子这样既忠贞耿介又诙谐幽默，因而做到几乎国君离不了他的却实在找不出几个来，这不能不让我们对此种现象往深处想一想。我总觉得，所以有这样一种结局，与其归因于晏子的聪明才干，倒不如说是齐景公给了他宽松与和谐的“政治环境”。

照实说，玩儿心那么大的齐景公，因为百姓动了他的树、他的竹子就要杀人的暴君，其逆鳞应该所在皆是的。然而，在晏子面前，他几乎成了被驯化过的猛兽，在“驯兽员”的手下，是那样的俯首帖耳，那样的温顺服从。而且，有时候发怒，他也不是没有动过杀晏子的心，别人也这样劝说过他，但他思忖再三，还是说了一句话：“民之望也。”“民之望也”是景公对晏子的评价，也是他对晏子言听计从的根本原因。因为他知道，有晏子在，他的国家就会稳如泰山；听晏子的话，他就可以不去赴汤蹈火。所以，齐景公的聪明，就在于他知道人才难得，能够审时度势，能够为了社稷掩抑私欲，即使明知大权旁落也在所不惜。

或许还是阶级斗争式的思维作怪，我们对历史上臣子们总是比较宽容，而对于国君则往往求全责备，似乎国君是犯不得错误的，臣子们的问题也多数给栽到了国君的头上。前几年演《雍正王朝》，就有人嚷着是给封建君主翻案。其实看一看我们身边，那些大大小小手握重权的人物，做得比雍正那样的“封建君主”好的又有几人？当他们对“封建君主”挑三拣四的时候，有过丝毫五十步笑百步的不好意思吗？

话题再回到齐景公身上，即使我们可以说他有一身的毛病，但没有毛病的人我们身边有吗？齐景公作为一个当权者，他至少知道，自己无能要让有能者治国，自己无德要让有德者治国，无论如何不能“贼民之望”，即使自己再不舒服也要“将革命进行到底”。能做到这一点，客观上已经起到一个明君的作用了，难道我们非要把他给“塑造”成一个圣人不成？

对“封建君主”们横挑鼻子竖挑眼的如今的当权者们，是不是都敢拿齐景公这面镜子照一照自己呢？！

“斗”的断想

据《动物奇谭》介绍，东海有种寄居蟹，生性多疑而好斗，稍遇风吹草动，便如临大敌，高高扬起双螯，好斗之态可掬。这使我想起前些年读到的基辛格的《白宫岁月》。基氏在书中声称中国人好斗，当时我颇不以为然。在我的印象中，国人的最大特点莫过于勤劳善良，虽然很有些勇敢分子，但也多在沉默之后方可爆发，与“好斗”无缘的。但后来越来越多的事实告诉我，这种看法过于幼稚。中国人非但好斗，且善斗；不但有无数斗的实践，也有整套斗的理论；不但与敌人斗，也与朋友斗；不但与别人斗，还和自己斗。真可谓斗出了经验，斗出了水平，斗上了台阶。

翻开五千年的文明史，你便会觉得，整个是一部斗争史。从黄帝大战蚩尤到民国各路军阀闹中华，几乎无时无刻不在斗。斗中出经验，斗中出智慧。在古往今来的争斗中，华夏民族生生不息，日渐成熟起来。

当然，最精彩的还算是“窝里斗”。

“窝里斗”，这顶不大光彩的“桂冠”国人已经戴了很多年，曾使许多人警醒，让许多人羞愧，然而许多人依旧无动于衷。其实，只要深究起来，“窝里斗”也有着令人欣羡的悠久历史。孙膑与庞涓同窗互戮；曹丕与曹植兄弟相残；宋太祖杯酒释兵权；朱洪武火焚庆功楼；张献忠因怕一山不容二虎，险置闯王于刀俎之上；洪秀全为使国祚永保，终将杨秀清送上西天；大家熟知的十年浩劫，不照样断送了许许多多望重德高、风高节亮、绩勋卓著的功臣？！

细究起来，这窝里斗多由疑而生，以两败俱伤而结。我们中国的传统是忌讳害人的，但害人之心不可有，防人之心不可无。于是乎，无论在工作还是生活中，总觉着好像有人要跟自己过不去，总觉着有人要害自己。如此下去，就不得不一门心思用于防范。如果遇见类似的对手，那就更热闹了。你瞅着我不顺眼，我瞧着你不舒服，总想着对方心中有鬼笑里藏刀，肯定为自己设下了陷阱，摆好了圈套，在领导面前给自己垫了砖。那么好，咱也不是省油的灯，起码不能让他们觉得咱是个省油的灯而抓咱的冤大头。人善被人欺，马善被人骑，你既有初一，我就有十五，不陪到底枉为人。至此，就全然忘记了自己是在工作在学习在生活，仿佛已完全置身于战场，赳赳武夫般慷慨赴难，由原来的消极防范演化成主动出击——真正的内耗便开始了。

人生确实是大不易的事情，从呱呱坠地到寿终正寝，单洪水猛兽、地裂山崩、瘟疫兵燹之类无法抗拒的灾难就够招架了。如果再搞窝里斗，不消说误人误已误大家，单人生的负担也太沉重了。古人是否发过“活得太累”的慨叹不得而知，今人的感触却都十分明显。哥儿几个在一块儿议论，都觉得人们的弦绷得太紧了。其实，天下本无事，庸人自扰之。如果大家都去做些推倒围墙拆除篱笆的事情，把防人之心换成暖人之行，宽松的社会氛围对谁都会有益处。倘先人地下有知，也绝不会怪罪我们没有光大遗风的。

劝酒的断想

有句禅语，道是“风花雪月无碍菩提路，酒色财气可证涅槃心”。大意是说：只要心中有佛，便可以大行不顾细谨；即使终日沉醉于雪月风花，一旦觉悟，也可以放下“红颜”，立地成佛的。但是你到底有没有慧根，是不是一心向佛，至少可以用四种东西来检验，那就是酒、色、财、气。言外之意，可以通过酒、色、财、气这四关的，绝对不会是多数。因为世间真能成佛的，毕竟也没有几个人。

把酒当作验证涅槃之心的第一关，可见这个东西的厉害。因为酒的作用，其实就是麻醉。接受麻醉，本身不是好的事情，正常的人不会愿意做。除了遭遇厄境，借酒浇愁之外，很少有一开始就自觉喝起酒来的。为了让人们更好地接受麻醉，酿造大师们也想了不少办法，把酒酿出了各色各样可人的口味，让人们可以在美味的享受之中，不知不觉地“进入状态”。

由此可知，把酒酿出美味，应当算是劝酒的第一步——明知道不是好东西，想“推销”出去，就必须讲究“包装”，如同把苦药包上一层糖衣，妖怪往往变成美女一样。

当然，众口难调，即使再美味的酒，也有不愿意喝的。自然引诱不能上钩，就需要人力干预了。于是，各种各样的劝酒之术也便应运而生。

诗仙李太白，同时也是个酒仙，不但自己好喝，还很能劝。雅士好名，他就从名道来——“古来圣贤皆寂寞，唯有饮者留其名”，你喝不喝？悭客惜钱，他就慷慨解囊——“五花马，千金裘，呼儿将出换美酒”，你喝不喝？愁人郁闷，他便殷勤开导——“人生得意须尽欢，莫使金樽空对月”，你喝不喝？你真的滴酒不沾倒还罢了，一旦沾上酒，就说明会喝——不要装模作样嘛！“会（开玩笑）须一饮三百杯”！即使朋友们可能不胜酒力，但却也已经来不及了——“岑夫子，丹丘生，将进酒，杯莫停”，不喝倒下那不成，我们一起“但愿长醉不愿醒”。与李白这样的诗酒谪仙在一起，酒也醉人，诗也醉人。

李白的劝酒以豪气胜，王维就是以情感人了。渭城之下，微雨初收，客舍青青，杨柳依依，好友元二要出门远行了。念及即将上路的朋友，一路山长水远，关山阻隔，故乡杳杳，知音难觅，亲情乡情友情终难割舍。唉，再喝一杯吧！自此一别，前路渺茫，世事难料，重逢无期。别说到了安西，出了这渭城，想找个说话儿的人怕都不容易了——我们不难想象，后来这位元二是如何步履蹒跚、醉眼蒙胧被扶上马的。如果不让他多喝几杯，让酒精发挥点儿麻醉作用，那种离愁别绪怎能叫人消受得了？！

前边这两例，都是千古绝唱的演绎，其实古人真正像他们这样劝酒的也不是很多。多数方法也简单，甚至演化成了公式。牛皋、李逵、程咬金之徒，不会说那么多的好听话，让你喝酒你不喝，是要捏着鼻子灌下去的——此其一。清风雅士不便动武，就请出“助手”，红袖把盏，玉手捧杯，不信你还拒绝——此其二。倘若实在没有别的办法，那就只好比本事，有文化的吟诗作对，没文化的行令划拳。至于拔箭投壶，曲水流觞，形式虽异，目的却都一样，就是要分出高下——技不如人，输了总不能不喝吧，此其三。

古往今来，天地一瞬。如今不仅酿酒的工艺一再进化，喝酒器具花样翻新，连劝酒的花样也更加丰富了。酒席之间，有人可以口若悬河劝得你一口菜不吃就喝得酩酊大醉，有人一条鱼端上就可以喝倒一大片，甚至有人专门研究劝酒，摆弄出一套一套的“学问”。劝酒的技法越来越高明，劝酒的目的也越来越明显，往往都不是为对方着想，许多时候常常是想让对方出丑。结果劝得越来越变味儿，不是让你“心悦诚服”地进酒，而是把你逼进死角还穷追不舍，一种席间助兴的文化逐步演化成为纯粹强人所难的技巧，不能不说这是酒文化的一种异化。

如果说在温饱尚未解决的年代，设酒杀鸡款待客人那是好客的豪爽的话，那么，在足食丰衣，人们都开始注重身体健康和生存质量的时候，再来“宁伤身体不伤感情”式的劝酒，着实有些不合时宜了。

前段看陈道明做广告，说“酒不过量，何过之有”，但在劝酒的时候，却很少有人像陈道明、杜雨露那样，把握到“可以喝一点”的那种程度的。“能喝四两喝半斤，党和人民都放心；能喝半斤喝四两，对不起人民对不起党”——目的不就是让你过量吗？“感情深，一口闷，感情浅，喝一点”——不就是用感情做筹码让对方喝些不愿再多喝的酒吗？“宁伤身体，不伤感情”，身体之不存，感情将焉附？全国每年死于酗酒的人虽没有人进行过专门的统计，但也绝对不会是个小数目。其间有多少人是自愿喝酒的，又有多少人是被以各种理由劝进去的，鬼才知道。

孔子说过一句将心比心的话，叫作“已所不欲，勿施于人”。可我们在劝酒的时候常常是“已所不欲，务施于人”。许多人总是想方设法往别人肚子里灌酒，真正“要想朋友喝好，自己首先灌倒”的“大侠”随着人们对酒精伤身的理解确乎越来越少了。

在人类文明发展的过程中，酒曾经是不可或缺的一部分。但到了如今，当大家都你推我让，非把它灌到别人肚子里而后快的时候，我们不禁要问：酒，还是好东西吗？对这个问题的回答差之天壤。劝酒者云：“酒是粮食精，越喝越年轻。”“酒精考验”的沙场老将却一语道破天机：“酒是龟孙，谁喝谁晕。”

当然，劝酒也终究是劝，喝不喝还真是自己的事情。佛门能将酒摆上以证佛心的首位，怕也就是看到了酒能醉人，醉后足以乱性的根本所在。既然知道酒后很少有人能守得住，最好的办法便是一开始就把门守紧。一旦真的喝起来，能守得住的都已成佛成仙了，世间哪有这种人？喝酒越喝越胆大，越喝越“能”喝，其实已经是把持不住了。

从另一个角度来说，如果我们在酒席间，喝酒但不劝酒，或者不进行恶意的劝酒，我们饮食的文明程度会高出许多自不待言，同时，会节约多少被劝酒所误的时间，会少惹多少醉酒之后的祸端，会对人身安全、家庭稳定、社会进步产生多大的正面影响，明眼人想必都是会计算清楚的。

秋天的话题

明日立秋，自然也就想起了关于秋天的话题。

《说文解字》云：“秋，禾谷熟也。”五行属金，主西方。所以，秋风也往往被雅称为“西风”或者“金风”。毛润之词曰“西风烈，长空雁叫霜晨月”，鲁迅诗云“金风萧瑟走千官”，都是带有明显时令气息的。

照常理说，“秋”本无所谓感情色彩可言。然而，中国古代的士大夫们却不同，一发感慨就是“悲哉，秋之为气也”。连一向达观的醉翁欧阳老先生，也曾颇为有声有色地描述秋天——“其色惨淡，烟霏云敛；其容清明，天高日晶；其气凛冽，砭人肌骨；其意萧条，山川寂廖”。仿佛秋天整个儿是一个丧门星般的倒霉季节。起初我对此不大理解，后来用今人之心度古人之腹，慢慢儿也悟出了点儿东西：立秋意味着一年过半，不由人不发出光阴倏忽、人生苦短的感叹。秋风起处，草木摇落，也难怪人们觉得秋天凄冷肃杀。尽管古人也有慷慨激昂如刘禹锡盛赞“秋日胜春朝”的，但也只限在个人的小圈子里头。今人就大不相同了，眼看着沉甸甸的稻谷穗、黄澄澄的玉米棒，高兴都来不及，哪还有心思去体味凄凉？由此看来，古往今来，人们对秋天的认识是日渐“实惠”起来了。

其实，秋天的实惠还不止于此。夏为阳之至，冬为阴之至。立秋之后，阴气开始上升。阴气主凉，所以难耐的暑热也渐渐消退。当凉风习习，气爽神清之际，诸位可曾记得那黏糊糊，油唧唧，躺到床上浑身上下吱儿吱儿往外冒汗的“峥嵘岁月”？当然，现代文明用空调为部分有钱人创造出了凉爽的小气候，但空调病也悄然而起。前两年美国一股热浪使数十人相继毙命，据说就是空调的“副作用”。而秋天一到，天朗气清，更加连绵秋雨，只要不出洪涝，别的不说，单这每天一个安稳觉就足以令人美不胜收了。

不过，秋天的隐忧也还存在。这一点儿，大杂院的居民从日渐丰盈而无人问津的厕所中感受得最为深刻。如今种地不愿上粪的日见其多了，几回谷贱伤农之后，尽管国家采取了一系列提高粮价的措施，但农民得到的实惠远没有投机商们多。所以，农民也开始“敷衍”地皮了。你说短期行为就短期行为，反正省时省力。因此，人们越来越怀疑地里长出的粮食的品质，据说一些科学家已经着手研制若干年后供人们食用的“化肥”了！

当然，天道有常，尽管人们关于秋天的话题还很多，可秋天照旧还是秋天。不过，人在参与自然的运行中究竟充当什么样的角色，倒真的是需要审慎的事情。

说度

读彭见明的《绝钓》，很受启发。

小说讲的是一位从来没被人放在眼里的小人物，却身怀绝技。他通晓各种鱼的生活习性，无论是鱼的“饮食好尚”，还是在水中的“地位”高低，他都了如指掌，经常无须渔竿便能钓出大量的鱼来。在困难时期，他虽然一身本事，日子过得仍十分窘迫。后来虽时来运转，成了县钓鱼协会的顾问，但真正的绝技却一直秘不示人。后来，在无奈之下他被迫演了一回惊天地、泣鬼神的绝钓之后，便真正罢钓了。按照他的理论，绝技不可不用，但决不可滥用，当生存受到威胁时不用，那叫迂；日子能过得去再用，就叫贪。人生在世，迂不得，也贪不得，这就叫“度”。

关于“度”的含义，先人们早有定论。《说文》云，“度，法制也”，指的就是法则、规律。天道有常，万物兴歇，都有着内在规律。人类生活于自然界中，理当顺应自然定规，绝不能任着性子胡来。无所作为不行，“作为”过了也不行，这就叫“敬天意，勤民事”。在自然法则面前过犹不及，真理超过一步就是谬误。中国人讲的中庸，其实就是要求人们从思想到行为，都要合“度”。

话虽这么说，但想真正把握住这个“度”，将事情做得恰到好处，实在是大不易的。就说中央和地方的关系吧，唐朝在治国策略上放权四方，节度使拥有重权，下边积极性调动起来后，的确带来了大唐王朝一时的兴盛。然而，由于地方权力过大，最终导致尾大不掉，酿成了著名的“安史之乱”，盛极一时的大唐王朝从此一蹶不振。宋太祖赵匡胤汲取唐朝治国政策失误的教训，陈桥兵变之后，干脆来了个“杯酒释兵权”。下边的确是不出事了，但却使他的这个江山一直没有兴盛起来——先贡于辽、夏，再贡于女真，让人家把徽、钦二帝都掳了去。虽然偏安江左还坚持了一段时间，但最终还是给人家夺走了江山。这两个王朝放与收的“度”，看来是都没能把握好。

非但祖先们很难做到适“度”，就连一再提醒我们“历史的经验值得注意”的今人，照样没有跳出“一收就死、一死就放、一放就乱、一乱就收”的怪圈，照样有些人不右就左，不左就右。政治如此，经济、文化也概莫能外。且莫说文化领域的盲目排外与全盘西化之间争斗已久，就说发展经济与环境保护之间的关系，有谁真正处理好了？西方国家在经济发展方面是先污染后治理，中国改革开放以后，似乎也注意到了这样一条“历史的经验”，也的确采取了一系列措施。但是，到目前为止，真正青山绿水的佳境，往往是现代文明涉及不到的地方；而那些工业发达、经济繁荣的所在，自然生态及各种环境都不同程度地遭到了破坏。

万物之灵的人类，无法将事情做到适度，原因究竟何在？只要我们稍加留意，便不难看出问题的症结。尽管有无相生，福祸相倚，万事万物都有自己的运行法则，然而，人毕竟是一种贪欲极盛的动物。有道是贪欲无厌，利令智昏。贪欲当头必短视，利益面前定昏聩。人的大脑一旦被利欲充斥，便只知道“贪”和“占”了。在利欲之心的驱使下，必然一叶障目，不见泰山。于是，也就很难不越过自然规律这道门槛。纵观历史与人生，绝少有那种无度者不失之于贪的，只不过是贪权、贪财、贪色、贪名或贪生的不同罢了。

在纷繁复杂的社会人生之中，要想做到处事“适度”，做到“不为已甚”，关键是要做到不贪。只有戒除这个“贪”字，才能真正有所为有所不为。想来彭先生笔下的那位小人物，在滚滚红尘中能做到不迂不贪，适可而止，绝对应当算作“高人”了。

我是如何做起杂文的

说起做杂文，首先要说到做文章。

我是如何做起文章来的？这个问题应当感谢我师专时期的写作老师。

在中小学时期，我的作文是经常被语文老师当作范文念给同学们听的。那时候写文章，主要是抄报纸，道是天下文章一大抄，但是看你会抄不会抄。我有一个同学就不大会抄，结果抄文章时竟然把“许昌消息”四个字也抄了上去，让老师狠劲儿批评了一阵。我当时应该属于比较会抄的那种，不仅不会犯“许昌消息”之类的硬伤，而且还能将报纸上的观点加进自己寻找的论据，然后再加以敷衍，于是便经常受表扬了。然而，虽然受表扬了，毕竟我还是在抄，当时的党八股、帮八股流毒甚广，我自然也就中毒最深。明明我家解放前有30多亩地，是中农成分，然而当写到“我的家史”一类的文章时，却总是“房无一间，地无一垄，上无片瓦，下无立锥之地”——抄习惯了，顺手又顺口，孰不知一串串儿流出来的，本不是自己的东西。这样银样镴枪头般的本事在中小学还能唬人，到了大学，馅儿便越来越包不住了。

有一次教写作的老师让我们写议论文，要求言之有物，言之成理，且题目自拟。我便以“论道德”为题写了一篇800字的议论文——如果是现在，打死我也不敢这样子的——结果可想而知，老师将我的文章印发给全班，作为“题目大而无当，内容空洞无物，论理乱七八糟”的典型进行批判。当时刚刚有点想吸引女同学注意的意思，却遭到老师这一当头棒喝，窘状可想而知。从那一次之后，写作老师布置的作文我一篇也没有再交过。

不交作文可以，但不会写作文以后教书这个饭碗便不好端，于是我便拼命地读背经典诗词文章，读没有学过的外国经典名著，还订阅了当时十分有影响力的《小说选刊》，读散文一字一句地读，读小说也坚持一字一句地读，以至于后来读长篇小说也改不了这个毛病——不会浏览了。久而久之，写作时的语感便出来了。每当捧起书本读的时候，仿佛不是在看文字，而是在听人诵读；提笔写作的时候，写出的似乎也不是文字，而是在为一种声音作记录。这以后，渐渐地，我的文章有了文从字顺的感觉，人也慢慢自信了起来。

至于写杂文，虽然原因很是偶然，但也要感谢两个人，他就是当时《焦作日报》第三编辑部主任王菊山先生和首席记者、总编助理张国柱先生。

不害怕写文章之后，我在教书时，便常常给学生们做下水作文。让学生做的文章，一般自己也做，做完之后和学生交流，学生们近距离学习，写作水平提升得就快些。一晃教书已经八年，因为会写文章，被借调到了当时的机关办公室做秘书工作。秘书从事的工作主要是公文，程式化非常严重，容不得个性，语法还是要讲的，但修辞就不好说了——过去是天下文章一大抄，如今是秘书工作靠剪刀。一把剪刀一瓶胶水儿，铰一铰粘一粘顺一顺，便是文章、讲话、总结、报告。这样的工作对于训练官腔儿有用，但时间久了，往往弄得说人话的本事都没有了。目睹了同事战友如此的遭遇，我发誓要时刻保持随时可以去教书的状态，实际上是告诫自己要时刻保持会说人话的能力。就因为这个，才在公文之余，操起了杂文。

我开始写作杂文的时候，报社有一个“怀川快论”言论栏目，第三版还有一个言论栏目叫“百家言”，办得都比较灵活，我写出来的东西常常往那上面投，一来二去，居然也有发表的。到了后来，一篇《爷爷、孙子和驴的启示》竟然被张国柱先生推荐参加河南省年度好新闻评选，而且获得全省二等奖、全市三等奖——过去经常有这样的情况，关键看对谁的眼。于是一发不可收，后来有一段时间我们三五好友几乎垄断了这些栏目。

当然，言论并不等同于杂文。言论时政性强，文化性差；议论性强，文学性差；解决问题性强，可读性嘛，就相对弱了一些。当时的日报还有一个副刊，副刊上

“山阳夜话”栏目的文章读起来比“百家言”要舒服痛快得多。当时阿丙、方人等大家的杂文屡屡见诸“山阳夜话”，那些文字读来如坐春风，如啜香茗。且不时有些语句淋漓痛快令人拍案叫绝。当时我就想，自己如果也能写出这样的文字，那该有多好哇！

之后有一段时间我比葫芦画瓢，包括重读鲁迅，感悟大家的思维方式与表达技巧、讽刺的手法与幽默的智慧，渐渐也试着写一些类似的文字，投到“山阳夜话”，偶尔也有发表的。之后渐渐走上了杂文创作的道路。在这里应当感谢刘金中老师，当时他是副刊部主任。

写作杂文最大的好处是它能训练你透过现象分析本质问题的本事，让人蒙不了你。最大的坏处在于写杂文时间久了眼太尖，嘴太损，笔下总不饶人，甚至因为经常幽他一默让人感觉你老没正经。这种本事，混迹江湖也就罢了，如果在政界玩儿，保不准就要湿鞋。朋友中常有写杂文因文得祸的，想起来不寒而栗。有写作水平不写杂文的蹭蹭地往上提拔，写杂文的让领导看着你横竖都那么不顺眼，这是个问题。不过这样的问题阿丙先生做得很好，杂文没有耽误写，官没有耽误做，书没有耽误读，酒也没有耽误喝，太不得了，我曾说“王公笔力能扛鼎，五百年间无此君”，实在太凤毛麟角了！当然，这个和拍马屁无关。

盘点自己写作的路程，得失无所谓，甘苦寸心知。没有什么收获，倒是混出了一片朋友。文友相聚，耳热酒酣，杯盘狼藉，高谈阔论，彼此无拘无束，尽抒胸中块垒，此乃人生一大乐事。每当此刻，什么功名利禄，什么身外之物，什么矜持仪态，什么不好意思，统统可以扯而淡之，有所谓无所谓都无所谓，色不异空，空不异色，色即是空，空即是色，受想行识，亦复如是。这也当是人生的一大境界。

杂文是带刺的，但杂文作者多数都是刺猬，靠着满身的尖刺来保护柔软的内心。如果杂文作者有朝一日能够走向圆融，社会便和谐了，人类便大同了，人的精神便可能真正拥有境界了。

第二辑　杏坛新说

期待是美丽的

人不能没有期待。

儿童期待长大，稚嫩期待成熟，做人期待理解，做事期待成功。常怀一颗期待的心，你会对人对事对世间万物充满温情与关怀，在增一分则喜、减一分则忧的纤毫变化中，倾注自己普施天下的爱心，打磨自己无微不至的体察能力。

冬天里期待春天，期待枯枝吐出的一芽新绿，期待泥土中拱出的一尖纤草，期待枝头花蕾一刻一刻地次第开放，期待万木争荣、群芳斗艳的阳春明媚。

春天里期待夏天，期待“绿树阴浓夏日长，楼台倒影入池塘，水晶帘动微风起，满架蔷薇一院香”的闲适，期待千啭不穷的蝉鸣和芭蕉扇底扇出的和煦的风。

夏天里期待秋天，期待秋天成熟的果蔬，期待秋风起处的一派凉爽，期待“梧桐更兼细雨”的凄清落寞，也期待“万木霜天红烂漫”的壮阔与雄浑。

秋天里也在期待冬天，期待冬日温暖的阳光，期待“雨雪纷纷接大漠”的银妆素裹，期待雪人憨憨、雪球飞飞、紫芽姜般的小手被大人用口中的热气呵护——那是怎样的呵护啊！当然，还期待着除夕、新正、元夜以及由此带来的一切象征。

一个个期待的轮回，人们在期待中成长，在期待中成熟，在期待中一步步完成了如果没有期待根本不可能完成的事业——因为期待并不是一般意义的守候，期待还伴随着与希望并存的努力、与努力并存的向往。

树谷的人在期待，五谷丰登并不遥远；树木的人在期待，绿荫正在你的身边向荒漠延伸；树人的人也在期待，儿童胖乎乎的小脸逐渐变得棱角分明，男孩子奶声奶气的声音日渐变得粗犷，女孩子野愣愣的眼光中开始蓄满娇羞……于是，杏坛，绛帐，校园，莘莘学子走马灯般地进进出出，历史在延伸，社会在延续，文明在发展。

一位灌园的师傅在和煦的春阳中为他的海棠浇下又一次的水，直起腰，眯起眼睛，将海棠枝头刚刚吐出的嫩芽透射进碧蓝的天空，不经意间，站成一幅范曾笔下的写意画。

一辈子学做老师

记不清这个命题是谁提出来的，但这个命题却让我刻骨铭心。

司空见惯的东西常常熟视无睹，耳熟能详的事情让你真正说出所以然来，也往往会闹出尴尬。所以，黑格尔就说，人们挂在嘴边的东西往往是自己最无知的东西。

就说“教学相长”吧。都说教学相长是铁定的规律，然而有几个老师能够蹲下身子拜学生为师呢？都说教学相长是教学的必然，又有几个教师是为了自己的“成长”而教书的呢？都明白教学相长的道理，为什么会有那么多的人希望离开教学岗位，置自身的“成长”于不顾，甘心情愿做“公仆”呢？

我做过八年的高中语文教师，之后到了行政岗位工作。看到一些暮夜乞怜白昼骄人的同僚，我从心底告诫自己，什么本事都可以丢，唯独教书的本事不敢丢——给自己留最后一条退路。在后来的工作中，终日忙碌于各种事务，三月不知“书”味的情况很是让自己惶惑，特别是在送往迎来鞍前马后的场合，总觉得自己反应迟滞进退失据以至于经常吟出“粉笔轻挥心屡颤，教鞭久置眼常花”之类的诗句来。经过对数任领导马拉松式的建议，终于有了重返学校的机会。与其说是下派任职，倒不如说是心路的回归。

到学校之后，开始并没有教书的机会。虽然我一再提倡校长做老师，但老师人人都有自己的岗位，都做得好好的，你上来，谁下去？后来终于机会来了，三个语文教师同时休假，一个婚假两个产假。看着教务主任搔首皱眉的样子，我就说，别愁了，我上！教务主任眉头倒是舒展了，但眼睛却疑惑了——你，行吗？我说，试试吧！

以前八年的教书生涯，只教过高中语文，而且只教了一届高一，其余全在二、三年级转悠。一下子教初中，且是初一，知识大抵不会有什么问题，但是，方法呢？

好在我一直关注着教改前沿，且曾组织过全市最大规模的《信息技术与学科教学整合》的课题研究，到学校后又积极组织全校性的“诱思探究”学科教学实验。同时，在机关工作的时候，为了不丢教书的本钱，一直坚持笔耕与书法的练习，自信底子还是不错的。从事一线教学，无论宏观还是微观，想必不会太差。

然而，就在自己颇为自信的领域，问题出来了。

按照休假语文老师的安排，我的任务是学习新课一个单元，然后领着学生复习初一年级第一学期的课本。新课教学第一节有些不太适应——毕竟生疏了许久——接着便找到了感觉。至于七年级上册语文教材的复习，我翻了一遍，觉着没有可以难倒我的东西，于是也就没有放在眼里。

在检查学生字词积累的时候，我给学生们读，让他们听写。真是不做不知道，一做吓一跳。没念多少个词，汗就出来了——我听到了学生在下边小声议论，看来我读错了。“纳罕”读成了“纳汗”，“寒颤”读成了“寒忏”，“折磨”的“折”、“晕车”的“晕”读成了阴平，“逮捕”的“逮”读成了上声，“倔强”的“倔”、“剔透”的“剔”读成了去声，“沉甸甸”的“甸”读成了重音，看着“惊惶”却读成了“惊慌”，甚至“窸窣”的“窣”居然一时不知道该读成什么……

平时以为普通话不错，教了八年的高中语文练了二三十年的字，自认为识字数量还是“相当”可观的，结果一进入教学状态就有了如此多的纰漏，不消说让方家笑掉大牙，自己先失笑了。“识完天下字，读尽世间书”那种狂客式的尴尬，这回轮到我头上了。若不是学生们在下边的嘤嘤鸟鸣，我还真的不知道要错到什么时候！

这令我想起了我的恩师戴直夫先生，他满腹学问年高德昭，居然一直把“愤懑”念成“愤满”，可能他教的学生一直年级较高，没人好意思给老师指出。那种看似尊重的结果，是让老师一直“保有”着自己的失误，甚至发展为“永恒”。

师生之间如切如磋式的教学，本是相互的，如果不进教室，不亲历教学，无论如何不可能体会得到。

学一遍不如做一遍，做一遍不如教一遍，什么事情都是这个样子。一个月的代课很快就过去了，和学生的零距离接触，除了让我了解到在办公室、进教研组无从知晓的许多东西，更使我觉得学问的浅薄，这种浅薄如果只是出在几个错字上，那倒真是不幸中的万幸了，但直觉告诉我，不那么简单。

有了这次经历，更加坚定了我的信念：纸上得来终觉浅，一辈子学做老师吧！

百学不如一教

从做学生到当教师，让我感受最深的是：跟老师学东西，无论学得多么扎实，都不如教一遍掌握得牢靠。后来读陶行知先生的书，看到先生倡导的“小先生”制度，陡然感到，在先生朴拙的字里行间，含蕴的是何等博大精深的教育思想啊！

小时候背“两个黄鹂鸣翠柳”，中学时老师教“两个黄鹂鸣翠柳”，到了师专讲师教授们讲“两个黄鹂鸣翠柳”，一遍遍地接触这句杜诗，感受的不过是两只鸟而已。直到师专毕业，走上讲台，自己要给学生们讲这首诗了，才真正品味咂摸，感受到这翠柳间两只啭鸣的黄鹂，映射出多少万物兴歇的自然之美，承载了诗人多少天地融通的愉悦。设若要不是给学生们讲，我会去细品这再普通不过的诗句背后那丰富的意蕴吗？

后来离开讲台做教育行政工作，学习上级文件精神成了每天必修的要务。但是，那些印到B5或A4纸上的仿宋文字，常常都是过眼云烟，看后就忘。记得全国第三次教育工作会议召开之后，我参与组织起草一个地级市教育工作会议的文字材料，学习全国教育工作会议文件精神并将其贯彻到地方政策措施之中是必须的。但拿着总书记的讲话与总理的报告，一遍又一遍地看，总是不得要领。万般无奈之际，我灵机一动，将这两篇文献当成我要给学生们讲解的文本，进行了认认真真的备课式剖析。这样一来，眼前豁然开朗了。原本模糊一片的文字，越来越清晰。哪些是观点，哪些是目标，哪些是工作措施，哪些是保障方法，哪些是在务虚，哪些是在务实，哪些是泛泛号召，哪些需要重点突破，等等等等，一清二楚了。由于是按照备课的方式做的，所以不仅让这些东西皎然于纸，而且已经让它们了然于心。从此之后，对于重要文献的研读，我基本上采取的都是这种方法，同事朋友每当遇到此类问题，我也常常给他们推荐这样的方法。教书时候形成的研读方法到了机关还有这么大的用处，回想起来，感慨良多。

因为有这样的感受，所以无论在家要求孩子，还是在学校引导学生，都特别强调学生之间要养成帮教的习惯。当有些学生以怕耽误自己的学习为借口、掩盖其内心的褊狭自私与企图保持优势的时候，我便把这样的体会告诉他们，提醒他们给别人讲一遍，要比自己复习五遍、学习十遍效果都要好。这还不仅仅是赠人玫瑰手留余香，而是对自己学习效果的验证与升华。自己是不是真正会了，不仅要看你的作业是否正确，关键看你能不能旁征博引深入浅出地讲出来。

近年山东茌平杜郎口中学的校长崔其升先生八年磨一剑，刮起了一股旋风。仔细研究崔其升校长的成功之道，除了他的敬业与执着，忠诚与奉献，严格管理与恩威并施之外，最核心的东西就是他牵住了“百学不如一教”这个牛鼻子。当他受命于危难之际到杜郎口中学，听到“老师讲还不如学生讲”的说法，他不以为忤，大胆撤掉讲台，让老师和学生在共同的等高线上开展学习与交流。在杜郎口，师道尊严不是靠那二十厘米的台阶垫起来的，他们真正做到了“道之所存师之所存”。遍布教室四周的黑板让更多的学生有了“教”的机会，在教的状态下完成学业的学生们，还有什么难题能够难倒他们呢？！

孔夫子讲“学而时习之不亦说乎”，然而目前的学生们在应试的压力之下基本上被剥夺了“习”的时间与机会，终日里除了学还是学，练习册与模拟试题早已经失去了“习”的功能，异化成了“学”的另一种形式。这既是学生们厌学情绪突出，“悦”不起来的源头，也是学生远离社会实践，无法真正习得能力，高分低能现象存在的根本原因。当然，回天无力时必须有顺天之变。没有真正的实践锻炼，如果能把道理参悟透彻，打心眼儿里弄明白也行。不能得乎其上，退而求其次也不是不可以，办法就是让学生把自己所学的东西讲出来。他们要讲出来就必须自己先弄明白，以自己的“昏昏”绝对不可能“使人昭昭”。而要弄明白他们所学的东西，单纯看看书做几道题绝对是不够的。必须把片断的知识放进知识系统之中；必须把孤立的知识与周边知识的联系建立起来；必须能够让静态的知识动态化，让它们放进更多的场合进行应用；还必须能够让自己的思维发散开来，从自己所要讲的知识出发，联系到本学科甚至更多学科的知识结点。做到了这些，哪怕是一个十足的健忘症患者，也不可能轻易地把讲过的东西从大脑中清除，使之“荡然无存”。

“弟子不必不如师，师不必贤于弟子”，这是唐代乡贤韩文公在他的《师说》里讲的。但是，除了顶着老师的帽子混日子的那部分败类，也除了那些无师自通的绝顶聪明的学生，大多数老师都要比学生强一些——至少是他所教授的学科，这就是“教”这个职位这项职能起的作用。如果我们的老师们能够大胆地让学生们走上讲台，代替自己的工作，只要引导得法，不仅不会误人子弟，你所成就的很可能就是你将要崇拜的人，善莫大焉，功莫大焉！

一位法国人曾经不无极端地表达过一种观点，当前最重要也是最难落实的事情，就是让老师们闭上他的嘴！看似冒天下之大不韪，认真揣摩，含蕴颇深，不可不察。

从书法习练中参悟课堂教学

幼承家学，从小就喜欢写字。写到后来，慢慢被人们叫成了“书法”。师专毕业后做了语文教师，授课之余，教学生写字，帮学生欣赏书法也是分内的事情。再后来从事教育行政工作，做管理的同时也渐渐进入地市级书法组织工作之中。再后来，就当了校长。

大千世界，芸芸众生，虽物态万方，物情迥异，但物理大都是相通的。看杜甫的《观公孙大娘舞剑器行》，那“来如雷霆收震怒，罢如江海凝清光”所能形容的岂止一套剑术？朱自清笔下“远处高楼上渺茫的歌声”，所指代的却是月下荷塘微风过处送来的“缕缕清香”。

基于这样的认识，我常常喜欢用写字悟出来的道理来解释周边事物。比如当社会浮躁到处都在讲“创新”求“个性”，企图短时间内“扬名立万”，我就写了一首谈自己写字态度的诗：“啜醴哺糟不厌粗，甘沉墨海作书奴。先贤遗迹通灵日，始见高风满江湖。”其中表明的，已经不仅仅是写字了。

在日常教学的管理工作中，我总有这样的感知：我们可以做得不够好，但不可以对别人成功的经验无动于衷。这正如临帖，写不好我们苦临就是了，虽是亦步亦趋，成长自在其中矣。我们不必过早地张扬自己的教学风格，没有足够的继承，只能将自己的“风格”陷于无本之木、无源之水的窘状。孔子那么大的学问，也是坚持“述而不作”的。这也如书法练习中的继承与发展，没临几天的法帖就要创新，只能是瞎胡闹。米芾集古字遗时人笑柄，但如今谁不承认米芾的书法艺术成就稳居宋四家前列呢！再者，如果我们有了自己的风格，想突破自己结成的茧子，怎么办？也只能是学习新理论，实践新技能。这也如书法成长中的脱胎换骨，不是自己想出来的，而是在临习法帖之中不自觉地积淀与生发出来的。如果你将两种法帖都临习熟练，那么你的字中自然就不会只有一个法帖的影子，而且你的这个模样也是两种法帖的作者所不具备的，这叫作“综合就是创造”。

如今我们做“诱思探究”教学实验，在大家基本知晓“诱思探究”学科教学理论、基本会用“诱思探究”的思想进行课堂教学的前提下，我们提出了“‘诱思探究’常态化”的要求，也是基于我在书法练习中的体会与感悟。

比如，我们写一个“大”字，一开始肯定不会，由“不会”到“会”是第一重境界。会了，也就知道了这个字有三个笔画，一横一撇一捺如何摆布，能写够数了，能写到位置了；但是，会写并不意味着写得好，写好又是一重境界。要写好这“大”字，结构必须匀称，让人从远处一看，结构疏朗，结体匀称，好！然而，由“好”到“精”还有一重境界。要想做到“精”，单用横平竖直是解决不了问题的，必须追求线条的质量，起笔是藏锋还是露锋，运笔是徐还是疾，能否做到撇撇儿如刀点点儿如桃，这都是“精”这个境界所要求的，而且这还都是在结构疏朗、结体匀称基础之上的要求。当然，只有“精”还不够，“精当”未必能出“神韵”，神韵要求把字能写出神采，这神采可就不是单下苦功临帖能出得来的了，这种境界往往需要融合更多的内容，比如读书、修身、练艺，人们常说“字如其人”，读书人写出的字与不读书的人写出的字是不一样的，字中有没有“书卷气”，往往是衡量字品的重要尺度，这重境界就比较高了。不过，要想真正用“书法家”三个字来要求，仅到这种境界还不够，更高一重境界叫“博”。你已经把这个“大”字写得不错了，但是，你知道真草隶篆中“大”字的写法吗？你知道颜柳欧赵、苏黄米蔡怎么写这个字吗？你知道他们那么写靠得是什么样的背景支持吗？最后，才是真正的化境，那就是“自由”。在前边五重境界之上的自由境界，正是广采博纳、出神入化之境，不要小看一个字，它能与你的生命同呼吸，与你的精神共起伏。无论其规矩端庄，威而不猛，还是墨飞五色，龙蛇起舞，你已经完全融入其中，远之则有，近之则无，伸手不可及，四顾无非我，如羚羊挂角，无迹可求，言有尽而意无穷，甚至不着一字，尽得风流！

然而这每一重境界，都是下功夫得来的。不能日有所积，不能“常态化”，什么成就都免谈！说“得来全不费功夫”，是因为有将“铁鞋”“踏破”垫底儿，不然，绝不可能！

用一个“大”字书写的几重境界来衡量，你的课堂教学到了哪重呢？

解放的魅力

长期以来，我们按照成年人的思维想象自己的学生，以为他们是孩子，思维不成熟，眼界不宽阔，他们需要按照成人的要求，去“循序渐进”地学习，且他们“需要”接触的东西，也都是那些被众人（当然也包括自己）认为是“专家”的成人给安排好了的所谓的“课程体系”，只有将孩子们装在套中培养，才能把孩子们培养出成年人希望的模样来。事实上，在真正培养的过程中，我们常常低估孩子们的理解能力和成长能力，并因此而葬送了许多真正意义的天然之材。

如果我们把手脚放开，情形就大不一样了。

不信？那你就走进曹芳老师师生共读《道德经》成果展示教学案例吧。

说实话，曹芳老师师生共读经典是从七年级开始的，而且一入手就是整本的《论语》。那时候，我们学校在做分层次教学实验，曹芳老师所教的班是C层次的班，班里同学的数学、英语学科成绩在年级里相对较弱。按照常理，数学、英语弱，其他学科也一定好不到哪里，在这样的班里做教学改革实验，可谓风险最小，成本最低。不过当时我也怀疑，初一的学生一下子就开始读《论语》，是不是能够理解？是不是能够读得进去？！然而，那次他们班师生共读《论语》的汇报课，让我眼界大开——学生们不仅会背许多经典语录，而且理解力大大超出我的想象，有不少学生展现了由独特的视角发出的独到见解。而且学生们不仅积累了语汇和思想，更重要的是在潜移默化中改变了行为模式——温文尔雅的多了，粗鲁野蛮的少了；遵规守纪的多了，追跑打闹的少了；文明礼貌的多了，出口成“脏”的少了；能坐得住学得进的学生多了，后进生破罐破摔的少了。

《道德经》较之《论语》，哲理更深奥，论断更精辟，语言更丰富，理解难度也更大。但是，学生在初中阶段就接触《道德经》，让他们在积累思想、参悟哲理、丰富语言方面会有更进一步的长进。曹芳老师安排的师生共读《道德经》是在八年级进行的。其共读成果展示课，较之《论语》的成果展示更进一步，除作家作品的一般性常识把握、语汇及思想积累、核心哲理句子的理解之外，加进了师生的感悟交流，让师生在平等的舞台上进行无障碍的思想交流。虽然老师和学生的文化背景不同，理解一定不同，但这样做更能使师生相互启发、相互引导、相互补充、相互成长，真正实现了“教学相长”的最佳教学理想。曹芳老师让学生们充分利用信息收集处理的手段，多侧面多角度展示自己的学习力与成长力，使学生真正体味到了在学习中成长、在成长中学习的快乐。

陶行知先生曾讲过：在现状下，尤须进行六大解放，把学生学习的基本自由还给学生：一、解放他的头脑，使他能想；二、解放他的双手，使他能干；三、解放他的眼睛，使他能看；四、解放他的嘴，使他能说；五、解放他的空间，使他能到大自然大社会里取得丰富的学问；六、解放他的时间，不要把他的功课表都填满，不逼迫他赶考，不和家长联合起来在功课上夹攻，要给他一些空间消化所学，并且学一点他自己渴望要学的学问，干一点他自己高兴干的事情。从曹芳老师的师生共读经典的展示教学中，我看到了解放的魅力！当学生真正解放之后，他们迸发出来的学习、理解与创造的能力，远远超乎我们的想象。这样的语文教学，才是我们真正应当追求的语文教学境界；这样的教学改革，才真正代表了语文教学改革的方向。

从这样的课堂之中我还体会到，“解放”二字所蕴含的，还不仅仅是解放学生。要想让学生得到解放，教师必须打破陈旧教学观念的束缚，真正解放自己的思想；要敢于放手让学生学习，让学生展示，让学生观察、思考、动手、概括与表述，教师不做课堂的皇帝与警察，而做学习的参与者和引路人。只有这样的课堂，才能充分显示学生的能力，才能充分展示融洽和谐的师生关系，也只有这样的课堂，才会是真正高效的课堂，才会是我们所追求的“理想的课堂”。

“绯红”谁错了

熟悉鲁迅先生的人，没有不知道《藤野先生》的；熟读《藤野先生》的人，应当没有不熟知文章前几句话的——东京也无非是这样，上野的樱花烂熳的时节，望去确也像绯红的轻云，但花下也缺不了成群结队的“清国留学生”的速成班，头顶上盘着大辫子，顶得学生制帽的顶上高高耸起，形成了一座富士山……

每当教到这篇散文的时候，心头总有一个疑问，“绯红”到底是什么颜色？因为教材下面的注释与我的日常所见并不一致。我查遍了手头的字书，《新华字典》说：绯，正红。《现代汉语词典》（2005 年修订版）中明确解释：绯，红色；且在“绯红”词条中专门解释为“鲜红”。新修订的《辞海》（1999 年 9 月版）也是这样解释：绯，大红色；且引段成式的《酉阳杂俎 · 广动植之一》的“血可染绯”加以佐证，证明“绯”就是大红。《辞源》（1991 年版）的解释简单些：绯，红色。同时，也引《说文解字》的注解，说“绯”是“帛赤色”。《康熙字典》除以《说文解字》为宗之外，又专门引《唐书 · 车服志》说：五品以上绯。

以上字典中对“绯”的解释几乎毫无二致，都确凿地认定为“正红”、“大红”。然而，从反映日本风情的影视、图片资料，以及在国内多处看到的樱花，都不是这个样子。樱花多是粉红颜色，没有见到什么“大红”的。

那么，问题到底出在哪儿了呢？

这让我不得不再次回到鲁迅先生的文章中。先生在讲到樱花时，说到“樱花烂熳”，用了一个比喻，说是“绯红的轻云”。请注意，鲁迅先生说的是“轻云”。如果先生看到的是烂熳如“大红”石榴花一样的樱花，“望上去”还会有“轻云”的感觉吗？很显然，这里的“绯红”二字怕不应当简单地按照字典里的解释去套用。有意思的是，在《现代汉语词典》“绯红”的词条下面，列出的还有一个词条，“绯闻”，其解释却是“桃色新闻”，把“绯”分明解释成了“桃色”。桃色即是粉红，一些花边文学及与SEX相关的网站，多数也用粉红作底，到如今已是常识。即使是20世纪二三十年代，在现代白话已相当成熟的情况下，“绯闻”一词已经应用得比较广泛。因此，鲁迅先生将“绯红”之“绯”理解为“绯闻”之“绯”，也当是无可厚非的吧。况且桃花与樱花的颜色大抵比较接近，“桃色”与鲁迅笔下樱花的“绯红”也应当比较接近。大片的樱花烂漫盛开的时候，远远望去，确乎应该是“粉”红的“轻”云了。

按照我的这种分析，自然过错不在鲁迅先生，只能说为文章作注的教材编写“专家”不作具体分析，只知道依样画葫芦，照搬字典的解释，才弄出了这样的笑话。

当然，这里说问题不在先生而在后人，并不是说先生一点瑕疵都没有，前几日在讲授先生的《从百草园到三味书屋》时，就发现了一个相当典型的问题。

在鲁迅先生的《从百草园到三味书屋》第一段，作者为了说明百草园名字的由来，用了一句话，说园中“似乎确凿只有一些野草”。然而，随之在先生笔底流出来的，不但有野草，却还有大树（皂荚树），还有藤科植物（何首乌），还有昆虫（蟋蟀等），还有云雀，而且还有美丽如美女蛇般的传说，还有冬日雪地捕鸟的趣事。当然，如果我们为尊者讳，把这样的情况硬要解释成先生为了修辞的强调可以不管逻辑，也不是完全说不过去。但如果以此来引导学生质疑，并由此逐步培养学生们的质疑精神与能力，不是会更有一些价值吗?

不仅教材注释存在这样“有懈可击”的地方，教材教参如果运用得法，也能引发学生们的独立思考。人教版义务教育课程标准实验教科书七年级下册《语文》第一单元第三课《丑小鸭》的课前导读，就相当离谱，它说：“他并没有绝望，也没有沉沦，而是始终不屈地奋斗，终于变成了一只美丽、高贵的天鹅。这一切缘于他心中那一份恒久的梦想。”教参为了强调这篇童话的“思想意义”，进一步说丑小鸭就是作者自传体的童话，是作者自己的“真实写照”，且说“只要不懈追求，努力进取，即使身处逆境，也终能实现自己的理想”。

我们且不说导语中说丑小鸭能不能用指代人的“他”字，单从文章中丑小鸭对自己命运一次次的逆来顺受，实在看不出什么“恒久的梦想”，特别是当他已经有了足够的力量飞翔，见到天鹅群却仍然不敢加入，只是“把头低低地垂到水上，只等着一死”。人们都应该能够看到，在一次次命运打击之下，这只丑小鸭极度地自卑与逆来顺受。或许童话的深层意义正在于此，揭示出了人在不能自知的情况下很有可能会由于自己的错误判断而贻误自己本可能十分辉煌的命运，然而却让教材教参编写人员按照以往的思维定式，硬要把学生们引入牵强的“逆境成材”上面。如果我们不假思索地这样照本宣科，学生们是不会服气的。

教学就是这样，“教是为了不需要教”，叶圣老的教诲言犹在耳，合理利用手头现成的材料是对的。但如果不加分析一味拿来，怕不一定会起到应有的作用。相反，如果利用它们的一些失误在培养学生自主学习、独立思考、个性判断方面做出一些努力，或许会歪打正着。这也许是语文教学的一种意外收获吧。

有感于“耍把戏的坐到地上”

在我的老家黄河滩里，乡民们看到谁若是弄巧成拙然后破罐子破摔，就说，那是“耍把戏的坐到地上”了。

先前乡村没有进入现代文明的时候，走街串巷耍把戏的很多，往往能够让乡民们暂时搁置沉重的生计不去考虑，看出满世界的兴致，笑出浑身的轻松。但是，耍把戏耍的是真本事，如果初学乍练，露馅儿丢丑那是常有的事儿。一旦撂起来的物件儿没有接住，或者不留神从高处摔了下来，就会很没面子的。遇到这种事儿，那些丢了“份子”的把戏人，往往就干脆坐在地上不起来，翻过帽子向围观的乡民们讨钱——反正已经没面子了，那就干脆没面子到底。

人在无奈的时候常常守不住自己，真正能够守得住自己的“君子”是很少的。孔子曾说，“君子固穷，小人穷斯滥矣”。正因为如此，一切的驭人者（也包括育人者）都不应该把你的工作对象弄到“穷”或“无奈”的地步，否则你自己也是要陷入“穷”或“无奈”的泥潭的。在治国方面，老子曾说，“民不畏死，奈何以死惧之”。在教育方面，一些方家也说，“自信要胜过约束一万倍”。

凡在学校工作的人，都有这样的体会：如果说学生“差”，那往往是学习、纪律“双差”。学生的最大自信来源于学业，如果学业做不好，如果学生感到自己已经是个“差生”了，学校的纪律还有必要遵守吗？如果学校纪律在一群学生的心目中已经没有了分量，那么这个班级、这所学校恐怕就难办了。

治校有方与无方，关键在于给学习困难的学生找准出路，让他们想方设法找回自信。给学习困难的学生找出路虽有很多途径，但降低教学难度是最重要的途径。记得一则材料上说，李叔同出家之前曾受聘于一所学校，做教学主管。去的时候学校已经很难办：学生学业成绩很差，学校也很乱。他经过认真调查分析，大胆删去了数学与英文两门课程。一个学期过后，学生们的学业大有长进，学校校风也好起来了。可以想见，如果李叔同不是这样大胆地删减课程，不要说学生的数学、英文不可能学好，连同其他诸多学科也不可能有好的结果。

无独有偶，20 世纪 90 年代中期我到常州考察过一所职业先修学校。该校是专门为非智障的大龄学困生创办的。他们的办学理念是，什么样的学生都能成材。去他们那里的孩子，智力上一点问题都没有，只是由于现行的教材体系过于严密，再加上老师只管教不管学，以至于学生某些个知识没有学会，整个知识的系统就出现了断档，由此就会接连引发新的断档。断档越多，学生的学习就越困难，最后自己丧失信心，承认自己是“差生”，于是也就慢慢真“笨”了起来。进入该校之后，学生的课程难度得到了大幅度降低，教学方法也更灵活。除了文化知识之外，学生还要学些简单的家政与手工。这些简单的家政与手工被学生掌握之后，对学生的自信是一剂强心针；降低难度的文化课学习很容易掌握，对于长期被歧视的学生又是一剂强心针。经过低难度教学的反复作用，许多学生找回了自信，学业成绩也大幅度提高。一段时间之后，不少学生又回到了正常的学校中。

然而，目前我们许多学校却不是这样，基本无视学生入校时的基础状况，只按照所谓的“大纲”要求安排课程，基本不管学生接受与否。殊不知，虽然学生对不经努力取得的成功没有兴趣，但对于费很大努力而得不到成功的状况更反感。如果他们怎么“跳”都摘不着“桃子”，他不仅不再跳了，反而会坐下来，蹲下去，甚至干脆躺倒在地上。“要把戏的坐到地上”，反正就这样了，爱咋的咋的。

做教育把学生“做”到这种地步，是学生的悲哀，是教育的失败，是教育者的耻辱！

当然，找回学生自信还有其他的方法，比如特长激励法也很有效。20 世纪 90 年代后期苏州中学校长王少东先生也曾给我介绍，他们学校的兴趣小组与课外活动非常活跃。这样做的起因就是要帮助学生找到自信。原来他们的学生都是各初中的尖子生，但到了苏州中学，却一定要排个名次，名次靠后了学生就没有自信。怎么办？他们就让学生展示多方面的才能，我这方面比你弱一些，另一些方面我比你强！以此激励出的自信反过来又作用于文化知识的学习，效果很好。

学校应该是学生在自信中成长的乐园，不应该是扼杀学生个性、泯灭学生自信的集中营。老师应该是呵护学生成长的园丁，不应该像有些人说的那样，是“差生的制造者”。把学生“培养”到破罐子破摔，逼得“要把戏的坐到地上”，原因可能很多，但学校和教师确是难辞其咎的。

“厌学”岂是学生的错

中国的汉字很有意思，说文解字是一件很有趣味的事情。

就说“厌学”吧，如果不明白“厌”字的意思，怕是很难弄明白“学”是怎么“厌”起来的。

古老的汉字在新中国建立之后，有过几次简化运动，所以我们如今看到的，多数已经失却了原有的面目。“厌”字本身，在繁体字中应该为“饜”，从“食”，“厭”声，是个形声字。“厭”和“饜”，为古代通假字。《玉篇》解释说：饜，饱也，足也。即今成语“贪得无厌”，用的就是这个“饜”字的本义。

既然“饜（厌）”是“饱”而且“足”的意思，那么“厌学之生”是不是可以称为“饱学之士”呢？很显然不是。因为“饱学之士”指的是一肚子学问的人，“厌学之生”却是不愿意学习者，他们如何能够画得上等号呢？中国的文化常常把中国人也搞得懵懵懂懂，这样才显示了它的“博大精深”。

然而，既然“饜”字就是“饱”的意思，我们还必须从这里入手进行分析，这样，或许能够看到学生们厌学的真相。

中国成语有“饥不择食”之说，人们饿急了，只要能填饱肚子，是不会讲究什么色香味的。因为生存是第一需要，在这样的需要层面，谁都不可能有更上层楼的想法。但是，一旦人把肚子填饱了，衣服也穿暖了，花花肠子也就该生出来了。特别是当肚皮已经被食物充盈，饱嗝连天，连动都不想动的时候，你给他端上什么样的佳肴美味，他都不会正视的。因为“餍”了，所以也就“厌”了。“餍”字由“饱”、由“满足”变为“讨厌”，意义引申的渠道就应该在这里。

吃东西是这个样子，吮吸知识也应当是这个样子的。

记得我上小学中学的时候，文化的“命”都给“革”掉了，《语文》课本上也没什么东西。小学一年级语文课本的第一课五个字：“毛主席万岁”；第二课七个字：“中国共产党万岁”；第三课十个字：“千万不要忘记阶级斗争”。那个时候，精神上的粮食与物质上的粮食一样紧张，小学时一本小人书能让我激动一个星期，大哥上学时候的《文学》《汉语》课本，和一本没有皮儿的《少年文艺》，以及后来二哥从部队回来探亲捎的几本《解放军文艺》，就是我幼时难得的精神食粮。捧着那些书本，如饥似渴都来不及，谁还敢“厌”！后来看到前后少了许多页的《苦菜花》《野火春风斗古城》，竟像饿狗捡着根肉骨头一样，衔起来撒腿就跑，直跑到没“狗”的地方才敢安安全全地自己享用。

进到高中，尽管理科成绩忽高忽低，好的时候数学成绩考过班里第一，差的时候县里到学校摸底100分的数学卷我仅得4分。但是，对语文类书籍的渴望一直十分旺盛。所以，不仅有过高考之后利用暑假抄写《毛泽东著作中的成语典故》一书中所有引文的刻苦经历，而且还有趁历史老师午睡之际，将他办公桌上的《四角号码小词典》窃为己有的肮脏勾当。读大专的三年时间，除了按老师的要求读教材，一有时间便钻进了图书馆，读书，抄书，三年时间里抄过龙榆生先生的《唐宋词格律》、张永枚的长诗《西沙之战》和《红楼梦诗词曲翻译》，还昧下了学校图书馆张相著的《诗词曲语辞汇释》——还是用三倍于定价的赔偿换来的。没有书，见不到好书，才把我弄得整天跟饿狼似的，仿佛那个胃压根儿就没有体验过“饱”这个概念，就更不要说“餍（厌）”了。以至于到博爱县第三中学任教的第一年，我还抄了康殷先生的《文字源流浅说》，抄了《论语》《大学》和《中庸》。

时常吃不饱的时候，永远不会有“餍（厌）”的感觉。要想让孩子不厌食，精明的爸爸妈妈们常常采取的手段就是尽量不让孩子有“饱”的时候。还记得父亲给我说过的一种生活体验，叫作“少吃多香”，想想其实是很有道理的。每一次都不让吃饱，那样孩子的心里始终存在着一个念想儿。相反，如果想让孩子生

“厌”，最好的办法就是一下子让他吃伤。我在乡下教书的学校有个老师，儿子特别喜欢吃肉——那时候工资低，吃不起的——于是，他跟儿子商量，说想检测一下儿子一次能吃多少肉。一天晚上，他给儿子做了一大碗扣肉，看着儿子吃，他目睹了儿子由“狼吞虎咽”到“细嚼慢咽”再到不食不咽的全过程，结果当晚给儿子撑得上吐下泻。从此以后，那个老师说，儿子一提起吃肉就恶心。

这样的馊主意，著名的教育家兼策划人陈忠联居然也出过。他曾给那些孩子沉湎于电视的年轻妈妈们出主意，让妈妈们每天早上六点前就把电视打开，催孩子赶紧起床看电视；中午孩子放学回来之前就把电视打开，孩子一进门就让他抓紧时间看电视；晚上也如法炮制，而且一直让孩子看到想睡也不能睡的程度。结果没有多长时间，这些孩子看电视的时候都皱起了眉头，从此，再也不喜欢看电视了。

饱了必然生厌，物质、精神皆然。看看如今厌学的学生，几乎每人都有被爸爸妈妈爷爷奶奶和老师逼着读书写字做作业“发展特长”的过程，而且这些外力的施加者一律是不管孩子们的小脑瓜儿能盛得下多少东西，无一例外地严格要求强化管理威胁利诱软硬兼施，没有一个人想想：孩子们吃进去的这些东西要多长时间才能消化得了吸收得进!

教育是有规律的，一如对孩子早期的抚养。要想让孩子保持旺盛的食欲，就必须想办法保持他对食物的“念想儿”。要想让学生一直葆有对知识的渴望，也一定不要用“一股脑儿”的手段，往他的书包和脑瓜里塞东西。“欲速不达”的古训言犹在耳，老师家长们何去何从，应该不需要再说了吧!

学生安全工作“安全”了谁

国人做事情常常找不到主心骨的。过去人命微贱，安全意识自然淡薄。后来在诸多领域恶性事故频仍，在人们的生命与财产朝不保夕的情况下，安全自然被重视了起来。特别是在人们生活水准得到提高，有了衣服也有了“鞋子”穿之后，当然也不能像“光着脚”的时候，于是，便很自然地发现“生命”很是“珍贵”——许多东西都是假的，活着才是最重要的事情。再于是，以什么为本都不如以“人”为本了。

照实说，以人为本，注重人的存在与发展，注重生命的形式与质量，应该是社会进步的体现。但许多事情做起来常常不是“平衡”的，在工矿企业安全设施没有到位、安全制度没有建立或者虽已建立但却因为保护伞“柄”太粗而落实不下去，结果尽管上边喊声震天却仍然事故不断的情况下，学生的“安全”工作倒是率先被“做”到了“第一位”，在全国都把“学生安全”确定为学校一切工作的“底线”。言下之意，只要学生不出“安全”问题，其他事情便都可以“商量”了。

学生安全工作当然是很重要的。未成年人不知深浅，安全教育必须加强，不然的话，人还没有长成，便弄得缺胳膊断腿儿，甚至“丢魂落魄”，那样的学校谁还敢进？然而，我们很多事情做着做着便发生了与本质意义相反的扭曲，学生安全工作也不例外——组织学生春游秋游本是很正常，现在为了“安全”不能组织了；让学生野外训练组织探险能够提高学生的生存能力，现在为了“安全”不能做了；学生间的一些对抗性实践活动能够提高他们的反应能力，锻炼他们的意志与毅力，现在为了“安全”不能进行了；学生走进社区、走进社会、走进火热的“生产斗争与社会实践”，能够锻炼他们的生活能力，改造他们身上的懦弱与孤僻，现在也因为“安全”问题多数停止了；甚至于学生走上街头，连“与陌生人说话”都成了“不安全”因素，也被纳入“禁止”之列。于是，我们的孩子便真的成了“顶在头上怕打了，含在嘴里怕化掉”的“宝”了。

把学生安全工作做到这种程度，真不知道到底是为了谁的“安全”！

诚然，一切经风雨见世面的锻炼，都会有一定的不安全因素；一切探险与创造，都会有许多未知的潜在威胁。如果因为有危险就不做，恐怕人类到现在还在森林中，缩在大树上，身上还覆盖着皮毛，腚上还拖着尾巴——从树上下来既不安全，若招来狼虫虎豹怎么办？禾谷的种子不敢吃，万一中毒了怎么办？火那玩艺儿不敢动，热乎乎地烫着了还得了？把石块打成石器，那更不可思议了，一不留神把“猴爪儿”给砸断，还如何去摘桃子吃？

一切的发现都源自冒险，一切的创造都源于探索。如果因为把“安全”放到“第一位”而否定了探索与创造，到最后怕谁也没有得到保证的“安全”。

记得毛泽东在一篇宏文中写道：“要奋斗就会有牺牲，死人的事是经常发生的。”乍一看似乎不尊重生命，细分析能够看出，这才是对生命真正的负责与尊重。生存权固然在诸多人权之首，但如果连生存能力都没有，你要生存的权利有什么用？如果为了安全我们把学生“培养”得四体不勤、五谷不分，“锻炼”得畏首畏尾、弱不禁风，鬼才相信你是为了学生的安全呢！

其实，只要人们留意，便不难发现，如今的学校安全教育，真正获得“安全”的不是学生，而是官僚。因为学生出了安全问题，要拿教师、校长与当地主管部门甚至政府说事儿，所以他们不能不当心，稍不留意出了事故，乌纱就有被摘除的危险，谁个不怕？因此，也就有了春游秋游层层审批层层签署安全责任状的“机制”。可是，上级把可能出现的一切责任都想尽办法往下推，下级——特别是校长和教师，人家犯得着吗？

学生安全工作在“安全”了官僚的同时，也一定“安全”了未来我们国家和民族的对手。当我们的对手在拼命打造意志坚强、敢打敢杀、生存力与创造力兼备的下一代的时候，我们却在弱化民族固有的英雄主义情结。照这样发展下去，一旦他们长成，面对刚强且嗜血的对手的时候，真的难以想象会是个什么样子。

至此，我突然想到了一个被智者改过的书名——钢铁就是这样炼不成的……

教室与学堂

记得有一首歌：小呀小儿郎，背着书包上学堂，不怕太阳晒，也不怕风雨狂……学堂，多么动听的名字！那是学知识、学技能、学做人、学事理的地方，是个以“学”为核心的所在。其目的不为做官，不为虚荣，只为报答爹和娘。所以，“小儿郎”上学应是很高兴的事情。然而，随着社会教育的异化，在学生学习的地方，许多东西也都变得怪异起来——学堂变成了“教室”，学生学习的用具变成了“教具”，课本变成了“教材”，学生学习的程序安排变成了“教程”，老师变成了“教师”，老师的备课材料变成了“教案”，连老师手里常拿的那根指示用的小棒子也成了“教鞭”，学校与教学有关的行政工作变成了“教务”，就差没有把学校改成“教校”了。如此这般的变化之后，学生们厌学、逃学乃至想“背着炸药包”炸掉学校的情况也日渐多了起来。

全是“教”字惹的祸！

仔细分析“教”字的本源，不难看出当今教育陈弊的滥觞。“教”为形声字，“孝”表声而“攴”表意。这个“攴”字从篆书中还能看出来，它是个手拿着棍子或鞭子的会意字。拿着棍子或鞭子干什么？打呀！《说文解字》也说：攴，小击也。反正他手中握有棍、鞭，有慈爱之心者或许看到不听话的人或物，“小击”一下，甚至只是高高扬起、吓唬一下也未可知。但是在那慈爱之心缺乏抑或下手狠的人手下，手下们可就没有什么好果子吃了。所以，凡以“攴”为意符的字，多数与敲打、统治、管理、居高临下有关，如“牧”“收”“放”“政”之类。“教”字这样组成，其意也不例外。《说文解字》明确解释说：教，上所施，下所效也。就是我在上位的提出要求，你在下位的给我效法、模仿就是了。十分明确，以上临下，不平等。

虽然这样分析，但我国古今有成就的大教育家，也还是十分注重学生“学”的问题的。《礼记》说：“君子之教，喻也。”叶圣陶说：“凡为教，目的在于达到不需要教。”陶行知也说：“我以为好的先生不是教书，不是教学生，而是教学生学。”但是，到了特定的政治环境、经济体制之下，当“塑造”一批批“革命事业接班人”成为第一需要的时候，苏联的教育理论被成套地搬运过来，“洋为中用”。后来发展到极致，凯洛夫的“以教师为中心，以教材为中心，以课堂为中心”理论影响到整个中小学教学领域，“教”也被理所当然地摆到了至高无上的位置。于是，学校的一切事务便都涂上了“教”的色彩，而且，一下子就是几十年。

其实，学生的学习是一种主动性极强的思维活动。如果老师以上临下，一切以自己为核心，不尊重学生“学”的规律，让学生一切听命于你，或者“配合”你，那么你的教学活动无疑是一个人在跳“独角舞”，即使你再卖力气，最终也不会有好结果的。因为你既不知道学生想学什么、不同基础的学生各自能学什么，也不明白用什么样的方式方法才能让学生学得进去、学得有效，甚至更不清楚课堂教学其实是在老师引导下学生进行自主知识建构的过程。那么，你不可能不以自己为中心，不可能不进行满堂灌，满堂教，满堂问，甚至还会因为学生不理解你不“配合”你而感到难过，感到委屈。但是，你的委屈只是你觉得付出了却没有得到相应的回报，学生们的委屈却是可能因此而葬送了一生——许多天才可能被你这种以自我为中心的“教”法断送！你以为“误人子弟”都是处心积虑的？其实许多人的错误都在一念之间！

以“教”临“学”，以“师”临“生”，这种观念的危害还在于它从理论上确立了老师可以“支配”学生，可以“统治”学生的地位。老师可以因此忽视学生独立人格的存在。久而久之，或者形成师生之间的尖锐对立，或者致使学生民主精神、独立意识、探究能力弱化，显然后者比前者更为可怕。

面对这样的现状，我们无法认为是正常的教育、健康的教育，疗救的办法只有恢复教与学关系的本来面目。在教与学二者之间，首先得弄清楚谁是手段谁是目的。“教得好不如学得好”“老师的教是为了学生的学”，这是路边的石头都明白的道理，也是无数正常的教学实践和考试检测证明了的真理，早就没有展开讨论的必要，《教育学》《教材教法》早已明示。

明白了目的与手段的定位，要想真正落到实处，关键还是在课堂教学如何开展。能让学生观察的必须让学生观察，能让学生思考的不能一笔带过，能让学生表达的不能随意取消，能让学生动手的千万不要错过，能让学生总结归纳的老师无论如何不能代劳。以上的过程全部都是学生学习的过程，都是学生培养兴趣、增长知识、提高能力的关键环节。忽略了这些环节，学生是不会有什么真正意义的收获的。因此，老师在备课的过程中，就应该把学生的学习引导与指导放在第一位，分层次预设各个环节的问题，通过自己的循循善诱来引导学生的主动学习与独立思考。只要学生的思维在你的课堂上始终处于活跃状态，你就成功了大半。前几年有的老师提出“宁可上千疮百孔的创新课，也不上天衣无缝的传统课”，话是极端了一些，但其中与积弊已久的传统教学决裂的决心却十分可贵。

最近《中国教育报》介绍山东茌平县杜郎口学校拆除讲台设三壁黑板的教学改革，真正把老师请下讲台，让老师深入学生中间，与学生同学同思同探索，同吃同住同劳动。师生平等了，就容易沟通了；沟通了，也更容易亲和了。没有了三尺讲台的威严，便没有了高高在上的“良好”感觉；没有了挥舞教鞭（支）的潇洒，也便没有了可以颐指气使的条件。学生对老师由惧怕到亲近，由憎恶到归附，由被支使着记忆到主动学习甚至走到黑板前给其他学生（当然也包括老师）讲解。有了这样的转变，什么样的学生学不会，什么样的学校办不好呢？

基于上述分析，我以为，老师由“教书”、“教学生”向“教学生学”的转变，应该是当前教学领域的根本性转变，具体体现为课堂“由老师满堂教”向“学生满堂学”的转变，体现为“教室”向“学堂”的转变。这个转变实现不了，根本无法谈教学改革，也根本不可能取得教学改革的成功。

学生与学熟

时常听到教师抱怨学生笨，啥都不会。每当这时，我就郑重地提醒任课教师：如果他啥都会了，还来学校干什么！

我经常和学校的老师开玩笑：学生云者，就是学“生”东西来的。熟的东西，会的东西，还需要再学吗？正因为“生”，正因为不会，所以才学嘛！学生也因此才叫“学生”嘛！

话虽这么说，理儿虽这么讲，但要真正参透个中的玄机，特别是从感情上接受这个道理，还真是不容易。

从学龄前的幼儿园到小学、中学，学生理所当然要一切从零开始。因此，在小学之初，学生们本没有大的区别。尽管一些幼儿园常常把幼儿教育小学化，把许多的小学教学内容放到幼儿教育的课堂上，许多幼儿园还把在园幼儿能识得多少字，算得几位数的加减法当作他们幼儿教育精彩的一面“秀”给社会看，但懂行的人对此一般是不予首肯的。所以，小学生和中学生乃至大学生入学，都是学“生”东西来的。

由于学生天资不一样，抑或学习的方法有别，老师教的方法也不一定对路，再加上学生家庭的文化背景、社会氛围的种种不同，学生的接受能力与接受效果自然也出现了差异，于是，在小学阶段，便出现了本来应当学“熟”的东西仍然“夹生”，甚至一部分学生还有不少“纯生”的所在。但是，由于当今的义务教育制度不尽合理，既不允许学习困难学生留级，还特别强调小学教育的“普及率”与“毕业率”。那么，小学为了“完成”上级下达的“任务”，便不得不在考试上做“文章”。于是乎，即便学习十分困难的学生，在政策的“引导”下，也都能够顺顺利利地卒业。反正初中仍属义务教育，按照国家政策，任何初中都不允许用考试的方式选择学生。按照所划区域，所有的小学毕业生都必须照单全收。如此这般，学校与家庭都堂而皇之地“完成”了对适龄儿童的初等义务教育任务，把“夹生”的“馒头”留给初级中学来啃了。

义务教育讲究普及，高中教育却重在提高层次了。由于高中阶段优质教育资源相对缺乏，选拔学生势在必行。有选拔就有淘汰，有淘汰自然有压力。这种压力学校感受明显，老师体会深刻，学生也能觉察出来。我们曾对划片过来的所有新生按照小学毕业水平进行摸底测试，只测试语文、数学两门功课，结果200分的总分最高的能达到190分以上，末尾的数十名学生分数却只在个位数上。如此大的差异，老师教学都不好安排，再让他们奔着优质高中努力，谁都会感到为难。

近年来，许多人都在对基础教育进行思考，特别是处在初中教育阶段者，对于“高中教育虽有压力也有扶持地运转，小学教育虽无扶持但也无压力地运转，初中教育有压力却无扶持地运转”这种尴尬的局面十分恼火，于是把基础教育的这种局面称为“铜头铁脚豆腐腰”，称为制约中国基础教育发展的瓶颈。但是，我们无法改变政策，却可以改变自己，通过改变自己寻找出路，活人总不能让尿憋死。于是，在无可奈何之中，产生了我们关于学“生”与学“熟”的论题。

许多事情常常就是这样，人们无可奈何时候的选择，往往更能接近事物的本质。如果我们的老师不贪他人之功为已有，不完全把成功的学生当成自己教学能力的“金字招牌”，而是把学生当成活生生的有血有肉有差异的个体，把学生在自身知识能力、情感态度、思想态度基础上的每一点进步都当作老师们的成功，那就不仅符合认知规律，更能有效地改善师生的情感沟通——学生不学不会完全正常，不学就会反倒不正常了。既然如此，我们有什么理由对学生的学习困难着急上火呢？如果我们能够改变只喜欢成绩优秀学生而讨厌学习困难学生的态度，不就有了转化学困生的情感基础了吗？

尽管我们十分清醒，明白认真是一种能力，优秀是一种习惯，大凡优秀的学生，不仅文化成绩优异，而且学习习惯良好，学啥成啥；反之，学习困难的学生其他许多方面都“困难”；然而，还是必须面对小学给我们送过来的那些学业欠缺过多、纪律观念淡薄、行为习惯欠佳、学习习惯不好甚至干脆就没有学习习惯的学生。尽管我们也清楚，以两门功课只有个位数的学业成绩，要想追赶到前边几乎没有可能；但是，如果他们能够改掉一些毛病，学得一技之长，不也能够为将来的自食其力打下一点基础？学校多培养尖子固然重要，那是你学校教学能力的具体体现；但是，如果学校能够少出一些“残次品”，少向社会“提供”一些不“完整”的人，无论对于社会还是家庭，都应该算是积德的善举了。我们要求个体的人应该“德才兼备”，对于一所学校来说，“德能兼修”不也同样重要吗？

把部分学生学不会视为正常，不要歧视，不要愤怒。学习由“生”到“熟”，一定得有个过程，不要期望能够跨越。我们自己学习新知，如果距离太远，不也照样困难吗？

“说教”与“说服”

语文教师做久了，遇事总喜欢说文解字。定下这样一个题目，本是有感于某些领导和教师思想工作的效果不理想，本可以直奔主题，直抒胸臆，直陈事理，但写出来之后，便又觉得应该先在“字里行间”唆啰一二。

“说教”二字，本义为宗教信徒宣传教义。因为有许多信徒未必就是真心，多数都是出于无奈，鲁智深做了花和尚，是因为不落发便要吃官司，本不是心中有佛的。无真心如果有巧舌，能说到天花乱坠，也可以忽悠住一些人，奈何这本事也不是人人都有，要不，何以“范伟”们一直吃“赵本山”们的亏。真心的信徒少，巧舌的信徒也少，剩下既无真心也无巧舌的信徒如果去宣传教义，效果自然可以想见。所以查《现代汉语词典》，一个比喻意义早被列出：说教——比喻生硬地、机械地空谈理论。

“说服”就不一样了，虽然大陆的习惯还是“说（shuō）服”，但港澳台胞早已“说(shuì)”上了。既然是“说(shuì)”，当然要用充足的理由使闻者心悦诚服。春秋战国说客纷纭，每位说客都是巧舌如簧，即使是忠言也一定不会说得让你感到逆耳，良药虽然苦口，包上糖衣不就结了。《战国策·赵策》中有名的触龙说赵太后的故事，就入情入理，既入骨三分又让人甘之如饴。而且这个时期，说客本事之大，动辄倾动王侯，甚至大到身相六国的程度，可见“说(shuì)”字的作用。也正因为如此，不“服”也由不得你了。

同样是动口劝人，“说教”与“说服”既有动机之分，又有手法之别，效果当然也就判若天壤。在机关听领导讲话，在学校听教师训人，大都是“说教”多而“说服”少。我们常说思想政治工作效果不好，其实不是别的原因，关键是“说教”二字在作怪。因为大凡做“说教”的，其中的“教义”（道理）他们是不是理解暂且不说，是不是信服都值得怀疑。记得苏联领导人赫鲁晓夫曾直面西方的基督徒，说你们把天堂描绘得那么美丽，我没有看出你们哪一个愿意早早上天堂的——真可谓一语中的。那些热衷做说教的，都没有记住孔老夫子的话，不知道“己所不欲”是不应该“施于人”的。他们倡导的东西，往往都是自己不想做或者做不到的。你自己不想做或者做不到，要求别人合适吗？号召别人要做“永不生锈的螺丝钉”，自己却手执螺丝刀要做专“拧”螺丝钉的人，那谁干呀？！20世纪“文革”前后许多人一叶障目不见泰山，伟人振臂一呼，民众便群起响应，如今还灵吗？经过了时代风雨的洗礼，人们越来越走向成熟，如果现在还有人那样做，人们便会送给他一顶帽子——大忽悠。

言教与身教必须结合起来，身教与心教必须吻合起来，只有这样，才能说服。做思想工作要想说服人，最重要的是设身处地，将心比心。老师教育学生，一定要了解到学生的骨子里头，特别是你要劝说学习困难的学生，你最好也做做学困生，感受一下听不懂还要硬听而且还不能捣乱的那种困窘；家长教育孩子，最好能想一想你在和孩子相同的年龄段时，你的所见所闻所作所为又是何等模样，非如此便无法做到真正的沟通。

一则故事说一位母亲总喜欢拉着自己6岁的女儿逛商场，女儿总是不乐意。这位母亲不理解，她觉得商场里琳琅满目，珠光宝气，花花绿绿，怎么会不吸引孩子呢？结果有一次她在商场里给女儿系鞋带儿，系好鞋带儿还没有起身的一刹那她抬头一看，天哪！这是什么“景色”啊！这里哪有什么“琳琅满目”与“珠光宝气”，这简直是一片森林呀！各种各样穿着裤子没穿裤子肥的瘦的长的短的白的黑的，到处都是腿呀！这有什么美感可言？从此以后，她才真正理解了女儿不愿意和自己逛商场的真正原因。

这位母亲是偶然有了这样一次经历才理解了女儿，可是我们的老师怎样才能理解自己的学生呢？一个自己就不喜欢学习不愿意读书的老师劝学生读书，学生会听吗？一个自己就不愿意投入爱心的班主任，学生会拥戴吗？一个自己从不写下水作文连“纸上”都“谈”不成“兵”的语文老师，能给学生正确的写作指导吗？一个根本不和学生一道做题，只知道照着既定的答案与学生对题的老师，学生能不烦吗？特别在思想工作领域，你给学生讲的道理连自己都说不服，甚至自己都不能自圆其说，学生会信吗？

要想服人，就别搞说教。说教是说给别人听的，说服是发自内心深处的；说教是只动口舌就行的，说服是必须身体力行的。只会说教的人，不会理解别人为什么听不进去；而用心说服别人的人，才能真正体会到以心换心的妙用。

小故事与大道理

一部《战国策》，记录的几乎全是战国时期策士们的言行，通过纵横家们的纵横捭阖，一段群雄争霸、弱肉强食、乱纷纷你方唱罢我登场的历史画卷跃然纸上——这是中国最有意思的一段历史。

言其有意思，在于策士的作用远远大于当权者。更有意思的是，这些策士们说服各路诸侯甚至君王的，竟都是些小故事——给“大人物”讲“小故事”，这是后来的帝师谋臣们多数做不到的。看一看后世的策论，多数做得正儿八经、有模有样，或板着面孔声色俱厉，或引经据典高谈阔论，很少有讲小故事的。而战国的策士则不然，他们似乎都是“故事大王”，无论遇到什么样的事情，在什么样的场合，他们都能够随手拈来侃侃而谈。正因为这些小故事让“大王”们听得心悦诚服，那些策士们的政治主张、外交努力才得以顺利实施。也正因为这些小故事精妙绝伦，才在中华传统文化的历史长河中留下了许多脍炙人口的成语典故，像“狐假虎威”“画蛇添足”“螳螂捕蝉黄雀在后”“鹬蚌相争渔翁得利”，几乎到了家喻户晓、妇孺皆知的程度。

人们都不喜欢空洞的大道理，想那王公诸侯，除了少数混蛋之外，多数人什么世面没有见过？什么道理参悟不透？尽管春秋时期有个曹刿，说人家吃了肉脑袋瓜儿就糊涂，但那也只是个别现象——如果鲁庄公真像他说的那样，还会听他曹刿的计策给中国战争史上留下“长勺之战”这一著名的战例吗？然而尽管如此，他们还是喜欢听小故事。

邹忌想让齐威王多方听取意见，就编了个小故事，说他本不如“城北徐公”长得漂亮，但他的大老婆、小老婆和客人都说他比“城北徐公”长得好，思来想去，感觉他们都有所图。您堂堂大国之君，想在您这儿有所图的人数不胜数，因此，您要想听到点儿“真东西”，怕是比登天还难吧！这样一说，齐威王自然感到问题的严重，于是连忙采取措施，“收购意见”，最终收到了“燕赵韩魏”“皆朝于齐”的政治、外交效果。

赵太后刚当政的时候，赵国有求于齐国，齐国提的条件是让她最钟爱的小儿子长安君做人质。让心肝宝贝儿离开自己远赴千里之外，那哪儿成啊？女人特别是当了母亲的女人，有些时候是不讲道理的。赵太后也不例外，面对大臣劝谏，她老人家大光其火：谁要再来劝我这件事，我就吐他一脸！君臣僵到这儿不行，得往下走。于是老臣触龙出来了，他到赵太后那里，只字不提劝谏的事儿——谁想给吐一脸呀——只说自己有个最喜欢的小儿子，15 岁了，自己很爱他，想趁自己还没死的时候托付到太后这儿，让他当个卫兵，历练历练。赵太后听后，恻隐之心顿生，说：男子汉也爱自己的小儿子？触龙说：比女同志还厉害！赵太后一听，哪儿可能？还是女同志厉害！触龙抓住时机，娓娓道来，先说她爱儿子没有爱女儿深，后说她为女儿打算得长远为儿子谋划得浅近，再进一步说到“位尊而无功”的危害，终于打动了赵太后，赵太后乖乖地把小儿子交了出来。

给“大人物”讲“小故事”，近取譬喻却饱含深意，自然会让那些“大人物”心服口服，“说”的目的也容易达到。然而两千多年之后，我们却给“小孩子”讲起了“大道理”。

做教育工作的，对德育工作效果不佳早已司空见惯，许多人甚至到了麻木的程度，结果越做效果越差，成了教育领域的顽疾。其中固然有社会环境、管理制度等方面的原因，但是，与我们德育工作队伍“大道理”讲得太多怕有极大的关系。我们常常把爱国主义教育、集体主义教育、道德品质教育、理想信念教育、民主法制教育、行为习惯养成教育等大而无当的概念挂在口头，可是，有多少是用学生们喜闻乐见的小故事娓娓讲出的呢？我们经常讲把德育渗透到课堂里、活动中，然而又有多少是寓教于乐、让学生通过故事悟出道理、真正发挥潜移默化的作用呢？

条分缕析，把小故事讲成大道理的应该是哲学家；深入浅出，把大道理讲成小故事的才是教育家——当然，也可以是策士。我们做教育的，不妨借鉴一下战国策士们的智慧，多给学生们讲些个“小故事”，而不是干巴巴地讲那些连自己也未必明白未必信服的“大道理”。

职称与称职

前些年看《读者文摘》，有一篇介绍“王选谈院士”的文章。说是某报记者采访王选，让他谈谈对当选院士的看法。王选在谈了如今院士评选中的拉关系、托人情等诸多弊端之后，现身说法，说许多人“错误地把院士看成是当前领域的学术权威，那是把时态搞错了，没分清楚过去时、现在时和将来时”。他说，他38岁的时候，在电脑照排领域的研究处于国内最前沿，国际上也可以称得上十分前沿。但那时自己只是个无名小卒，说话没有分量；等到56岁，离开了具体设计的第一线，巅峰已经过去，当时就觉得自己已经不是这个领域的权威了。可两年之后，却当选中国两院院士和第三世界科学院院士，获得两次国家科技进步一等奖、一次联合国教科文组织科学奖，65岁时还得了国家最高科技奖——实际离学科前沿更远了。之后他诙谐地说：“今年我68岁，现在全靠虚名过日子了！”

这段谈话，让我们感受到了真正有成就而又光明磊落的院士王选，无私当然也无畏。但是，在感受王选的真诚与磊落之后，不禁让人想到我国实行多年的职称制度。在我们如今的人事管理制度之下，职称、荣誉与工作实绩之间的“脱钩”现象不止一个王选，又何尝只在高层？医药卫生，财务经济，科研院所，大专院校，甚至直到中小学校，只要是专业技术领域，只要现在以职称评定来管理专业技术人员的职务晋升，有几个不是这个样子？有职称的未必称职，称职的未必给你职称。职称评定基本上是论资排辈，熬到一定年限，“职称”这顶帽子自然会给你戴在头上，至于你会不会工作，干得成干不成，那倒在其次了。反正工作是“人民”的，职称是“国家”的，工资是“党给的”，碍得着你什么事体？尽管后来一些“主管部门”为“加强管理”出台了一系列的“制度条款”，除年限外又增加上不少的“附加条件”，但只要这种人事管理体制还在，就不可能有多大的改观。在当今社会，著述证明，获奖证明，资质证明，只要你需要，只要你肯“投入”，办证产业如此发达，行政纪纲如此松弛，学术机构如此“缺钱”，还有什么事情办不成呢？

不知道什么时候，也不知道从什么地方开始，出现了“评聘分开”这个“新生事物”，言下之意，职称可以评，但用人单位可以不聘。用人单位有其自主权，可以“高职低聘”，也可以“低职高聘”。乍一看，人事制度是改革了，国家体制是进步了。但往深处想，又让人啼笑皆非。职称是干什么的？是国家对专业技术人员具备岗位“称职能力”的一种认定，是“主管部门”对社会对国家的一种负责任的承诺，既然他不能具备这种“称职能力”，你“主管部门”为什么要给他“评定”那一个“职称”？你已经给他“评”上了相应的“职称”，就说明他已经具备了相应的“称职能力”，为什么还要不让用人单位聘他？难道你起初就知道自己是在玩儿假玩儿虚，一开始就准备把自己“插个草标”贱卖了吗？！

许多事情既然“心照”就不能“不宣”。也许在不少的“主管部门”看来，国家利益也好，社会声誉也好，人民责任也好，什么都没有“部门权力”重要，只要“部门权力”还在，与权力相伴随的一切“东西”都会存在；一旦失去了部门权力，那就什么都不好讲了。

正如逐步加热的水中青蛙会被安静地煮死，人们的适应性也是相当惊人的。既然“上边”的职称政策如此，作为基层，作为老百姓，不“随其流而扬其波”，你又能有什么办法呢？于是，大家一块儿“熬”职称吧，初级熬上熬中级，中级熬上熬高级，直熬得青丝缕缕风霜染，沟壑横斜上额头，总算是熬到高级职称了，也基本上“船到码头车到站”了。收拾起疲惫的身心，梳理就风鬟雾鬓，长嘘一口气，也真该歇歇脚了。这时候要说拼命工作，说“称职”，见鬼去吧！

诚然，做不出成就达不到水平不应该评上“职称”，职称的滞后性是必然的，如同市场供需对经济结构与资源配置的调节。但是，正因为存在市场调节的滞后性，也才有了国家宏观调控的需要。事实上，西方许多发达国家利用国家机器直接干预经济运行的积极作用，已经使资本主义制度的基本矛盾半个多世纪没有“酿造”出大的经济危机了，我们研究了那么多的“经验”，难道还没有看清其中的“奥妙”吗？如果说真没看清，那确实不好理解。但是，国家“看清”之后委权于“主管部门”，而“主管部门”究竟是代表国家还是代表“主管部门”自己，倒是真得让居上位者认真考虑了。否则，非但“王选式”的无奈会一直持续下去，更要命的是，如果千千万万在一线工作的专业技术人员总是不能把“职称”与“称职”的关系给“摆正”，国家就真的要出问题了。

熟透的桃子都香甜

前年国庆，我家迁至龙源湖小区。因贪便宜，必须住到最高的楼层，念及可以独享一个数十平方米的平台，已感到十分的庆幸。于是请人运上几方黄土，砌起几处花池，冬日里趁着时令，栽上罗汉竹一丛，金桂、石榴各一株，月季四五处，还专门到花店购得几株用作观赏的小桃树，一并栽上。说是桃树，其实干不盈尺，秃秃的几根枝丫，无姿更无态，甚至丑得不想回顾它们一眼。好在也是便宜，来年春上只要有新绿吐翠，也便能够为我的平台增添几分生趣，于愿也当足矣。

去年开春儿，那几株小桃树在吐芽的同时，居然也鼓出几个花蕾，几天之后，明艳的桃花灼灼照人，千层花瓣儿红粉交加，让人不敢相信是那么丁点儿的小桃树儿做出的事情。然而，明艳也是短暂的，随着那几朵桃花的凋零和其他花叶的次第繁盛，也没有人再去在意那几棵丑陋低矮的小桃树了。花开花落，已是一年。当冬日的风吹得落叶纷飞，我发现那几棵小桃树还真的长高了一些，干也明显有了粗壮的感觉。

今年的春天阳光很是明媚，较去年多出不少的桃花在暖阳高照之下，已经开始笑傲东风了。又过些日子，花谢叶繁之后，我偶然发现桃枝上居然有了几颗毛桃，而且丝毫没有以往看到的观赏桃树在花谢之后毛桃也随即萎落的架势。心念这东西居然还能结果，也还不错。转念一想，以赏花为目的的树，即便有果子，也不能吃的。因为常识告诉我，这样的桃树，实际已被人“阉”过了，与正常的桃树相比，各种基因都发生了变异与扭曲，是不可能结出什么好果子的。

天气渐渐炎热，夏季里花木葱茏，枝繁叶茂，虽然也时常到平台上给花木浇水除草，但也没有发现有什么异样——桃树结果的事情实际早已忘却。夏热过后，秋凉渐生。一日在给桃树浇水的时候，偶然发现一株桃树下坠落了一个圆圆的果子，虽只有核桃般大小，却已是熟透，果皮已透出淡黄，果肉也微微变软。送到鼻尖，浓郁的馨香沁人心脾。

那天我把那颗熟透的小桃子送到口中的时候，心情的确很不一般。那么大一丁点儿的小桃子，居然能吃，且味道那么纯正，绝非如今被各种复合肥料催大的桃子那么中看不中吃。虽然它个儿小，但它实实在在经历了应有的风雨历练，其中果子们应有的内涵它一点儿都不少，与那些明艳其外，寡淡其间，有其形而无其实的果子相比，它给人更多的是实惠，少的是自我夸赞与炫耀。即使人们错过了它，它也不会有过多的怨尤，甘愿委身蝼蚁与飞鸟，直到被你发现。

那以后，每天我都要到平台上观察，看看有没有坠落的小桃儿。并由此想到，速成的任何东西都缺乏内蕴，包括成长状态的少年儿童，平时不努力，仅凭一时的聪明或种种外力，可能会有一时的成功，但一定不会持久。即便天质再弱的孩子，一点一滴地积累，到了一定的程度，量变自然会产生相应的质变。世上如小桃子般默默于各领域的高人逸士难道还少吗？人不可貌相，海水不可斗量。从小桃子那里，我更感到了斯言不谬。

其实，无论是成长中的儿童少年，还是育人者，都应记取“功到自然成”的道理，即便你天资不高，环境欠好，只要努力不懈，谁都会有瓜熟蒂落的圆满结局。

用脊背走路的蛴螬

春秋之际，是晨练的最佳季节，每天清晨起来打上两趟太极拳，一天里都会觉得神清气爽，筋骨松活。

一个初秋的早晨，东方已经大白，太阳还没有出来，草坪的晶露也还没有收起。我照例穿一袭白色棉绸太极装，来到群英河边的空地，转颈、沉肩、晃腰、松胯、扭膝、拉腿、摇踝，做各种热身运动。而后，先打上一趟陈式太极拳的“精要十八式”——其实，这还是热身运动的一部分——为正式进行的新架一路“八十三式”做准备。当最后一个“金刚捣碓”下来，匀息收腿时，发现在我的脚边有个小东西在缓缓蠕动。

我在农村长大，认得它就是蛴螬。这家伙是金龟子的幼虫，食谱宽泛且食量巨大，对庄稼为害甚剧，我们家乡一带俗称之为“地老虎”。若是我幼时见到它，必先灭之而后快。然而现在我站在铺设整齐的广场砖上，它就在我的脚边，我虽可以抬脚踏上轻而易举结果了它，但察看周边，似乎也没有它可以危害的东西，心念力量悬殊，胜之不武，且这家伙尚未形成祸害的事实，属犯罪未遂，先放它一马，倒也无妨。

于是，我便退身回去，调整匀和气息，将陈氏太极新架一路认认真真地走了一趟。收式过后，趁着微微的细汗，按照“内外劳功护丹田”的做法，做顺逆反复的回环，收敛气息，完成了整个锻炼过程。当我轻松地甩动双腿，来回走动的时候，发现那个白色的小东西，还在我不远处蠕动。

一个我打小儿就消灭惯了的害虫，居然没有及时逃走，引发了我的兴趣。而且，当我真正走到它跟前，俯下身子观察的时候，更惊讶地发现，这家伙竟然在用脊背走路。

蠕虫用身体的不同侧面蠕动是正常现象，特别是遇到不平的地形，它们笨拙或轻巧的身体出现侧翻的时候，它们仍然会坚持蠕动，这样不仅可以帮助它们恢复正常体位，而且有的还能保持继续前进。所以，一开始我也没有太在意，只是感觉它这样走路费劲，就找了根小树枝将它翻过来，让它正常地爬行。但这个家伙爬了没几下就又翻过来了，继续用脊背爬行，连翻了几次它都能适时地还原。为了证明我发现的不是异样的品种，它不是用什么装饰物在迷惑天敌，我近前认真观察，看到它的六对前足大模大样地长在上边，而且嘴也朝上，尽管脊背上什么运动的工具都没有，但照样走得很是欢实，这使我大为纳罕。

本来打算消灭这家伙，此时我倒不想这样做了。为了证明它不是唯一的，我环顾周围，又找到两三个蛴螬，而且都是用脊背在爬行，仿佛一个教官训练出来的一般。

那天晨练过后，我想了许多。物竞天择，适者生存，我不知道那伙儿蛴螬是为了适应什么样的环境条件，才锻炼出了这么一身本事。按照常规，这种本事绝不是它们这一代创造出来的，不知道经过了多少代的生死更替，才锻炼出了如此悖逆的能耐。而且，它们的代价也很大，当它们学会了用脊背走路之后，便已经忘掉了腿的用途，它们已经不习惯用腿走路了。我也为这伙蛴螬那六对儿前足感到不安，流水不腐，户枢不蠹，说不定多少代过后，这些没有用的东西就会完全退化，那么它是会作为真正的装饰物存在呢，还是会逐步萎缩，最终完全不存在呢？

我还在想，时势在变，那么未来的孩子们会不会也出现用脊背走路的情形呢？

附：2009年上半年病中读张华的《博物志》，发现其中有“蛴螬以背爬行”的记载，在晋时已知的东西，我还在大惊小怪，细细想来，实在为无知而羞愧难当！

转益多师是汝师

在学校，教师们的吃喝拉撒睡，生老病离退，事情比树叶还要稠。因为教师婚丧嫁娶、升迁去留、疾病情绪等各种各样的原因，进行班级任课教师调整是常有的事情。然而，学生对教师存在着情感依赖，越是低龄阶段越是强烈，因为教师的调整而造成的班级秩序紊乱、学生情绪低落、学习成绩下降便在所难免了。

2007 年下半年，我校有 8 位女教师怀孕生子，其中 4 位数学教师，两位英语教师，两位语文教师。经过多方努力，我们借了几个调整了几个又外聘了几个，总算把课开起来了。然而寒假一过，两名外聘的语文代课教师不辞而别，而且是开学教师报到的时候才发现。按照规矩，任课教师临时空缺，校领导谁是这个学科谁顶上去。我是语文教师出身，自然当仁不让。可是新学期面临全市基础教育资源整合，学校需要搬迁，资金、设备、人事、招生以及种种整合事宜头绪繁多，我又不能完全深入课堂教学中。于是，只好在四处努力再聘老师的同时，由我先代一段时间的课。

初一的孩子很容易接触，在我们减少烦琐分析、降低教学难度、加速教学进度、落实学生学习主体地位的指导思想下，学生很快适应了我们的教学安排，也普遍感到了语文学习的轻松愉悦。开学第一周，学校聘到一名语文代课教师，叫荣榕，大学刚刚毕业。为了让她尽快进入角色，就让她跟我听一段时间课，然后把课交给她。

孩子们的心总是敏感的。当荣老师参与听课之后，在一次早读辅导中，一名学生低声地问我：老师，你是不是不能再教我们了？我一惊：你怎么知道的？我猜的，老师，你要是教下去多好啊——才一个多星期，学生们对我已经有些依恋不舍了。

学生们的这种心理自然正常，却必须加以引导，不然，这种情绪的波动会直接影响班级秩序，影响荣老师的顺利接班。

魏书生老师很善于做学生的思想工作，他在《班主任工作漫谈》中讲过一个故事：一个女孩子转学了，到了另一所学校，也是由于种种原因出现任课教师的变动，对她影响很大。于是，她就把内心的波动写信告诉了魏书生。魏老师在回信中指出，人的一生要经过无数这样的坎儿，改变不了环境只能改变自己，要把被动接受变为主动适应，要把眼前困难当成锻炼自己的机遇。我曾在上届某班学生遇到这种问题时，把这封信复印张贴到班里，起到了很好的稳定作用。这一次，我想换个方式。

下周一准备交班了。在这个周四的早读辅导时间，我走上讲台，向大家隆重推出荣老师。然后我说：同学们，大家希望我继续教下去，是对我最大的鼓励。但是，这个学期有许多更大的事情等着我，那些事情关系到我们全校的发展，更关系到我们班每个同学未来两年的学习环境，因此，我不能再教大家的语文课了。但是，我给大家推荐荣老师，她是个肯钻研、能吃苦、愿意和我们大家合作的好老师。我知道，同学们总希望一个老师一直教自己三年，“人唯求旧，物唯求新”是很正常也很健康的心理，我们总是害怕新来的老师不如现在的老师，对自己不好。可是大家想过没有，每个老师虽然都有自己的缺点，每个老师也都有着别的老师无法替代的优点。我们上学不是来挑老师毛病的，而是向老师学习来了。如果我们能够尽可能多地接触不同的老师，尽可能多地学到更多老师身上的优点，我们一定会更加健康地成长。人吃五谷杂粮才能营养齐全，即使营养价值最高的食品，如果我们只吃一种而不吃其他，能够健康地长大吗？我们当学生的，如果一辈子只在一个老师的教导下学习，这恐怕是天底下最大的遗憾了。

然后我接着说：大家一定很熟悉杜甫，他是我们的老乡，也是我国文学史上最伟大的诗人，他有两句诗就是这样写的：“别裁伪体亲风雅，转益多师是汝师。”

什么意思呢？杜甫在教育我们，什么事情都不要轻信，要分清好坏是非，吸收有营养的精华，丢掉有害的糟粕。那么你怎么能够分清好坏是非呢？那就是要向更多的老师学习，有比较才有鉴别嘛！众多的老师身上的所有优点加起来，才是你们真正的老师！

这一段思想工作之后，荣老师顺利接班了。经过半个多学期的观察，尽管中间也出现过临时调换其他任课老师的情况，但学生们已经能够理智地对待，明显地成熟了许多。

学校许多工作都是这样，只有尽心引导，才不会给自己前进的路上留下更多的障碍。

做好之前别撂挑子

从学校到机关，再从机关到学校，教师做了，职员做了，部门主管也做了，一直到做校长。原来被人管着，后来慢慢有了可管的人。无论是给人做下属，与人做同事，还是给人当领导，职业角色不同，看待人的角度也不同。但当你离开职场，无论是你的上级还是下级抑或同事，便都成了朋友。朋友之间，大可不必让职场的惯性收不回来，弄得谁都不自然。因此，多年来我一直与曾经的下属或同事保持着朋友般的交心。

读万卷书不如走万里路，走万里路不如阅人无数。在与人交心的过程中，我常常发现有这样一种人，他总是一脸旧社会，一贯的牢骚满腹，仿佛什么事情他做得都对，别人都是对不起他。家里事情看不惯，单位事情看不惯，社会上的事情就更甭说。动不动就找主管要调换工作，原因只有一个——这个事我干不了，你给我换个工作吧！

前段时间读企业管理方面的书，有一个故事很有意思，说有一个企业员工感觉怀才不遇，要炒老板的鱿鱼。这时，一个朋友劝他说：你不是不满意你的老板吗？你不是希望你的老板糟糕吗？那你现在就别走。为什么？因为你现在工作并不出色，老板正不喜欢你呢，你此时离职，正中你老板的下怀，他嘴上可能会说几句挽留的客套话，心里不知道要高兴成啥呢！你要想让你的老板难受，我给你出个主意。你定下两年的奋斗目标，把你的工作做到十分出色。当你干到老板离不开你的时候，你再断然离开，而且带着你的铁杆儿客户离开。那时候，你就等着看你的老板哭天抹泪儿吧！这个员工按照朋友的说法去做了，工作十分卖力气，随着局面的打开，也日渐受到老板的器重，由一般员工到业务骨干，一年多的时候，老板还给他升了职。两年头上，他的朋友过来催他着手离开，他却对朋友说，他已经无法离开这个公司，这里有他为之奋斗的事业，有信任并器重他的老板，还有着和谐相处的同事和朋友，他决定不再离开了。

这个故事虽然可能只是作者的一个杜撰，但的确不是没有道理。任何一件事情，你不用心做都不会感受到其中的快乐。即便再没有意思的工作，只要你下工夫，都能做出名堂来。小说《芙蓉镇》里的那位落魄知识分子，拿着扫帚扫大街，都能扫出舞蹈的节奏——苦中作乐到这种程度，还有谁能为难得了他呢？

然而，我们身边这种干一行爱一行钻一行的人毕竟是少数，多数还都是动不动就撂挑子的主儿。

每逢遇到这样的主儿，不论是下属还是同事，我都要请他设身处地为他的老板想一想：如果你做老板，遇到这样一个员工，你会怎么做？你一定会想，这个家伙如此撂挑子，要么是能力问题，要么是态度问题。如果是能力问题，这个工作干不了，换个工作就干得了吗？如果是态度问题，这个工作尚且做不好，还敢给他挑重担吗？何况给老板撂挑子的员工，一定是对抗的而不是合作的员工，这样的员工一旦得逞，你的队伍还怎么带呀？如此换位思考，大部分的思想情绪问题都可以解决。

当然，从每个员工自身的发展来说，的确各自都应该有他的最近发展区，一定有更适合他工作与发展的岗位。但是，要想由不适合的岗位迈进适合的岗位，你得积聚一些“资本”——把手头儿的工作做好。你能认真做一件事情，就能认真做第二件事情。不喜欢的工作尚且能够做得井井有条，说明他真的有能力，给他一个喜欢的工作，当然会做得更好。有些听起来老生常谈的话，其实蕴含的却是普遍真理。孟子在讲到“天将降大任于是人”的时候，一连说出了许多种磨炼人的方法：“苦其心志”“劳其筋骨”“饿其体肤”“空乏其身”“行拂乱其所为”，目的都是要“动”其“心”而“忍”其“性”，从而“曾益其所不能”。有了这些东西垫底儿，什么样的困难不能对付呢？

欲撂挑子先做好，这是我劝说朋友的一贯理由，也是我工作的信条。因为我知道，当你对一项工作不想做时，情绪本身就会泯灭你很多的智慧，从根本上动摇你的毅力。电视连续剧《武则天》中有一段类似内容的插曲：都说人难做，都说人好做，好做难做都得做。既然好做难做都得做，我们何苦不用笑脸迎接生活与工作，好好做人呢？我们改变不了别人，至少可以改变自己；我们改变不了自己的处境，至少可以改变自己的心情；我们无法阻止在我们头上飞过的小鸟，但我们至少可以不让它们在我们的头上筑巢。记得一位大师说，改变了心情，你就可以改变世界。当我听到一些同事们在议论，说办公室工作人员像四种动物，即“像牛一样地负重，马一样地奔跑，狗一样地看家，还要像猪一样地受气”，我便劝他们从另一个角度看一看，会高兴起来的。如果真像他们说的那样，那么，在办公室工作几年，你就可以拥有“牛一样的勤勉，马一样的速度，狗一样的忠诚，以及猪一样的宽厚”。

如今在学校里，许多教师特别是年轻教师，把班主任工作视为畏途。老教师想卸任，青年教师不想接，有的接住了还要想方设法推掉。兄弟学校一位校长给我说，在他那里老师们说谁干班主任谁是傻瓜。如果真是这样的话，我们做校长的，除了应该反观自己的学校是否建立了充分尊重班主任劳动的机制，还不妨用一用“欲撂挑子先做好”的做法，让老师们在迎接挑战的过程中学会享受工作。魏书生、李镇西等大师们其他工作可以丢，唯独班主任工作不能丢的这一点就足以说明，班主任工作是个乐趣无穷的工作。

与其被动地接受“煎熬”，不如主动地迎接挑战。只有这样，才能锻炼自己，享受生活。

积善不唯庆家余

33 年前，一场考试改变了我的命运。从此，我离开了生我养我的黄河滩，从教室到讲台再到机关，从学生到老师再到巡视、主考，做起了参与或者组织考试的事情。其间关注过形形色色的高考、中考乃至于杂七杂八的各类考试中各种形式的作文题目或材料，为诱导、开启抑或钳制考生思维的各种材料或题目颇费脑筋，早已不愿意为这类事情再绞脑汁。所以，当记者提出要求“我与考生同作文”时，我的本能反应是拒绝。怎奈坚辞不过，只好从命，因为，心太软。

今年高考作文，依然脱不了材料的干系，说一船主与油漆工的故事。大概是油漆工油漆船时主动补了漏洞，结果船主要多给付费，理由一是说油漆得好，二是因为补了漏洞居然救了船家数口云云。记者通知我时明确说，大概是“毋以善小而不为”之类的话题，不难写的。

毋以善小而不为，此类文章真的不难写，几乎每个考生都不至于无从下笔。但好的作文题目好就好在一看都能写，写好不容易。关键是要考查考生能否抓住关键，另辟蹊径，言之成理，独抒性灵，道前人所未道，创时代之心声。即使如此的题目，如果大家都以“毋以善小而不为”的劝谕入手，势必道路壅塞，思路撞车，结果谁也别想得到高分。

恶虽小而莫作，作而成殃；善虽小而多为，积善成德。德高望重，高僧大德，凡德高者一定能够为世所重。然而，德从何来？荀子曰：积善成德。看起来小事一桩不足挂齿，但好事虽小，做多了量变也能成为质变。何况能把一件件的小事做好，小善积多，积久便能成性。所谓习惯养成性格，性格决定命运。能持之以恒做好事，非有大毅力不能为之，做的是好事，又有大毅力，再往下则何事不成，何攻不克？

故事中十分清楚地点出，船主人家付高价油漆费时，油漆工并不以为然。他只知道随手做了点该做的事，或许只是习惯，并没有想那么多。但这举手之劳，却成了救人命、造浮屠的大善义举。这中间看似偶然，其实蕴含着必然的规律在。人生的道路虽然漫长，但关键处只有几步。话虽如此说，但如果平时道路不好好走，想在关键之处走好那几步几乎没有可能。优秀是一种习惯，认真是一种能力，平时不烧香、临时抱佛脚，结果把自己弄得灰头土脸十分尴尬的事情不胜枚举。每个人的举手投足，都是这个人长期养成的文化品格的自然流露，你不经意间展现出来的东西，其实只是你的冰山一角。一个气质修养兼善的人，我们常说他“腹有诗书气自华”，这“腹有诗书”，岂是一朝一夕所为？宋人谈及晋人风韵，说“韵生于有余”，就是这个道理。

当然，一切的积善之行，不能意在功利。你只需将其作为人格修为的必修课、净化心灵的清洗剂即可。只要染上“功利”二字，于德行修为就打上了大大的折扣；而不期然而然的回报，往往要比投桃报李式的所得要高得多。君不闻求职场上弯腰捡起一张废纸的小举动，居然成就了一代企业家的故事吗？

有意插花，无心栽柳，何去何从，诸君勉乎哉！

（本篇为2012年焦作日报社组织的“我与考生同作文”的应制文章，用时40分钟，长时间不这样做了，不知道阅卷大人能给几分。）

想到了泰坦尼克号上的乐师

课间，两个同样个头儿的男生女生在嬉戏。当我走到他们跟前时，女生说，他踢我。男生也说，她踢我。我便走近那个男生，轻声告诉他：如果是这样，我只能批评你。那男生一愣。我接着问他：知道绅士风度吗？

的确，在我见到的大小男人中间，能够主动显示绅士风度，彬彬有礼、大度谦让而积极呵护女士的真是太少了。这也许就是“时代不同了，男女都一样”政治口号的负面产品吧！

因为生理方面的特质，男人和女人在力量方面确乎没法等同。男人因坚强而“阳刚”，女人以纤弱故“阴柔”。因为“实力悬殊”，所以不能“一视同仁”。因此，在任何一个讲究礼仪的社会，都要通过一定的社会准则，让男人对女人谦让几许，呵护三分。西方把男人对女士的谦恭有礼誉为“绅士风度”，中国民间倒更直接，干脆来了个“好男不跟女斗”。由于有了这种“制度”约束或“法律”调节，也便维持了男女社会的和谐而不至于发生敧斜。

凡事必至其极而后返。以中国而言，男人呵护女人本是自然的事情，但发展到后来，男人便把女人“呵护”到了深院之中，让她们大门不出二门不迈。后来为了更好地“呵护”，干脆把她们的脚用“美”的准则缠成“金莲”，好看是好看了，但“呵护”到了这种地步，女人真的就“跑”不起来了。20世纪初，辛亥革命的领袖要革命，便先“解放”了女人的脚，一下子“解放”了一半人的“生产力”，善莫大焉，功莫大焉。到了20世纪中叶，一个伟大的人物为了进一步发挥女人的潜能，提出了一个更具“划时代意义”的口号，“时代不同了，男女都一样”。既然如此，男女也便不存在谁让乎谁的问题了。

革除男尊女卑的恶习，实现男女人格、地位上的平等，本质上是极正确的。然而这样做并不是不要男女的区别，更不是要把社会弄得雌雄莫辨阴阳易位男人不像男人女人不像女人。记得有一次，全市中等学校招生考试过后，我组织了数百名男女教师，在一所学校集中阅卷，用餐就在学校餐厅。数百人到餐厅用餐，毕竟有个先后，餐厅的大门有时开得稍晚一点，门口就拥聚了成群的阅卷教师。在中国，人多的地方一定拥挤，即便是教师的队伍，也概莫能外。见服务人员来开门，便都一拥而上，几个身材高大孔武有力的男教师，不管身边是多么娇弱的女士，总是虎背一晃，熊腰一抖，便“杀”出一条路来，率先冲到售饭台前。每当看到这种情景，我打心眼儿里涌出一个疑问——如今的男人到底怎么了？

之后的许多天，我一想到这个情景，脑海里便不由自主闪现出另一幅画面——泰坦尼克号即将沉没，绝大多数男人挺身而出，让女人和孩子先上救生船，尤其是那几位乐师，相顾无言，沉着而镇静地操起了琴弓，一曲绝妙的乐音响彻天际，划破嘈杂的呼喊——如果以前在描写革命英雄人物的文章中感受到的“视死如归”还是抽象而模糊的话，这一次，让我真切地感受到了。这不是政治口号，更不是做秀，而是男性人性光辉的迸射，是健全的灵魂对生命意义的极致性诠释。如果说绅士风度，我还没有见过任何一个表现绅士风度的场面那么令我震撼！

然而，那是美国的一部影片。我们身边类似男教师抢占卖饭口的事情还在不断地发生。一个文明古国“文明”到了这种程度，实在令人难堪；一群教师——而且还是各个学校推举出来的“政治业务素质过硬”的教师——“为人师表”竟到了这样的地步，实在令人汗颜。我真的无法想象，这样的教师在学校如何为学生树“典型”？怎样给学生做“表率”？这中间的原因固然很多，但整个社会信仰的沦丧，崇高感的缺失，“教养”二字的模糊，无论从哪个角度讲，都是此类现象的“源头活水”。

人其实并不是生而高尚的物类，如果没有崇高的目标可以追求，必然会“放僻邪侈，无所不为”。因此，道德重建的过程，首先就是让人们明是非知高下的过程。

如果听任“耻言理想，蔑视道德，拒斥传统，躲避崇高，不要规则”的思潮潜滋暗长随意蔓延，甚至以为那是“个性解放、人格张扬”，这个社会将会发展到什么地步谁也无法想象。

在如此的社会背景之下，让国人中的男人懂些文化，培养一些“绅士风度”，知道怎样才算是“大男人”，怎样才能当得起“男子汉”这个称号，特别是从中小学就对男生进行一些“绅士”教育，让大小男人们知道谦让，懂得承担，想来不仅可能找到道德重建的突破口，说不定还真的能够克服低龄学段女教师过多“阴气过盛”的负面影响，张扬起整个社会的阳刚精神。

班主任须学会打太极拳

在学校诸项工作之中，教育较之于教学更为重要；在教育诸多角色之中，班主任较之于任课教师更为重要；在班主任诸多管理方法之中，迂回教育较之于严厉训诫更为重要。

尽管古人讲忠言逆耳、良药苦口，但《战国策》中记载，触龙说服赵太后所讲的就不是逆耳忠言，他真是“说的比唱的还好听”。当赵太后十分溺爱的小儿子要到异国做人质的时候，赵太后舐犊情深，坚决不允，盛怒之下居然做出了与村妇一般见识的可笑举动，下令谁若再就这个问题前来进谏，就吐他一脸——好在赵太后心地善良，如若不然，谏臣们所冒的就不是唾面的危险了。什么事情一旦僵持就不便硬做，于是，老臣触龙见到太后，推己及人，循循善诱，娓娓道来，从当长辈的要为后辈计划久远的角度，最终使赵太后欣然采纳了他的建议，将小儿子派到异国他乡“锻炼”去了。

对抗永远不会成为最佳策略，因为代价太高。《孙子兵法》讲“上兵伐谋，其次伐交，其次伐兵，下政攻城”。享誉天下的太极拳，用的也是这样的道理。

在太极理论中，讲究最多的是“化劲儿”，或曰“四两拨千斤”。以“四两”应付“千斤”，绝不可能作对抗，因为那不在一个重量级。在力量悬殊的情况下还要制胜对方，就要施用巧劲儿。借力发力，顺势腾挪，让对方结结实实挨的，并不是你使出来的力气，而是对方所使出来的劲道。换言之，对方刚猛地击打过来，如果你以力相迎，且不说能否对抗得了，即便你完全可以抵挡，不也耗掉你许多精气？然而太极大师常常是把腰一扭，稍事闪转，便将他的重拳化为强弩之末，既保护了自己，也为制胜对方创造了时机。

班主任在班级管理工作中，不妨修炼修炼太极化劲儿的功夫，一方面尽量避免制造对抗的局面，另一方面即使出现了对抗的情况，也要想办法避其锐气，顺势引导。不然的话，一个班主任管几十号学生，倘若有几个明的暗的与之对抗的，工作怕就不好做了。

班主任的太极功夫，须在爱心耐心虚心的基础上，学会尊重、迂回与归谬。尊重学生是管理好班级的关键，许多班主任之所以常和学生闹别扭，起因多数出于不尊重学生。学生与老师人格平等，特别是初中阶段，学生正处于少年向青年转型的时期，生理的接近成熟与心理的不太成熟相差甚多，常常使学生逆反多于顺从，对抗心理多于合作心理。此时他们正在向你讨要尊重，千方百计在吸引你的注意，你若根本不在乎他们的存在，就很容易激发对抗了。一旦发生对抗，千万要有耐心，可以采取冷处理的办法，迂回一下，把事情荡开来。他对抗你不接招，就不会产生力量对撞。许多事情冷下来之后，便会知道什么才是正确的选择。当然，迂回不是逃避，而是主动采取的战术。如果发生对抗之后做班主任的要求学生先冷下来，自己不做让步，那便是把自己摆在和学生同等或等而下之的位置上了，这是很不合适的。此外，在做思想工作时遇到学生顶牛儿，而且你明明知道他是错的你是正确的，不妨采取归谬的方法，让学生运用自己错误的思维方法“比画”下去，让他自己在虚拟或模拟的环境中体验这样“比画”的结果，尝一尝自己酿造的苦酒，或许能够收到意想不到的教育效果。事实胜于雄辩，实践检验真理，你不是要那样做吗？看看你结出的会是个什么“茧儿”。

从另一个角度讲，即使再小的班级也是个集体，班主任既是个教育工作者，也是个微缩了的小政治家。如果说人都应该修身齐家治国平天下的话，管理班集体实际上就是在治理你的“小国”。管好一个班就能够管好更多的人，但管理是要靠“技术”的，除了美国那样自我感觉良好谁都不在乎的世界警察（实际也在到处碰壁），真正“技术含量高”的政治家其实都是“太极”高手。

有志于做好班主任的老师，都有必要学学打太极拳。

老子“无为”中的教育智慧

老子在他的《道德经》中倡言：“圣人处无为之事，行不言之教。”乍一听似乎不可捉摸，以为老子在玩儿玄虚。待静下心来细细品味咂摸，顿觉其意悠远，含蕴无穷。

记得小时候上学，农村根本见不到幼儿园。孩子们七周岁上小学，每学期只交三毛钱，买两本书，一本语文，一本算术。每天只上五节课，每周只上五天半的学，周六下午向来是不需要上学的，且这种情况一直持续到高中毕业。在学校里，老师也并不管那么多，作业也少，甚至课本到得也或迟或早。在这样的情况下，尽管许多方面的教育教学秩序都不健全，但是，学生们见到自己感兴趣的知识，那种如饥似渴如狼似虎的劲头，真的是无法形容——那不是如今老师教鞭下所能激发出来的东西。

农村家庭孩子多，孩子上学家长根本不用操心。认几个字儿算几个字儿，做几道题算几道题。家长到学校见老师问孩子学习的情况，那是不可思议的。要是遇到马虎的家长，甚至孩子回没回来过夜都不甚了了。倒是孩子们放学回来猪草没打羊没放，没有帮着家里做农活儿，那是要挨吵的。那时候，孩子们吃的住的学的都不可以与当今同日而语，但也一个个健健康康，欢欢乐乐。特别是家里孩子挨得比较近的，大孩子带小孩子，且不说不给你讲故事作早期开发，一不顺心大的就要揍小的——那是怎样的一种“家教”啊！可是，那一群孩子也都成长起来了，甚至许多人也都成了当今国家的栋梁之材。

现在回头再看那个时期的学校与家庭教育，其落后与简陋自不待言，但为什么那个时候没有那么多的学生厌学呢？

在信息时代到来之前，学习是以知识为核心的。那时候谁记住的东西多，谁就可以当教授。我们小的时候对知识的渴求也是因为见到的东西太少，所以见了就很自然地要“狗争骨头”“吃抢食儿”了。到了知识经济和信息时代，知识成倍增长，呈爆炸趋势，到目前，三五年人类的知识就要增加一倍。面对眼花缭乱的新东西，想让学生一股脑儿都吞下去，并且消化成自己的东西，无异于痴心妄想。此时本该教会学生如何认识知识，检索知识，运用知识，综合创造；本该教学生在浩如烟海的知识面前，如何运用前人已有的智慧解决新的问题。结果老师教的往往不是这些，教材编的往往也不是这些，考试考的当然也很少会是这些了。整天让学生在“题海”中“遨游”，不厌烦就没有道理了。

就目前大陆的课堂教学而言，老师代替学生的太多，该让学生思考的老师直接告诉学生，该让学生表达的老师代替学生表达。一方面总是不相信学生会观察好、分析好、归纳好、表达好，另一方面又把学生当成可以一直填充的“漏斗”布袋，当成了一台记忆机器，根本不把他们当成有思想、会思考、有情绪、有欲望、有能力但也有极限的人，极尽灌输之能事，能用多大劲道就用多大劲道。非但如此，在多数情况下，老师如果感觉力不从心鞭长莫及，便把家长也请出来帮忙。以未成年人的身躯与头脑，面对如此众多而巨大的压力，孩子们没有崩溃就已经是非常不容易了。厌学，那是太正常的事情了。不信可以做一做调查，不要说现在学困生厌学，就是学习成绩上乘的孩子，有几个是真正喜欢学习的？

家长太勤孩子必懒，老师太勤学生必懒。

面对如此的现实，我再一次想起了老子的“无为而治”。老子的“无为”是真的无为吗？“无为”只是手段，“无不为”才是目的。自古雄才多磨难，从来纨绔少伟男。家长太“有为”了，孩子就会感到不需要他的作为，也不会有衣食生计之忧；家长如果“无为”，他的孩子一定会产生强烈的危机感，必然促其奋发。过去有“家无三代富”之说，是对社会中家族兴衰的自然概括。乡贤何瑭墓前“子孙胜我，要钱何用；子孙不胜我，要钱何用”的铭言，道出来的也是“父母无为”“子女无不为”的道理。

同理，在课堂教学中，老师做得过多，学生必然做得少。为什么？时间全让你占去了。你代替了他的观察、他的思考、他的动手、他的归纳、他的表达，他还需要那样做吗？我们的老师，一方面给学生讲：纸上得来终觉浅，绝知此事要躬行；另一方面，他对学生做的却是“我来讲啊你来听，思不思考都能行”。如此的教学能培养出具有创新意识和创造能力的人才，那才叫出鬼了呢！

纵观古今，不难找出“政拙民安，政繁民怨”的规律。遍看环球，也很容易看到“人类无为则环境和谐，人类作为则环境恶化”的现实。特别是当今世界，随着人类对环境的过度开发利用，自然惩罚人类的现象已比比皆是。我们从中或许能够得出“人类力量也与时俱进”的结论，但作为一个物种，从人类发展到现在对外界的依赖越来越强来看，到底人是更“自由”了，还是更“不自由”了？

清晰是模糊的局部表现，模糊是更高境界的清晰。无为指导下的作为应当有为，有为指导下的作为常常无为，此中道理如果参悟得透，在教育过程中或许能得到更贴近规律的大智慧。

落伍之说今昔谈

过去常听人讲“老革命”落伍的话，因为学如逆水行舟，不进则退，革命者也当是不努力就会落后的，于是就有了刘少奇所谓“三天不用功，赶不上毛泽东”，毛泽东所谓的“三天不学习，赶不上刘少奇”之类的佳话。

“逆水行舟，不进则退”是放之四海而皆准的真理，特别是人类自农耕文明经工业文明现在已进入信息文明之后，知识社会促使人们必须适应学习化生存，于是，也便有了学习化社会与终身学习的命题。

尽管各行各业、三教九流在学习化生存的问题上概莫能外，但毕竟有程度深浅、反应快慢的不同。有些领域知识更新的速度快些，另一些领域则可能是比较慢的。更新快的这一行努力跟上就是了，更新慢的即使稍事歇息，或者打个盹儿，也妨害不到哪儿去。

当纷繁杂芜的社会进入学习化生存的状态之后，教育成了最为特殊的一行。

因为教育是培育未来的事业，那么作为教育者，不仅自身知识更新需要跟得上，更重要的是社会各个领域知识的更新也得跟上。不了解教育的发展、不更新教育观念、不改革教学方法要落伍，不明白日新月异的现实社会，不知道瞬息万变的社会信息，在眼花缭乱之中目迷五色耳迷五音，你已经“落伍”了！

到学校工作之后，我用了大半个学期的时间，将所有任课教师的课听了一遍。一来是学习，长时间不在一线，看看一线到底变成什么样儿了；二来是认人儿，一个学期下来，还叫不出学校老师的名字，有点不大像话。在听课中发现，尽管多数老师工作认认真真兢兢业业，课也教得或潇洒自如或扎实本分，让我满心欢喜。但的确有一部分老师的课不能只说不尽如人意，用句近两年的俏皮话说，那是“相当的”不尽如人意。在座谈与了解的过程中，一些朋友给我讲，教育改革步子迈得很大，一些老教师知识结构与思维方式跟不上形势，落伍了。

落伍了！如此无奈而又轻松的一句话，能说明多少问题，又能解决什么问题呢？后来在工作中我越来越感觉到，“落伍”一词绝对不能涵盖诸多的不称职现象。不错，有一些年轻时候努力后来吃老本儿的老师是落伍了，但是更多的是一部分老教师年轻的时候未必真正努力进入过角色，一句话，一些人压根儿就没有“入伍”，也就谈不上“落伍”的问题。现在还有一些年轻而又懒惰的教师正在仿效着他们，没有老本儿可吃时吃的其实是他们上学时候那些老师的老本儿。面对这些根本就没有“入伍”的老师，怎一个“落伍”了得！

做校长的如果身边有一些过去根本没“入伍”，甚至现在还没有打算“入伍”的老师，无论如何是一种不幸，因为你身边生龙活虎一般的孩子就要有一批像被庸医误了生命一样被误掉前途与命运——相信所有有责任感、使命感的校长都会有这样的感觉。那么，动员或促进更多的教师“入伍”，就应该是每一位校长的使命。

从儿时的革命传统故事到后来看到的战例，做将帅的所带的队伍如果稀稀拉拉，一定是打不赢的。虽然不一定都能如韩信背水一战项羽破釜沉舟让士卒以一当十，但至少也得做到不让一个士兵掉下队来，人多的时候势就大，至少有这个“人”在会给这个群体多一个36℃的小火炉，冷的时候可以靠一靠，害怕的时候可以壮壮胆。因此，无论是多么不情愿多么困难，就是拖也得把他拖过来，哪怕是用“枪”逼着也得让他走！

明白这些，对于做校长的恐怕是有着十分重要借鉴意义的。尽管不能动武，但可以选择其他办法，如情感、智慧、制度、榜样、物质、精神、荣誉、事业等进行感化或激励，如果连这些都做不成，无论是别人不让你做或者你自己本身不愿意做，这样的校长不做也罢。

莫将"暗示"误夕阳

我常常纳闷于大家们的养生之道。一辈子做学问，呕心沥血自不待言；前半生又遭逢乱世，既颠沛流离于异族入侵同类相残，又蒙冤含羞于高帽示众牛棚劳改，晚景欣遇治世，做了晚成的大器，于是奋不顾身投身事业，碌碌有为不知老之已至，有的甚至耄耋之年还在课业授徒。季羡林、杨宪益、钱三强、王大珩等等等等，一个个从心所欲又不逾规矩，夕阳无限好，青山夕照明。中央电视台科教频道《大家》栏目之中，哪一期介绍的不是寿星佬？！

然而，在中小学，却发现不少教师们远没有大家们那么幸运。男教师55—60岁，女教师50—55岁，往往从身体到精神都颓然日下，纷纷要求从一线上退下来；如果真是退不下来，能减一些工作量也行。或者干脆放弃多年从事的学科教学，宁可去教一些自己认为"不那么重要"的"考查学科"——反正没几年光景了，支应到退休算啦！可是，越是这样想，越是躲不过。如同过去描写旧社会下层人民的生活际遇的惯用语言：屋漏偏遭连阴雨，船破恰遇顶头风，黄鼠狼总找有病的鸡。结果或者身心健康每况愈下，或者生存烦恼挥之不去，甚至不到退休便已疾病缠身，从此便与医院结下不解之缘。本来该享的福无法安享，后半生生命的质量就更无从谈起了。

一方面是饱经忧患满身重负绩勋卓著却又十分健康的群体，另一方面是马马虎虎大半辈子虽有苦劳却没有多大建树结果还弄成病秧子的群体，如此鲜明的对比，不能不让人往深处去想。在排查了众多因素之后发现，不能说没有其他原因，但负面心理暗示无疑是致病的罪魁祸首。

流水不腐，户枢不蠹。生命在于运动，健康出于锻炼。这种规律既适合于看得见摸得着的器质性的身体方面，也同样适合于看不见摸不着来无影去无踪的精神性的感觉方面。一般说来，中国的退休制度是到了一定的年龄，都要退下来的。虽然不同的性别不同的工种退休年龄规定得不一样，但每个人对自己到什么年龄退休，都会十分清楚。"退休"不就是退下来休息呗！言外之意就是"不中用了"。辛勤耕耘了几十年，不中用的一般不会是技能与学问，那就只能是身体了。因此，"退休"二字隐含的其实就是"身体不支精力不济"，这种心理暗示一般来说自退休前五年就开始起作用了。心理暗示会产生生理作用，精神有些时候就会变成物质。心想着自己不行了，就会时刻想到自己身体某个部位不舒服，想得时间长了就可能真的不舒服起来了。这种不舒服如果再作用于心理，就会产生更大的负面心理暗示，于是，麻烦可能就"真的"来了。

按照我国现行的用人制度，成就高与职位高的人退休年龄也相应地要往后延长，特别是高校或科研部门，凡正高职称的教授、研究员们，几乎是可以不考虑退休年龄的。只要身体允许，国家是不舍得让这些人过早休息的。记住，"只要身体允许就可以一直工作"，这可是一个非常不得了的正面心理暗示。因为它至少在暗示着这么几个方面的内容：一是你的成就很高，党和人民需要你，很倚重你；二是你不用担心国家会冷落你，只要有一分热就可以发一分光；三是重任在肩，你是病不起的，你如果病了不仅家庭和自己难受，党和国家都要蒙受损失；四是紧绷的弦是松不下来的，你根本不需要考虑退休的问题，鞠躬尽瘁，死而后已，大丈夫当如此也……凡此种种，都在要求着这么一部分大师们不能过多考虑自己的身体与健康，他们的头脑早已被事业与追求占满，时间早已被工作与思想占满，"没有工夫叹息"，哪里还会有心思无病呻吟？

我曾经想过，如果国家的退休制度向后推迟五年，那么，很有可能我们目前的中小学教师那种"男 55 女 50 心态"也会向后顺延五年，他（她）们的疾病与烦恼也会相应地往后顺延五年。反之，如果把退休的时间往前提五年，他（她）们的疾病与烦恼也一定会随着这种心理暗示而提前。君不见许多地方行政官员特别是县局里边的局长副局长们，甚至干不到 50 岁就得给新上来的让路——提拔了那么多的干部，不切掉一批怎么安置下一批？有调查显示，只要没有找着新的而且可以长期做的事情的那一部分被切掉的干部，没几年光景，身体与精神状态全都衰落下去了。

让我们的老师们接受“学生负面心理暗示有害”他们承认，让他们承认“自己负面心理暗示有损”却未必能够接受得了。事实上，老师们心理上存在的问题远不止这些。有一个组织曾对 168 所学校的 2292 名教师进行心理健康状况调查，结果发现，有心理健康问题的老师居然高达 52% 以上。如果我们说学生心理不健康影响的可能只有他自己，或者充其量影响到他周边的一小部分人的话，那么老师存在心理不健康，那影响可就大了去了，不仅他教几个班就会影响几个班的学生，而且他还要一茬接一茬地影响下去。面对这样的现实如果我们再“束手无策”，“师表”二字我们如何再担当得下去？

教师也是人，也生活在社会中，生活在社会中就要面对苦辣酸甜雨雪风霜。因此，期望自己遇不到挫折没有什么不顺心的事情，那是不可想象的。但是，做老师的必须学会用健康的心理暗示自己。因为你影响的人太多，面儿太广，你调适自己的心理不只是涉及个人的问题。其实，调适自己的心理，让心理能够适应社会与自然的法则，中国古代的文化人多数做得很好。“达则兼济天下，穷则独善其身”，这两句话就给了中国古代知识分子最大的人生弹性，使他们能够“朝廷乡野两相欢，入世出世皆裕如”。所以，看中国古代的知识分子，没有几个因想不开而自杀的。相反，在西方，这样的人倒是多得多。

我们做教师的，尤其是老教师，多数对学生正面的心理暗示很重视，比如经常表扬学生，让他们感到自己行，激发出自信来。然而遇到自己的问题，特别是退休前心理问题的疏导时却做不好了，这真得叫作“不可谓知类”，是需要好好学习，慢慢改变的。

小鱼儿的真理

这是一尾可爱的小鱼儿。

然而，它却生活在到处都是觊觎目光的江河湖海。

渔人的网罟与钩丝，水面上的野凫与苍鹭，水下的鲶鲨与乌贼，海中的狮象与狗豹，就连林间的狗熊和泽边的水獭，都让它惶惶不可终日。

或许因为它的乖巧，或许因为它的明艳，忽一日，渔人明白地告诉它：你不要再惊慌，从此你不再是我渔猎的对象，即便你误入我的网中，错吞了我的香饵，我也会放了你。你放心地徜徉吧，不必再有忧烦。为了保证你的自由，我还可以上奏神明，正告水族诸类：以大欺小，胜之不武；同类相残，格杀勿怠。

小鱼儿感念上苍的眷顾，更感谢渔人的庇佑，但它还是不敢懈怠分毫。它知道，弱小的时候受人庇护是一种安全和幸福，但庇护之下易生倦怠，安全的羽翼之下必然惰性潜生，救自己的应该也只能是自己——小鱼儿的眼中溢满了泪水。

小鱼儿丝毫不怀疑渔人的慈爱与真诚，但是它真的不敢相信渔人有那么大的力量。比之慈怀广大的渔人，那些弱肉强食的物类不是卑劣就是狡诈，而且贪欲就是它们的本能。特别是，当自己被渔人如此地“关注”之后，妒忌之心更会让那些东西丧失仅存的那么一点点的理智，小鱼儿会因此成为它们暗中挤兑与追杀的对象。

上帝对于弱者的帮助有些时候是它们的幸福，有些时候则只会增加它们的不幸。当它游弋于仇视的目光交集的水域，它知道，自己已经别无选择。

小鱼儿此刻希望的已经不是任何的庇护，而是能够在获取能量之后的迅速长大。渔人可以因喜爱而容许小鱼儿的过失，可以因怜悯而呵斥对小鱼儿的无端攻击，但是，难道渔人就不会打盹儿吗？

险象环生的水域不会给小鱼儿任何更多的机会，甚至，一次的过失便会让它葬身“鱼腹”，或成为其他动物的口中美餐。

没有谁会在意小鱼儿的眼泪。于是，小鱼儿横下一条心，加入了混杂的鱼群，拼命跟上大它许多的鱼儿奋力地游，耐下性子吃别的鱼也吃的浮游生物，甚至一些动物的腐尸，比葫芦画瓢地学会了别的鱼都会吹的口哨和打挺的姿态，跟着一些“过来的”大鱼学会了对付各种恶意的袭击和善意的冲撞。慢慢地，小鱼儿知道了什么叫“经风雨”和“见世面”；慢慢地，小鱼儿长“粗”了小腰围；慢慢地，小鱼儿渐渐有了“健儿”般的体态。

壮大了的小鱼儿依然明艳，但已经不能叫作乖巧。长大了的小鱼儿依旧记得渔人那慈爱的目光与慈祥的声音，在那颗感恩的心灵中永存着渔人那慈眉善目的定格形象。已经长大的小鱼儿发现周边似乎少了许多虎视眈眈的眼睛，多了许多游弋不定的目光。

小鱼儿没有因此而感到真正的安全，它还在努力适应着江河湖海。因为它知道，一层是一层的劲敌，一处有一处的凶险。

海洋太大了，就连鲸鲨不也是小鱼儿吗？

学习得失散漫谈

记得孔老夫子曾有过“不读诗无以言”的教诲，当时不懂得，以为夫子过于夸大了诗三百的作用。然而，后来越来越觉得，夫子之道诲语谆谆，是不可以打折扣的真理。从春秋三传之中可以看出，《诗经》在当时的社会生活、内政外交、文化教育诸多方面的作用几乎无处不在。引诗达意已经是社会约定俗成的规矩，尤其在上流社会，如果头脑中没有“诗”，就相当于你没有建立起来与那个圈子相适应的语言符号系统，你一张口就“露馅儿”——腹内原来草莽，没文化！

十年前我到苏南考察，在南师大附中，由学校的办公室主任接待我们。他介绍起南师大附中的教学管理、教学改革，娓娓道来，不激不厉，条分缕析，头头是道。介绍完了以后，我们面面相觑，自愧弗如。当时我就想，在我们的校长、局长群中若想找到水平如这个办公室主任的已属不易，更遑论人家学校里的大家巨擘了。

无独有偶，后来参加一个大型教育学术论坛，我与一位重量级的学校领导一同前往。他谈出的东西，扑面而来的是“纯正”的行政气息，基本没有教育语言，更不要说教育新理念了。结果可想而知，他在台上演说，台下一片唏嘘之声。

老百姓有句话，小鸡不尿尿，各有各的道。你不在人家的“道”上，就听不懂人家的“天王盖地虎”，也无论如何是对不上“宝塔镇河妖”的。在当今中国，人们跨行就业的情况越来越多，当然也就给学习提出了更高的要求。平日不绝于耳的“终身学习”的呼声，日益在提醒你已经进入了知识本位时代，进入了学习化的社会。在此种情势之下，如若还没有养成良好的学习习惯，是注定要吃亏的。

我曾在学校教过书，到教育行政机关做过行政管理和业务工作，虽不敢说事事通达，但至少做到了干一行就钻研一行。每换一个岗位，我都要认真学习扮演这个角色所必备的各类知识。钻研来钻研去，也觉着挺有意思，于是也便“干一行爱一行”了。其实，只有在了解、熟悉、钻研、探索、实践并培养出一定成就感的情况下，干一行爱一行才是真的。否则，很有可能只是愚忠的表现罢了。

然而，在我工作过的地方，观察同事同伴同僚的学习状况，的确存在一些问题。简单归纳，至少有四种情况。

一曰浅尝辄止。一项新事物，一套新理论，只蜻蜓点水地过一遍，没有多大用处，也留不下什么印象。记得有一年学习第三次全国教育工作会议的文献，读了许多遍都没有读出感觉来。但这些文献必须学透，不然是要影响工作质量的。情急之中旧业重操，把它们当成要讲的课文，备了起来。一通过后，觉得较之泛泛阅读好多了，结构弄清了，重点把握了，核心也领会了。此类体会我还有一个典型例子，就拿杜诗“两个黄鹂鸣翠柳”来说，小学背，中学背，到了大学还在背。但这都只是背会了，上口了，真正弄明白，还是在给学生讲了一遍之后的事情。

二曰寻章摘句。在阅读古诗文的时候，也常寻章摘句，且也确有好处——记不住整篇就记佳句，也便于化用。但对于新的理论知识，把握不住它的思想体系、逻辑层次、理论突破，只满足于记住几句话，背会几个词儿，那也是根本不管用的。学习的目的不是向旁人炫耀，几个词语也不会在你夸夸其谈时为你的思想增添多少色彩。而且，寻章摘句还极易断章取义，那就更是大谬不然了。

三曰吹毛求疵。此类学习往往体现在学习先进经验方面。自古以来，文人相轻，再加上国民妒贤嫉能的劣根，学习先进是很难做好的事情。这一点上，韩昌黎在他的《原毁》之中说得已非常透彻。如今遍览身边世象，似乎也没有大的改观。只要你倡导学习先进，就一定有人要戴着放大镜去瞅先进者的缺点。瞅着瞅着，先进者的缺点就会越来越多，瑕疵也会越来越大。越瞅越有信心，越比越是豪迈——我们在许多方面比他们还强呢，学他们干什么？于是便有了与象棋大师比游泳，与游泳冠军比下棋的“英雄”，自己把自己弄成了自大的夜郎，唯我独尊，妄自尊大，故步自封，也就必然裹足不前了。不知道有圣训曰“三人行必有我师焉，择其善者而从之，其不善者而改之”；更不明白鹰有时候会比鸡飞得还低，但鸡却永远飞不了鹰那么高。

四曰学而不用。学以致用，急用先学，这在当今社会已成了学习的主流观念。尽管临时抱佛脚不如平时就烧香，但抱总比不抱强吧，且边抱佛脚边上香也不失为亡羊补牢的好办法。但也的确有些人，要么不学，要么学也不用，把学习与应用完全割裂开来，学归学，用归用，结果实践没有指导好，学的兴趣也便难以维持。科学的理论读过，实践中依旧我行我素；上好的佳帖临罢，写字时依然如同狗爬；古人诗文在肚子里装了不少，遇到此情此景仍然没有共鸣；成套的拳脚习会，与街头混混儿相对，结果还是挨了打。食古不化，学而不用，时间一长，也便失去了学下去的兴趣。在我们身边，就常听人说，读书干啥？一点儿用都没有！

当然，学习中的问题很多，林林总总，不一而足，当事者若不注意克服，实在不好做出事半功倍的工作；如不引起警省，于人于己于集体，怕都是没有好处的。

读书万卷始通神

论及书法妙道，东坡先生有诗云："退笔如山未足珍，读书万卷始通神。"说的是闷着头练字，不注重字外功夫修炼，即便用坏的笔可以堆积成山，也未必能写出什么好东西。要想写出真正的好作品，非多读书不可，舍此没有别的好办法。

书法尚且如此，做教育的如果不注重读书，那更不可能知其所云了。但是看一看我们周围，除了课本与教参之外，确实有些老师积年累月不读一本书。长时间不读书，必然会思想贫乏，言语无味，心胸狭隘，目光短浅，见利忘义，低俗不堪。精神境界的卑下必然外化为不思进取的"实际"行动，久而久之，不仅学生不会教好，而且自己也越来越活不出个人样儿了。

针对这种情况，焦作市教育局推出了"中小学教师人文素养拓展计划"，2007 年卷的教师读本已经发到了 5000 名骨干教师的手中，局长张丙辰、副局长乔希庆分别以《披挂好了吗？我们重新上路》《让读书成为一种风气》为题，为之写了序言，力倡读书学习之风。

一册在手，展读这两篇序言，觉得各自神完气足，读之如沐春风。特别是张丙辰同志的那篇序言，一气呵成，一韵到底，一泻千里，气势恢宏，鞭辟入里，诲语谆谆，虽千锤百炼却无斧凿之痕，果然大块文章。这篇序言放在卷首，与其说是为这个读本作序，倒不如说是局长给教师们做了一个榜样。孔子曰：不读诗，无以言。倘若不是饱读诗书，博闻强记，绝对不可能有这种胸囊大块、笔携风云的功夫。

我们许多老师不读书的借口，几乎都是一个“忙”字。总是抱怨工作太重，事情太多，头绪太乱，家务太繁，因而无心读书，更无暇读书。殊不知，比你忙得多的大有人在。《三国志》里孙权劝学的故事，说吕蒙原先不爱读书，孙权就劝他，应该读些书，官儿当大了，事儿管多了，不读书怎么能够把事情做好呢？吕蒙就说：我实在太忙了，根本没有时间读书。孙权当即就问他，你忙还是我忙啊？吕蒙知道“蒙”不过去了，就下决心读书学习。后来鲁肃去看望他，没谈几句话便大为惊讶，由此流传下来“士别三日当刮目相看”的美谈。以大比小，古今一理。如果我们的老师抱怨自己没有时间读书，那么局长的读书时间是从哪里来的呢？一个地区70万师生，占地区人口的五分之一，多少事务！每年都有新举措，一年一个新台阶，要操多少心！在数百万教育工作者中脱颖而出，跻身全省十大教育人物之列，需要有多少创造！然而，他却有时间读书！熟悉他的人都知道，他每日晨练时都带着一个MP3，那上边下载的绝对不是流行歌曲，而是经典诗文。一趟晨练下来，既锻炼了身体，又修养了身心，还积累了学养。“把别人喝咖啡的时间都用于学习”的鲁迅先生，那时间不也是挤出来的？何况我们还有那么多的时间是在闲聊，在游戏，在娱乐。当你扑克牌的技艺和搓麻将的本事与日俱增的时候，请不要忘记，你失去的可是足以成就你人生大业的宝贵时光！

没有一个人的成就是从天上掉下来的。当你看到有的人轻而易举地做成了很大“动静儿”的时候，你一定没有看到他自我锻造时的那种艰辛。当你把欣羡的目光投向成功人士的时候，你是否也有过“彼可取而代也”或者“大丈夫当如此也”的感叹？感叹与欣羡都是可以理解的，关键是要有行动。临渊羡鱼不如退而结网，高山起于微尘，千里始于足下，谁积累谁都能够丰富，谁用心谁都可以成功。用赵本山在小品《卖拐》中训斥高秀敏的俏皮话：你跺你也麻！

冯恩洪先生曾经用一个著名的观点阐释了“教学相长”的古训。他说，老师们千万不要以为自己真的是“燃烧了自己照亮了别人”，你是在“照亮别人”的同时发展了自己。经济领域里边经常言及的“双赢”，揭示的何尝不是真正意义上的师生关系？在这个呼唤教育家也能够成就教育家的伟大时代，在这片既有科学机制又有模范榜样的山阳大地，我们还等什么？我们还敢等下去吗？！

因虚而弱

“虚弱”二字连在一起，给人以“兄弟”般的感觉。然而细细品味，它们应该是“父子”才对。

无论什么事物，无论任何事情，也无论哪种事业，如果追根求源，“弱”的原因大多都可以追溯到“虚”上。尽管有时候它会“虚张声势”，如同老虎一般，但你只要克服胆怯的心理，稍靠近前，便会发现，那老虎竟是纸做的，中间依然是空虚。

教育工作做了多年，教过书，也做过教育行政工作，但真正看清学校宣传工作的虚实，还是当了校长之后。

其实，大凡是人，便都具有好逸恶劳的天性。教育领域也不例外，少下些力气多出些成绩，不只是个科学方法和工作效率的问题，更重要的是要会使“巧”劲。办学校的都要出成绩，“巧”劲到底在哪里呢？业内人士回答：在生源。于是，每到招生季节，争夺优质生源的大战从来没有停息过。硝烟起处，鱼龙混杂，泥沙俱下，虚虚实实，神鬼莫辨。特别是在宣传到自己业绩的时候，不仅什么话好听拣什么话说，而且可以使用哈哈镜一般的玩意儿，把自己想放大的地方无限地放大，把自己不想让人知道的地方无限地扭曲。真实的亏欠尽量闪烁其词，丁点儿的成绩都敢夸出海口。如此的混战，不仅市民的视听被日渐混淆，竟连市长也懵了。一次市长到学校视察，看见这个也是第一那个也是第一的宣传标语，就问陪同的官员，到底谁是第一？我们的学校怎么这么多第一？！

当然，在夸自己的时候把最漂亮的一面“秀”给人看，即使有故意掩饰的嫌疑，毕竟也是人家某个方面真实的所在。如果因为宣传方面有这样的弹性规则，便将没有的事情也“做”成“事实”“秀”给人看，那就实在有些“过火”了。

比如有些名校，前些年因气候适宜，办了些或“公办民助”或“民办公助”的分校。国家为了划清总校与分校的界限，明确规定分校要实现“四个独立”，即校园要独立，经费与人事管理要独立，教学要独立，法人要独立。然而，许多学校办着办着就走样了。你让校园独立，我就拉一道“百孔千疮”的墙，另外再开一个大门；你让法人独立，我就找一个能够操纵他命运的傀儡，让他做法人代表；你让经费独立，我也可以单独立账，但“法人代表”花钱要实行“董事长终审制”，没有总校校长的“终审”，分校校长即使是“法人代表”，钱也是花不出去的；至于教学独立，完全可以办到，不过教学成绩嘛，你分校是不能独立的，分校的成绩必须算进我总校的大账。为什么？我总校的成绩上不去，再不拿你分校的成绩装一装门面，我这“名校”还如何在社会上“混”？“盗名”是为了“欺世”，既然你是我的分校，“巧取”不成“豪夺”也得把你的成绩给我拿过来！

如此的业绩宣传在有关部门睁一只眼闭一只眼的情况下，热热闹闹又是一年。尽管部分百姓已经看清楚了这样的学校玩于股掌之上的把戏，但更多的人还是被蒙骗了。不然的话，有司本该追究过失的反而为之庆功，社会上许多人纷纷然为这样的学校道喜，又纷纷然把自家的孩子与亲朋好友家的孩子送到这样的学校等诸多事实，就不太好解释清楚原因了。

但是，盛名之下，其实很难相副。因为名声太大了，名实之间就会疏远；名实之间的距离越大，那种空架子就越难放得下来。以空虚的实力支撑那么大的架子，不弱而何？太爱浮名必然营造虚空，营造虚空必然导致脆弱，越是脆弱越不敢正视现实，越不正视现实必然带来新一轮的营造虚空，如此铁定的因果轮回是谁也逃不掉的规律，任何人都躲不过去。

再往深层次追究，虚空的架子毕竟有那么大的架子，再“虚”也能遮些个阴凉，有阴凉的地方就一定有人歇脚，于是，大架子养懒汉的情况便不可避免。同时，正如鲁迅先生所言，过去阔过的要复古，现在正阔着的要维持现状。那么，你有那么大的名声，必然要想方设法“维持现状”了。维持现状的人一定不能思进取——进取不当，现状也有维持不住的危险——于是，等待的只有没落！

他人成功的经验需要汲取，失误的覆辙更需要鉴戒。既然“弱”因“虚”而起，自然“强”也要以“实”来做根基。哪怕自己是个雏儿，就把自己当成雏儿，然后你才可能发奋成长，将来成了搏击云天的苍鹰也未可知。倘若你是个雏儿，却偏要把自己显摆成一只矫健的鹰，甚至还凭借其他手段把自己推入高空。那，除了摔下来，还会有什么样的结果呢？

校长攻心应谋“道”

读了段跃杰先生题为《放松须要有尺度》的文章，不禁想起成都武侯祠的“攻心”名联：“能攻心则反侧自消自古知兵非好战，不审势即宽严皆误后来治蜀要深思。”此联曾经启发过许多人的为政经营之道。就连我们做学校管理的人，细细品味这副对联，深察个中意蕴并应用于自己的工作，或许能够把自己治下的学校导引到一个新的境界。

联中所言，典出诸葛孔明治蜀之时七擒孟获等典型案例，道出了“攻心”在治国理政方面的重要作用。虽其关键在于“攻心”，而前提则是“审势”，点出的是一切管理学问的真谛所在。任何管理，把目标只定位于“行”，都不是治本之策；只有把目标定位于被管理者的“心”上，才能真正管得有效，管得久远。现代科学发展到如今，心理学已经由普通心理学发展到无所不包的各个有人做事情的领域，可见通晓人心对于做事的重要。做教育的把儿童心理学作为必修学科，当作看家的学问，原因也在于此。

人的心理有规律可循，同时人心也是最难揣测的所在。“长恨人心不如水，等闲平地起波澜”。为什么？这中间就有“审势”的问题了。从事教育工作时间长了，对于儒家的学问就会接触得多一些。其实，做管理的，无论你是从事教育行业的管理还是其他行业的管理，读一些先贤法家、兵家的经典，对自己的管理工作将大有裨益。法家讲究法、术、势，一切的法规、计策在运用的时候，都需要审时度势。韩非子曾经嘲笑过那些“以先王之政治今世之民”的腐儒们的行为，所主张的便是“时移事易，变法宜矣”。

如今我们不少学校在管理中出现的“宽严皆误”，大都由“不审势”所致。严格起来教师们怨声载道，一放手又乱相百出。这种“一放就乱，一乱就收，一收就死，一死就放”的恶性循环在许多领域都广泛存在，不独教育一家。

“百年大计，教育为本”，这是我们常常挂在口头的话。“十年树木，百年树人”，做教育的几乎人人皆知，耳熟能详。然而，正如黑格尔所说，“人们经常挂在嘴边的名词，往往是我们最无知的东西”。看看我们的周边，还能找到多少以“百年”为期的教育呢——

过去教育讲究的是“百年树人”，把教育当成影响学生一生的事业；现在许多地方的教育变成了“三年提分儿”，只要学生的考试分数能上去，其他一概可以忽略不计。

过去教育追求影响与熏陶，所以长线教育的学校居多；现在许多地方的教育追求短线效率，所以完全中学的体制已经悄悄淡出历史舞台。

过去的教育是教书育人，教书只是手段，育人才是目的，所以大家都把育人看得比教书更重要；现在许多地方的教育只在训练学生们的应试技能，所以尽管“情感态度价值观”被写进课标，但根本不可能被提升到“知识与技能”“过程与方法”的层面上考虑。三个维度一维短缺，便不可能支得稳当。

过去的教育以追求社会效益为第一指归，所以学校可以成为人才成长的摇篮；现在许多地方的教育往往以经济利益为第一需求，所以优质学校依托原有的政治、经济、资源优势，进行各种各样的掐尖式招生，贪他人之功为己有，用哄抬起来的所谓“成绩”吸引更多学生家长的眼球，以便能够聚敛起更多的学费。如今雨后春笋般的大规模、超大规模的学校不都是这样应运而生的吗？此风所及，其他学校再纷纷仿效，已经演变成为一种潮流。

过去的教育是引领社会发展的教育，所以目标瞄准的是将来社会发展的需求，通过改变教育来改变将来社会的发展走向；现在许多地方的教育是迎合社会需求的教育，不知道什么时候有人提出了“举办人民满意的教育”，此命题一出，学校便不得不“唯”学生家长的“马首是瞻”。明知道素质教育关乎家庭与社会的未来，应试教育只是短期的教育行为，但仍然必须用短期行为取代长远目标。也难怪国家倡导的“素质教育”只能在表面上“轰轰烈烈”，而“应试教育”这些已经严重摧残孩子们身心健康的东西却垂而不死腐而不朽，被社会、家庭与学校联手，给搞得“扎扎实实”。

过去的教育是教育，学校便是学校，教室便是学堂；现在许多地方的教育变成了生产，学校成了工厂，教室成了车间，教师在校长的组织之下，建成了一条又一条的考试机器生产线，有的卓有成效的“生产线”甚至被拥推为全国名校，甚至会摇身一变成为“素质教育”的典型，让那些人文底蕴深厚、办学成就卓著的传统名校相形见绌，黯然失色。

过去的教育教师和学生之间的关系是“一日为师终身为父”；现在不了，许多地方校长、教师与家长、学生之间成了“来料加工”关系。如果你是块好的材料，出的加工费又高，我就进行精细加工，然后给你送到更高更好一级的生产线继续加工；如果你是一般的材料，加工费只有政府给的那一点经费，那就给你做一般意义的加工，完了将你送到一般的生产线上继续加工；如果你是一块“不可雕”的“朽木”，“不可圬”的“粪土之墙”，那就干脆给你扔到废料堆中，任你自生自灭……这种关系的潜变看起来没有什么不合理的，但却从根本上异化了教育的本质！它让师生之间原本人与人的关系变成了人与物的关系，当今学校中师生之间的诸多矛盾大多都可以找到这种关系变化衍生出来的根苗。

凡此种种，不一而足！

做教育管理的如果不能够看到这样的形势变化，就不可能做出行之有效的管理决策，宽了松，严了骂，管理手段不得要领，改革措施虎头蛇尾，也就不足为奇，屡见不鲜了。再加上公办教育由于大的体制问题，往往人权、财权与事权又不能做到有效的统一，更使得教育管理的有效性大打折扣，庞大的教育运转效率不高、效益不好的状态自然也在所难免。

有鉴于此，做好学校管理工作，必须认清形势，选准目标，增强针对性，做到系统性，强化持久性，才能突出有效性。特别是要弄清楚应试与素质全面提升是两个无法兼容的发展目标。鱼与熊掌不可得兼。你如果做的是应试教育，就要掀起你“素质教育”的“盖头”来。目前全国做应试教育典型的学校多多，效益大大，他们的管理模式与经验多数是借鉴现代企业管理模式做出来的，往往以目标管理为主要特征，并特别注重过程控制，强调投入产出比及规模效益，突出时间利用与反复训练，“同等时间比方法，同等方法比时间”。他们的制度科学、规范、系统，行之有效。将其拿来，并深入分析他们成功的来由，下大力气改造你学校的土壤，使之接近成功学校的小气候，完全可以移植成功。应试只是教育大领域中的一小片区域，只是个短期目标，要比关注人的终身发展、关注社会未来与国家民族希望的真正的教育要容易做得多。

如果你能够从教育的本质出发，按教育的规律和素质教育的要求做事，从关注人的终身发展出发，为学生健康的人生、健全的人格奠基，这样的教育成功的典型也有许多，尤其是“新教育实验”，已由草根发展到百万之众。他们从教育理念到管理制度都异于现行的正统教育。特别是能够从改变“教师的行走方式、学生的生存状态、学校的发展模式、教育的科研范式”入手，对问题多多的现行教育说不，从其一呼而百应的现实效应也足以看出现行教育问题太多、积弊太久的客观存在。新教育的实验学校“营造书香校园、师生共写随笔、聆听窗外声音、构筑理想课堂、培养卓越口才、建设数码社区”的六大行动，教师“专业阅读、专业写作、专业发展共同体”的积极营造，“用文化为学校立魂”的软硬件环境系统建设，发展论、行动论到崇高论、和谐论的学理基础，以及“晨诵、午读、暮省”的儿童生活方式，“每月一事”的学生行为养成系统等，都具有相当的可模仿性、可操作性，拿来为我所用并下决心做实做透，同样可以做出惊人的成就。而且，新教育学校从来不刻意追求“升学率”，但只要认真做，都能得到“升学率”额外的奖赏。非但如此，这项实验还能真正实现“教孩子几年，影响他几十年，帮助他一辈子”的教育目的，真正能够实现百年树人的教育目标。近年来“新教育实验”探索的新考试与新评价，已经在一定程度上实现了与国际教育评价的接轨，与我们国家高考成绩多数国家不予承认的现实形成鲜明对比，应该给予我们足够的实验启迪。

只要大方向选准、目标清楚，我们便可以依此构建出学校的发展愿景，师生在学校发展愿景的激励之下，在个人专业发展与人生成长的目标激荡之下，在风声雨声读书声的人文氛围的熏陶之下，在专业引领、同伴互助、合作探究学习方式的影响之下，自然会让自己进入一种由强迫到自发的生存状态——生存状态与生活方式的转变永远比制度的约束要有效得多。荀子所谓的“蓬生麻中，不扶自直，白沙在涅，与之俱黑”与百姓口头的“船到桥头自然直”其实都有着共同的道理。在这样的学校里，谁还会在意于“考勤考谁”之类的问题呢？

最可怕的是目标不清，模式选择不准，管理投入不够，还想鱼与熊掌兼得，思谋天上掉下馅饼。尤其是首鼠两端，瞻前顾后，最为误人。伊朗有则寓言，说一头口渴的驴子在两处水泊之间被渴死了。但愿，我们的队伍中能少一些这种人。

“细化管理”的度量衡

日前闻听某学校为了加强班级管理，在教室门上安装了可供内视的猫眼儿，结果引发学生群起哗然，以为侵犯了学生的“隐私”云云。这似乎与前几年某些学校在教室安装监控系统，惹得教师聚讼纷纷，以为教师们神圣的课堂教学已被监视，如同剥光了衣服在工作，人格受到了极大的侮辱一样。然而，聚讼也好，哗然也罢，随着时间的推移，大家都会慢慢适应的。反正大家都处在变化的时代，“创新性”的做法无处不在，教师能够忍受的东西，学生自然也应该会逐步接受。“时间能够抹平一切”，这不知道是哪个伟人说过的话，应该是有道理的。

其实，“隐私”云者，是法制与文明时代的产物。按照“百度”的解释，“隐私是一种与公共利益、群体利益无关，当事人不愿他人知道或他人不便知道的个人信息，当事人不愿他人干涉或他人不便干涉的个人私事，以及当事人不愿他人侵入或他人不便侵入的个人领域”。照这样的理解来看，教师、学生在教室中的一切行为，本没有什么“隐私”可言的。教室是公共场所，教室里的事情不可能“与公共利益、群体利益无关”。学生在教室里如果好好学习，教师或其他管理人员通过猫眼儿看一看自当是无所谓。甚或好的学生还喜欢让老师们知道他是如何遵规守纪、发愤勤读的。倘若你在教室里做学生不当做的事情，还不想让老师知道，不愿让老师干涉，你搞成的那个“局面”还不愿意让老师“侵人”，那就不对了。人的自由都是相对的，当你的自由妨害了他人的自由，你的自由就应当被限制了。

这样的道理同样适合于老师。你的课堂教学如果精彩绝伦，恐怕你恨不得让现场直播；你不想让教室外的人，尤其是你的领导知道的，往往就是你偷懒疏忽的软肋。要知道，这绝不能算作你的“隐私”。当你把课堂不当回事儿的时候，你已经在渎职了。如果连渎职的行为都要当成“隐私”要求保护，你已经弄不清楚权利与义务的对等关系，不配做法治时代的公民了。

然而，尽管利用现代化的手段或可精细化你的管理，但这是不是最好的管理方式却十分值得商榷。中国的成语有云“推心置腹”——这个成语是很值得咬文嚼字的。把自己的心放入对方的腹腔之中，让他感同身受，这样你我之间便能够心有灵犀、心心相印了。如果每个人的心都设置壁垒，如何能够正常地沟通呢？任何一个社会人，除了自己阳光的一面之外，一定也有着不愿意让别人看到的东西，尽管这些东西未必可以界定为隐私，但让人可以随时观察到自己不愿意被看到的地方，一定不会自在。一个不自在的人创造潜能的发挥一定不会正常，这也就是为什么如今许多把学校当工厂、把教室当车间、把教育当生产的学校虽然能够“批量生产”大学生，但却无法“大大激发”学生的创造力，无法培养出真正“杰出人才”的原因了。

前些年，一些学校曾经推出了“无监考考场”的试验。一开始效果如何不得而知，但经过一段时间之后，多数都收到了十分理想的效果——长期无法很好解决的学生考试作弊问题居然神奇地消解——你相信我，我不能够对不起你。

在教育工作中我们都熟知的一种现象就是“缺点放大效应”。如果你一直盯着某个学生身上的缺点，那么他的这种缺点便会一步步变大，甚至还会衍生更多的缺点。但是如果你明知他有突出的缺点却视而不见，而是抓住他身上的某个优点使劲儿地表扬，那么这个学生很可能在优点越来越突出的同时，缺点也慢慢地融解、冰释。正因为如此，很多教育人都明白“好孩子是夸出来的”道理。

在中国的古代，教育常常是和政治联系在一起的。是之谓“教化”，教民化育。正因为如此，先代的贤哲们都认为，教育学生与治理国家是一个道理。老子说“治大国如烹小鲜”，说大了可以解释为易如反掌——无为就是了；说小了是需要很小心的——一条小鱼儿放到锅里，稍不留意就被你搅烂啦！正因为如此，两千多年前，我们的先贤就已经从不同的角度开展了成功的探索，也形成了风格鲜明的治国流派，这以儒家与法家最为著名。先秦的儒、法两家治国，一曰行王道，一曰行霸道。行王道者讲究仁政，讲究怀柔；行霸道者讲究法、术、势，讲究严刑峻法。行王道者抚民之心，行霸道者限民之行。行王道者以民服于心而治之长远，行霸道者因民拘于行而常激起民怨。方法不同，结果大不一样。一所学校的管理发展到需要装猫眼儿“窥探”学生的时候，且不要说行王道，就连法、术、势怕也是走到末路上了。

过去做教育借鉴做政治的因素多一些，随着现代企业文明的发展，如今做教育的也已经把企业管理的许多有效方法拿到了学校，更是涌现出了不少类似企业CEO式的校长，甚至他们还做出了许多惊天动地的教育伟业。但是，凡事皆需要审时度势，企业管理的方法在精细化方面的确有着十分突出的优势，但是移植过来，简单处理便用在教师、学生管理方面，其局限性也是不言自明的。学生是成长中的孩子，不是基本形成定式的成年人。教育的目的是促进孩子的成长与发展，不是死板地让工人完成他的计时或计件工作。孩子在成长中有烦恼更有欢欣，不像员工在岗按酬付劳般的劳作。所有这些，都决定着嫁接与移植不能过于死板。驴马的交配的确是一种创新，生出的骡子的确力气大于父母，但是它没有继续繁衍后代的能力。将企业的管理方法移植到教育管理之中，需要先行改良土壤，再行改造小气候。没有大量的前期工作做铺垫，移植过来的东西要么无法生长，要么长成畸形。

当然，也并非所有的人都值得我们相信。中国人实在聪明，聪明到经常耍弄外国人的程度。上半年看过一则消息，说美国的商场服装穿上不合适，三天之内可以退换。有的中国留美学生结婚便不再买礼服，买一件完事儿退了就可以了。甚至如果是连锁店开在不同的城市，各州的税率不同，在芝加哥300美元买的一套衣服穿完之后，到纽约可能退给你330美元。这让一些中国孩子感到沾了大光，更令美国人大为惊讶——这些人的脑袋怎么转得那么快，能够想出这么复杂的点子！于是不得不改变销售策略，取消对中国人的这种优惠。中国人的聪明举世无双无与伦比，但这些聪明却将自己的生存空间做得越来越逼仄。话题还回到教育上，过去考试作弊如同盗窃，做贼心虚；如今谁要是考试不会作弊，居然会被骂成“傻帽儿”。面对这样的文化“滋养”出来的群体，无论是成年人还是正在成长中的学生，即使装个猫眼儿往里边看看，甚至做出再过分一点的措施，也没有什么不应该的——不是我们不尊重你，你什么时候尊重过自己呀！

变通为雄

《周易·系辞传》有句话：“易穷则变，变则通，通则久。”岳麓书院正庭也有今人马积高的一副对联：“治无古今，育才是急，莫漫观四海潮流、千秋讲院；学有因革，变通为雄，试忖度朱张意气、毛蔡风神。”古往今来，讲“变则通，通则久”也好，讲“变通为雄”也好，无非是劝人们脱去僵化、固执、因循、拘挛之气，事因时易，情随势迁，最终求得诸事顺遂，人生畅达。

然而，遍观人情，细察物理，便知一个“通”字是如何难得。邻里不睦，是街坊之间情理不通；亲戚不和，是亲人之间关系不通；政策不能很好贯彻，是上情不能下达，下情不能上通；变革不能得到支持，是局部利益与全局利益、集体利益与个人利益的关系没有疏通；做学问的囿于一管之见，是视野狭窄，没有将学问融会贯通；做行政常常教条主义，是不知道具体问题具体分析，不能将政策精神和实际情况进行沟通；身体不能舒适安泰，是气血不畅，脉络不通；社会发展往往受阻，也多数属于为政者不能“究天人之际”，妥善处理人与自然的关系、人与社会的关系、上级与下级的关系、官与民的关系、政治与经济与文化与教育的关系等等，总而言之，还是没有处理好一个“通”字。

社会与自然如此，学校教育何尝不然。校长如果和老师们心心相印，情理相通，学校对教师的管理制度完全可以成为摆设；老师如果和学生们打成一片，教学相长，根本不会出现师生之间你看我不顺眼、我看你不顺心的事情；学生们如果把所学的知识由点到面，由线到网，由理论到实践真正学通，任何形式的考试对他们来说都将无所谓；老师们如果能够把教材真正吃透弄通，哪里还需要照本宣科，捉襟见肘，哪里还至于被学生问得脖粗脸红，不得不用呵斥的方法为自己解除窘境！

学校教育许多方面走不通，有的是我们的老师思想滞塞，观念壅堵，头脑僵化，方法陈旧。明明按教育规律因材施教你可以让所有的孩子都受益，可是你偏要一刀切让程度不同接受能力迥异的学生按照你的一个模式走；明明学生上学就是来学习的，可是你偏要把他们学习的时间给占住，用于你无休无止的讲解，让他们几乎连练习、消化的时间都没有；明明许多东西学生完全可以自学，甚至他们交流起来比老师理解得还要透彻、独到而深刻，可你却偏要费上八布袋的力气在课堂上给学生们做烦琐分析，直至把学生分析得昏昏欲睡；明明当今教育从课程标准到评价方法都在改革，外边教育改革已经如火如荼，可你却偏偏两耳不闻窗外事，一心只“教”圣贤书，一支粉笔一本教案，坚持要把讲台“站”穿。针对这些事实，对照教育规律和教育政策，扪心自问：我们“通”了吗？

学校教育许多地方走不通，也有当局的政策指向问题。国民教育是普及性、达标性的教育，然而升学考试却是选拔式、淘汰式的考试；普及性的教育要求保护学生学习的积极性，然而淘汰式的考试却一次次地打击着学生的自信心；普及性的教育要求学生素质全面提高，然而淘汰式的考试只考部分学科课程，让全面发展成了泡影——也难怪国家副总督学王文湛先生曾苦笑着说，中国足球要想冲出亚洲走向世界，那得在中招高招中“加试”足球——和学生命运息息相关的东西，怎么可能不是最受重视的东西？过去有人说“民之趋利如水之走下”，明白了这句话，才会真正懂得什么东西能够引导百姓的选择，才能真正做到上情下达，下情上“通”。

当然，当我说到激昂慷慨的时候，自己也未必真正“通”了，因为“事理通达”、“心气”就“平和”了，就该“欲说还休，却道天凉好个秋”了。但是，职业与使命所使，我不能学成那个样子，必须在不通中求通。以“不通”为“穷”，“穷”须“思变”，“变”则能“通”。

人穷则反本，本立而道生。那么教育的本是什么呢？还是看看大哲学家大教育家的教育智慧吧！老子说："圣人处无为之事，行不言之教。"《礼记》说："道而弗牵，强而弗抑，开而弗达。"孔子说："博学之，审问之，慎思之，明辨之，笃行之。"又说："学而不思则罔，思而不学则殆。"孟子说："君子引而不发，跃如也。"朱熹说："指引者，师之功也。"到了叶圣陶和陶行知，更将教育讲得十分清楚。叶圣陶曾讲："凡为教，目的就是达到不需要教。"陶行知说："我以为好的先生不是教书，不是教学生，而是教学生学。"以上圣哲先贤对教育的理解，从教的方法，到学的方法，都已经讲得不能再明白了，应该成为我们的行动指南。从这里，我们应该能够找到教育的根本所在，找到教育发展的"通途"。

至于教育政策与教育规律相悖逆的地方，我们必须用规律来阐释政策，在规律的基础上贯彻落实政策。如果违背规律图解政策，一味迎合上级的口味，最终不会是给上级帮忙，只可能给他们添乱。同时，如果教育规律与社会需求相背离，则需要我们在社会需求的大背景下来贯彻教育规律了，这样才叫"变通"，变通才可能生存，才可能长久。否则，民众不买你的账，将是你最大的失败。

师道期待有尊严

教师节临近，有关教师的话题自然就多了起来。

五年磨一剑，关于班主任工作与权益保护的《中小学班主任工作规定》，近日由教育部出台，对于在一线辛勤劳作、地位与待遇又相对低下的中小学班主任老师来说，无疑是一支及时的强心针——终于有人看到教育问题的症结，开始重视班主任工作了。然而，这个“新规”在强化工作量、待遇、班主任权利的诸方面条款中，“班主任在日常教育教学管理中，有采取适当方式对学生进行批评教育的权利”一条，成了近期各中小学校和媒体关注的热门话题。一是大家弄不清楚什么样的“方式”才“适当”。二是大家感到，班主任有“权利”，是不是其他任课教师就没有“权利”了？三是对学生进行批评教育本来就是教师（包括班主任）的权利，这时候再这样讲，有必要吗？

诚然，教育部出台的这个“新规”，一定是植根于广泛调查研究征求意见基础之上的。五年酝酿五年磨砺，如今拿出的东西，绝不可能是随意为之。那么，“新规”为什么还会出现如此令人匪夷所思的字眼儿呢？

先研究一下这项政策的背景。

自古及今，“人定胜天”只能是一种气魄的豪迈，当不得真的。比如人与自然的关系，是越“自然”越好。越自然就越接近事物的运行规律，如果硬要做一些事，付出代价也是再自然不过的了。人类不顾规律对环境进行掠夺式开发，如今已经受到了环境的惩罚，此一点人们似乎都已经觉察，且已经接受。然而，某些“强人”对人类本身的繁衍生息进行的非规律性控制，引发了多少影响这一物种正常发展的弊端，至少现在还没有多少人站起来，做大声疾呼。就如独生子女政策，本是为控制人口无节制繁衍而采取的好政策，然而它诱发的社会问题，随着时间的推移正日渐凸显。

舐犊之情人皆有之。过去孩子多，父母的爱是“普施”的，孩子在父母之爱的普照之下健康成长。后来“独生”了，这些子女在家中便被当成了宝贝。爸妈与爸妈的爸妈都把自己的爱“施加”到这一个“子女”身上，麻烦便来了——独生子女在家衣来伸手饭来张口早已不是新鲜事儿，爷爷奶奶或外公外婆替孙子外孙扫地做作业也都不再是新闻，最要命的是当家长们把希望全都寄托在孩子身上之后，让孩子是一丁点儿的失败都承受不起——学习一定要做到最好，冒险的事儿是一丁点儿都不能做，在家什么事儿都顺着他们，到学校走向社会也不能受任何气。过去老师不仅批评学生，板子只要不伤及筋骨，那是经常“伺候”皮肉的；如今老师如果敢戳学生一指头，你看那些“不清头”的父母或祖父母能把学校闹腾成什么样子？！老师批评学生本是为学生健康成长，父母都不管自己的孩子是否健康成长，做班主任的何苦呢？俗话说，流水不腐，户枢不蠹，现在水不流了，枢不转了，久而久之，教师批评（或采取适当方式批评）学生的“权利”自然就萎缩了。这怕就是重新提醒之后一片欷歔的主要原因。

再则，国人的思维常常是创新不足而模仿有余的。法国卢梭写了本《社会契约论》，于是中国人不分青红皂白也把人与人之间变成了“契约”关系。教师过去与学生的关系是“一日为师，终身为父”，如今教师成了家长甚至学生（充其量推演到国家政府）的雇佣者，“我拿钱买你的服务”被不少家长甚至学生当成了向教师说话的口头禅，师生之间成了“赤裸裸的金钱关系”。甚至在北京还发生过这样的事情：一名教师向家长反映学生在校学习情况，那位家长竟根本不耐烦：“我忙着呢，找我的律师说吧！”在这样的环境里强调班主任的权利，不讲究一些措辞怕是不行的。

同时，“方式”的适当与否，完全看孩子与家长的心理承受能力。过去当教师时常听一些家长讲：孩子交给你了，不听话就揍他。在这种情况下，当教师的只要不把孩子打伤打残，什么批评方式都“适当”。现在不一样了，孩子与家长的心理都十分脆弱，家长受不得气，孩子听不进批评。这时候即便教师轻轻的一巴掌拍到学生脑门上，都会被学生家长抓住不放。一名中学生因教师让他回家取家庭作业都敢跃下层楼，在当今的社会，教师教育学生，还有“适当方式”吗？

环境虽然如此，规律毕竟还是规律。古人云，国将兴，必贵师而重傅。如果做教师的失去了师道的尊严，社会和家庭所付出的代价将无法估量。首先，亲其师方信其道这是规律，学生心目中没有老师的神圣，也便没有了尊敬与崇高；不尊师的学生，在家也绝不可能成为孝顺的孩子；不尊师的父母，也不可能赢得子女真正的尊重。如果家长把教师与自己真地搞成了雇佣关系，迟早有一天，你们家的父子母子关系也会“契约化”，到时候会让你欲哭无泪。

另一方面，从教师的角度来说，自尊是尊严的前提，掉到钱眼儿里的教师不可能是学生尊重的教师；看见学生不守校规不遵典宪，以为这是班主任的问题不是自己的责任，你首先已经把自己看轻了。不管学生绝不会赢得学生，你“赢得”的只能是学生对你的蔑视！

从这个意义上理解，在教师节前颁行《中小学班主任工作规定》，无论是在倡导社会尊师还是倡导教师自尊方面，都是有着它的深意的。至少我这么想！

树人与树木的类比断想

十年树木，百年树人。将培养人的“培养”用“树”这样的动词来表述，很有它的深意。

冬春之际，利用学校的边角空地栽植些花草树木，本是极其正常的事情，但确实引发了我不少感慨。

原有的几株黄杨与海桐给挖掉了。看着它们枝叶间显露的那种苍老与疲惫，还以为它们是老化了。但当把它们挖出来的时候，发现用于培植它们的土壤居然都是一些建筑垃圾：残砖烂瓦、废沙余灰、短棍棒、塑料袋——那怎么能称之为土啊？！我无法想象，在这样的环境中，这些树木能存活下来，它们需要有着怎样顽强的生命力！

但是，新栽花木之前，我们将那些垃圾清除净尽，回填上细壤，并掺以牛粪，希望能够为新近移栽过来的生命提供一个可以称之为“生存环境”的地方。

在选择花木种类时我们颇费了一番脑筋，最终引入了十多个品种。桂花、腊梅、紫荆、紫薇、玉兰、海棠、碧桃、樱花、女贞、枇杷、丁香、石榴等等，不一而足。所以如此，是想告诉老师们：做园丁，不容易。这些个小东西，可都是有自己个性的啊——喜阴的，喜阳的，喜水的，耐旱的，适碱的，适酸的，喜温的，抗寒的，喜肥的，守素的。虽然它们不会说话，但它们可都有自己的习性，哪一点把握不住，它们都不会茁壮成长。莳弄这些小东西，耐不住性子静不下心，不行；粗枝大叶马马虎虎，也不行；看见它们不像看见自己的孩子一样充满了怜爱与温情，还不行；不钻研熟悉它们的习惯与特性，不能适时地给予肥水，或者给肥给水的种类把握不住，该施氮肥的时候你施的是磷肥或者钾肥，有了病虫害不知道适时灭除，都不行。它们不说话，不抗争，它们的抗议只会用自己的枯萎与凋零来表达。

我为我们的老师头上那顶“园丁”的帽子感到沉重，感到责任重大。

有人说，你们移过来的树苗太小了，那要长到什么时候啊！

我说，学校是培养人的地方。您说的，已经到了“引进人才”的范畴。

此次种植花木，我们没有移植更多的常绿树种。常绿的树木虽然可以给我们一年四季的绿荫，但没有了秋风落叶，就见不到春天新芽吐翠的明媚。没有了秋风落叶，就见不到盛衰枯荣的螺旋式成长。没有了秋风落叶，也就没有了“化作春泥更护花”的博大与无私。

紫荆吐蕊了，玉兰绽放了，珍珠梅发芽了，合欢抽条了。每天都在看着它们成长，为它们一点一滴的生长变化而感动，心情也便好了许多。什么工作烦恼，什么人际矛盾，什么发展难题，都会在一片新绿的映衬之下显得那么无所谓——只有生命才是最珍贵的。

老师们啊！能像园丁看待花木那样，看到自己学生们的点滴进步吗？能为自己学生的哪怕一闪的光辉怦然心动吗？能像为遭受风刀霜剑病虫肆虐的花木担忧那样，为自己学生的跌倒、不争气甚至“愚笨”而揪心吗？

边角地上栽花木，如同薄弱学校育人才了。

建筑物的边角地带与城市的偏僻所在相类，没有专用的花圃与没有完整的教学、实验及运动设施相类，土地的贫瘠硗薄与办学经费的得不到保障相类，当然还有花木的成长与学生的成长相类，老师不早就被称为“园丁”了吗？

虽然成事在天，谋事可就在人了。

你将“天下”置谁肩

17世纪中国有位大学者叫顾炎武，他提出了一个足以震古铄今的观点，“天下兴亡，匹夫有责”，道尽天下苍生忧民虑国的一片赤诚。然而，“责任”云者，总是由部分人担当而另一些人便可坐享其成的。既然“匹夫”对天下兴亡有“责任”，既然有那么一部分连肉都吃不上的人总是看不起终日饫粱肉而厌肥甘的，以为人家智慧不够，目光短浅。那么，人家就干脆将就，只管吃喝玩乐，把天下兴亡的“责任”，都交给你算了。你不是“匹夫有责”吗？给你好了。末了还不会忘记乜斜地送给你一句——你这老匹夫！

于是，台湾的一位校长看不惯了，要改一改。这位校长名叫高震东，他在一次演讲中说，不应该再说“天下兴亡，匹夫有责”，而应该是“天下兴亡，我的责任”。这句话果然震动了东方，他的演讲不胫而走，瞬间便传遍了华人世界。人们高喊“天下兴亡我的责任”，似乎人人都成了主人翁。

其实，高先生可能不太清楚，亭林先生当时也是为了唤醒民众的主人翁意识才喊出这句话的。因为那些在上位的把天下当成了他们家的，可以颐指气使任意作为，把百姓们给惹恼了——财物是他们家的，可以任意挥霍；江山是他们家的，可以任意出让；历史是他们家的，可以任意篡改；甚至苍生的脑袋也是他们家的，可以任意宰割——既然什么都是你们家的，与我等何干？你们家“城头变幻大王旗”，关我什么事情？说什么“商女不知亡国恨，隔江犹唱后庭花”。“商女”

干吗要知道你们的“亡国恨”，你亡国不亡国跟她有什么关系？难道你告诉她这国家是她的，或者至少让她感觉到，这个国家有她的一部分吗？凭什么听不得人家唱一句前朝遗曲？当老百姓能够感到“宫阙万间做了土，兴亡都是百姓苦”的时候，王八蛋才会管“你们家的”事情呢！

然而，说是“你们家的”事情，你就能管得好吗？真正的雄才大略，又岂是你紫禁城的那个小四合院能够孕育出来的？更不要讲你们还整日价勾心斗角争风吃醋斗鸡走狗灯火楼台了。在兴衰离乱的痛苦中，张养浩发出了“兴，百姓苦；亡，百姓苦”的“浩”叹，更多的人却发现了天下亡的时候，百姓的苦难要比兴的时候“切肤”得多，在饱受了切肤的苦痛之后，人们才从心底发出呐喊，别看是你们家的，你们也不能随意糟践，你以为你糟践的单是你们自己？江山社稷，这四个字中间包含的内容多着呢！你们不要，我们还要呢！于是便有了顾炎武的“天下兴亡，匹夫有责”。

天底下确有满不在乎的主儿，也真有那倒油瓶不扶、仰巴脚尿尿流到哪儿算哪儿的当家的，他就认为他是老爷他管的人才是“匹夫”，既然我不是匹夫天下兴亡怎么可能是我的责任？打天下的时候破坏惯了，都不把天下财富当自个儿的，甚至当了家做了主执了政还腆着脸说自己是“无产”阶级，似乎那天下财富都是别人的与我无关。国外有个加拿大，中国有个大家拿。拿都拿去吧，反正不是我的，即使天下大乱也是乱了敌人锻炼了群众纯洁了队伍。以至于经历了半个多世纪才弄明白，自己糟践的原来是自己家的东西，于是乎感慨万端——是应该提高提高执政能力了！

更为戏剧性的是，真正站出来大声疾呼以天下兴亡为己任的，不在大陆，却在台湾；不是高官，却是一个普通得不能再普通的校长！

高震东先生之所以振聋发聩，就在于他在人们都已经昏昏欲睡之际，用他特有的铜锣敲出了一声脆响；在于他在人们都拼命挥霍与破坏的时候告诉人们，你们祸害的是自己的家；在于他在那些已经僵化到可以漠视一切的人们背上猛击一掌，让他们看清了自己是谁；更在于他向那些学着老子挥霍与破坏的小子们兜头泼来了一盆冷水，告诉他们，如果照这样下去，你以后还混不混了！

鲁迅在他的文章中曾讲过这样的道理，只有那些行将就木的政权，才会感到破坏的是别人的。只有那些一无所有的人，才会对一切都不负责任。而那些不给自己留后路的人，许多时候真的未必就是勇敢前行的革命者。

把天下兴亡的责任推给在上位者或者推给“匹夫”，都以为自己“跳出三界外，不在五行中”了，其实是“生在地上想升天，做了人类想成仙”之类的憨种，尽管古今中外随处可见，但似乎是中国人多了点儿。只要你是人，你就在人类这个“共同体”之中，你所做的一切善事，都会从各个方面得到赒济；你所“实施”的一切恶行，也都会遭到来自方方面面的报应。“近者祸及身，远者及其子孙”，没有不灵验的。倘若不把自己置身其中，当成人类的主人翁，勇敢地承担起你的责任，遭到报应只是个早晚的问题。

写到这里，突然想到前些年看到的一则材料，一位外国游客在青岛崂山，见到游人丢弃的垃圾，便随手捡起，送到垃圾桶中。周边人看了不解——我们的山我们还不管，关你老外屁事儿？那个老外粲然一笑，好东西人类共有，谁都有责任爱惜！

舍我其谁

来到十三中学之后，有一件事情一直让我萦怀，那就是校训。说实话，十三中学的校训没有给我清晰的概念。我也曾留意询问，许多老师和学生与我一样，都不是很清楚。“诚实守信、勤学善思、自律自强、遵纪爱校”，一是字太多，不好记；二是面面俱到，重点不突出，特色不鲜明；三是过于平实，激不起师生昂扬向上的美好情感；四是给哪个学校都行，没有个性。而且，这个校训与教风学风、学生守则、日常行为规范内容重叠在一起，界限十分模糊。同学们越读越感觉不到自己，越背越不明白方向，越呼声音越小，越喊越没有劲头。

其实，校训应该是一个学校劝勉和激励在校师生的一把标尺，是一个学校的文化名片，应当具有鲜明的个性特色。清华大学的校训是“厚德载物，自强不息”；南开大学的校训是“允公允能，日新月异”；北京师范大学的校训是“学高为师，身正为范”；浙江大学的校训就是两个字：“求是”；就连美国西点军校的校训，也只有六个字：“国家、荣誉、责任”。

校训是一所学校的灵魂，必须要体现出学校的办学风格、校本特色和人文色彩。然而，当今校训千篇一律、名不副实现象比比皆是。2004 年，北京市东城区教委小学教育科对全区各小学的校训情况进行了一次整体调查，调查结果显示：在参与调查的 50 所小学中，有 49 所学校的校训构成形式为“四词八字”口号式，所占比例高达 98%。50 所小学的校训，共涉及用词 38 个，其中使用频率最高的四个词依次为："勤奋"，38 所学校使用，所占比例为 76%；"团结"，26 所学校使用，所占比例为 52%；"创新"，21 所学校使用，所占比例为 42%；"文明"，20 所学校使用，所占比例为 40%（2004 年 6 月 2 日《北京晚报》）。无独有偶，南京市教科所学校文化战略研究中心曾在网上随机点击 122 个中学网站，在这些学校中，校训含"求实"的 64 所，含"勤奋"的 60 所，含"团结"的 54 所。

今年 4 月中旬，中国"首届卓越校长峰会"举行，国内 18 位顶尖级教育家云集郑州，纵论教育兴国大计。其间，中国校长职业化首倡专家、中国职业校长认证中心首席教授、中国（香港）教育文化研究中心首席教授王继华先生明确提出，应该整顿一下我们目前的校训，用文化来发展有灵魂的教育。

大学校训在大师的光辉照耀下代代相传，已经成了大学文化积淀中最精华的部分。中小学的校训目前存在的千校一面情况，其实反映出的恰恰就是学校办学思想的雷同，办学个性的泯灭。因此，借鉴当今著名教育家李希贵先生在高密四中当校长时以"永不屈服"为校训的经验，我建议把我们焦作第十三中学的校训确定为"舍我其谁"！

舍我其谁，就是除了我还有谁。看起来是很狂妄的四个字，但是仔细分析，这应该成为我们的座右铭。

理由之一，台湾忠信高级工商学校校长高震东针对"国家兴亡，匹夫有责"只讲求"匹夫"责任不追求领导担当的现实，明确提出："国家兴亡，我的责任！"这是狂妄吗？不是，这是一种承担！看到那些不顾国家民族利益而只顾小团体利益，不顾区域、学校、班级利益而只讲究自身利益的人，我们难道不觉得"舍我其谁"的狂妄要比那些灵魂的卑微与猥琐更高尚吗？面对着那些卑微的灵魂，在真正遇到维护国家与集体利益的时候，我们要高声喊出：舍我其谁！

理由之二，我们十三中学是一个有着较长历史的学校，在焦作市区范围内，除了太行八中（即今焦作一中），我们是当之无愧的第二所政府所办的学校，虽然我们也曾有过屈辱的历史，虽然我们在许多方面还是比较落后，特别是在运动条件和周边环境方面。但是，在振兴焦作教育的大业面前，群贤毕至，我们能够做缩头之物吗？我们必须理直气壮地站出来，喊一声：舍我其谁！

理由之三，自 2000 年以来，我们全校上下在极端困难的情况下，不等不靠，凝聚心智，众志成城，到今年已经实现升入焦作一中比例在市直普通初中五连冠的突破；我们在全市第一家引入“诱思探究”学科教学法，第一个开始分层次教学与初中“新教育实验”，第一个提出“四高”“三雅”的办学目标并付诸实施。为了将这些工作和目标落到实处，我们鲜明地提出与兄弟学校“不比基础比发展，不比聪明比勤奋，不比阔气比志气”——这些都在以我们的实际行动向社会彰显学校的精神。我们的精神是什么？回答是明确的：舍我其谁！

舍我其谁是一种大气，是一种精神，更是一种人生的实践。我们的老师不论别的学校老师收入多少，一直默默奉献着自己的才华与智慧，这对于教育事业来说，就是舍我其谁；我们的行政人员看到一些同学有了不合规范的行为，无论别人怎么回避，自己出面管一管，这就是舍我其谁；我们的同学看见有公物被损坏，不是漠然置之而是主动向老师报告，这就是舍我其谁；我们的师生在校园里看到掉到地上的纸片，不等责任班级的同学前来打扫，弯腰捡起来放到垃圾桶里，这就是舍我其谁！

舍我其谁是一种境界，是一种责任，也是一种高尚品格外化出来的主人翁行动。看到别人做好事不习惯甚至不屑一顾，是你还没有这种精神这种境界这种品格；看到应当做的事情不去做等着别人来做，是你把净化灵魂积蓄品质培养习惯的好机会拱手让给了他人；明知道是好的事情不敢去做害怕别人笑话，是你心中还没有真正树立自己的浩然正气；自己不愿做，又看不惯别人做，总要千方百计挑毛病说怪话，不是积极行动投入建设而是唯恐破坏得不够，这种人真的应该去看看医生了，不然的话，害别人的同时，害自己是确定无疑了。

所以，我再次建议，把我们的校训更改为“舍我其谁”，由16个字浓缩为4个字，让我们大家都能从这4个字中看到责任看到义务看到方法，都能从这4个字中汲取营养汲取智慧汲取人生修养的资源，在呼喊声中能够喊出我们的激情，能够燃烧我们青春的血液，能够蓬勃我们人生的希望，能够保持我们旺盛而充沛的精力，能够催生我们一个个的奋斗目标。

雄关漫道真如铁，长风破浪会有时。新的学期，又是新的学年，刚刚送走了一批成才的学子，我们又迎来了一批活泼可爱的新同学，在这个庄严的时刻，让我们集中精力，屏足丹田之气，共同高呼三遍“舍我其谁”！

只要有了舍我其谁的精神，就没有战胜不了的困难；只要有了这种精神，我们的人生就不会失败；只要有了这种精神，我们的十三中学和在十三中学工作的老师、在十三中学学习的同学以及从十三中学走出去的学生，都会领略到自己人生真正意义的辉煌！

（摘自2007年秋季开学典礼上的讲话）

教育随感录

关于校长

夫子三省一般是检点自己的不足，不是总结“成就”。真正教育家的良知在于时刻反思自己教育行为的缺憾，只有心存旁骛者才会把几个升上学的学生贴在脸上，挂在嘴上，哗众取宠。他们想的是把学生自己的努力当成自己的作为，以此作为进身的阶梯或摇钱的宝树。

一个好校长就是一所好学校，因为校长是学校的灵魂。魂不附体，魂不守舍，都是学校的灾难。

校长对教育的深入思考与由此而产生的主体意识是校长办学理念的精髓，只知道迎合上级意图的校长不会是好校长，听话而没有独立办学理念的校长应该到行政部门任职。

名校最大的特点是名师与学生的教学相长。优秀校长都能想办法让教师成名、成家。

教育家不等同于教育理论家，如同作家不等同于评论家，但教育家必定要有自己的理论体系，且有成功的教育实践。桃李芬芳的教师、校长都能称为教育家，会说不会做的人只能称为“空头教育理论家”了。

十年树木，百年树人。在教育领域没有倚马可待的事情，也当力戒短期行为。

教师们服气三种校长，一是教学业务的领头人，二是一门心思为教师谋福利的好心人，三是公正而少有私欲的管理者。

都说孔雀东南飞，但也有五里一徘徊，能让东南飞的孔雀在你这里休憩一下，徘徊一遭，对你的贡献也就在其中了。

名师成名以后飞走不可怕，可怕的是压根就折断他们起飞的翅膀。教师成长的过程本身就是贡献的过程，因为怕飞而抑制教师成长的校长，只能说是个“孱头”。

校长在官僚面前应该多一点傲骨，少一丝奴颜。你是靠本事吃饭、靠能力立业，不必乞求于他们施舍般的委任。这样的校长在教师中才有地位，在学生眼中才值得敬重。

过分看重乌纱帽的校长多是没有真本事的校长，因为一旦乌纱帽摘去，饭就可能无从吃起；过分不看重乌纱帽的校长多是才气大于责任的校长，因为他不明白如果让官僚政客取代了他，可能会有多少孩子遭殃——在欠科学的校长选用机制之下，拿掉一个不合格校长的帽子并不容易，革掉一个好校长的职是何等轻易的事情啊!

外行领导内行是教育领域的最大悲哀。学校管理人员包括校长兼课是沟通管理与教学队伍关系、促进教管相互理解与尊重的最佳途径。只有兼课的校长才最理解教师，只有理解教师才会尊重教师的劳动，只有获得理解与尊重的教师才会产生无穷的教育创造力。

山不在高，有仙则名；水不在深，有龙则灵；学校不在大，有名师则兴；校长的作用就是竭诚尽智促进教师学有所获，教有所成。

好的校长必须具备的教育理念至少包括：正确的人才观，科学的发展观，积极的改革观，实事求是的教学观，全面而准确的效益评价观。

校园无闲人，人人都育人，学校无小事，事事都育人。这句话只有从校长做起才能落实。

校长对学校师不尽责熟视无睹，生不守范置若罔闻，整天忙所谓的“大事”，没人相信这会是一所好学校。

兼课的校长永远没有不兼课的校长忙。

上帝是公正的，给人的时间与精力都有限。心怀事业的校长听到插科打诨的黄色段子充其量不过莞尔一笑，而另一些校长则会默记在心。扑克摊儿、麻将桌边的高手中，绝对出不了著述丰盈、业绩卓然的教育家。

好校长是不是外交家不要紧，但必须是教育家；知不知道用哪只手与前来视察的领导握手不要紧，但必须知道教育规律；会不会喝酒不要紧，但得会讲课、评教与教育科研。

关于学校管理

管理，管理，只有理顺，才能管好。教育管理更是如此。

当科教兴国战略被讨伐教育“行风”的呼声淹没的时候，尴尬的是校长，哭泣的是教师，受害的是学生，无所适从的是家长，窃喜的是别有用心的利欲熏心者，祖国母亲的心在隐隐作痛。

管理理念付诸管理实践需要必要的凭借，学校打扫卫生把扫帚换成拖把就是一场革命。

现代教育管理以人为本的理念正在取代制度本位。教育是创造性的活动，对于教师教学创造积极性的维持，情比理更能持久。

在校园，教师的地位当是最高的，教辅人员进中层当校长管理教师，常常会把管理当“修理”。不会教书的教育官往往看不起教师，教师也不屑于他们的管理，如此则校无宁日矣！

没有科学的管理机制，懒汉必然大行其道。分层次的教学固然很好，但有些地方就是办成了重点班。减负固然必要，但有的学校一减就减到了教师、校长肩上。上有政策下有对策危害之烈可见一斑。

大学非大楼之谓也，实乃大师之谓也。大学然，中学亦然。

桃李不言，下自成蹊。只知道用点滴成绩炫耀于世的学校，其实已虚弱到自信必须靠广告打气的时候了。

问渠那得清如许，为有源头活水来。校长教师的进修充电意识是其成功与否的关键。

看一个学校的管理，校长办公室的整饬与否可作代表；看一个教师的教学，他案头书籍品位的高低可作代表。

尊师重教的理念首先应从校长心中树立，尊师重教的口号首先应由教育行政部门喊出，尊师重教的行为首先应从教辅甚至学校管理人员服务教学、服务教师做起。

一个机制胜过万贯奖金，平均每人发放 10000 元不能调动的积极性，区别对待 100 元就可能把问题解决。

学校的民主不只是在校长与教师的关系中体现，更在教师与学生的关系中体现，而且后者的影响更为深远。

亲名师，远庸师，此名校所以兴盛也；亲庸师，远名师，此庸校所以平庸也。

用名师如驭骐骥，善驭者致千里，不善驭者或为所伤，或致骈死槽枥；校长于教师然，师之于生，不亦然乎？

新沐者必弹冠，新浴者必振衣。教师常教常新，校长亦常管常新，不能适时地弹冠振衣，必将混得“满面尘灰烟火色”。

减负诚然正确，但减负不是放下学生所有的学业负担。精讲也是对的，但精讲不是一味地压缩教师的授课时间。如果没有相应的绩效评价机制，这样做常常会让懒汉钻了空子。

因材施教与教育平等并不矛盾，承认学生的差异是唯物主义。不能有针对性地安排教学，而让学习能力、学业基础相距甚远的学生一起学习，且都能照顾得很好，这是乌托邦式的空想。

《小学生日常行为规范》20 条，只有两条半是讲学习的；《中学生日常行为规范》40 条，只有 8 条是讲学习的，其他的条款都在讲做人。忽视做人的习惯养成只注意学生成绩的教育，不是舍本逐末，就是避重就轻。

围墙看起来是防御别人的，其实封闭的是自己。校际与教师间的经验交流，绝不仅仅是投桃报李的效益。

人们挂在口头的东西，往往是知之甚少的东西。做教育的理解不透“育”比“教”更重要，就不能说他真正懂得教育。

推行教师岗位的职业化或许比把教师岗位神圣化更有助于引导教师敬业。

人们的愚蠢常在于注意了手段而忘记了目的。教育工作者在亟亟于成绩时忽视了学生的健康成长实在是最愚蠢的表现。

关于教育教学

教育从根本上说要靠学生，善诱当是教师的必备素质。

学生的成长由知而行而习惯必须有一个过程，反复刺激是所必须的。由此可知，校园中一草一木的育人作用都十分重要。无言的陶冶往往比声嘶力竭的说教作用更大。

教材不是《圣经》，只是教学所用的材料；课程不是法律，要在有识之师以生为本的取舍。

教育的根本目的在于促进人的成长与完善。不依据学生认知基础的教育是戕害学生的教育。跟不上教师思维的学生，自学往往比听课效果好得多。

没有教不好的学生。这句话只有拥有巨大爱心与宽博胸怀的人才能道出。到处指责学生的教师，胸怀往往比被指责的学生还要狭窄。

差生是教师“制造”出来的。因为孩子们学龄前个个聪明，人人喜爱，上了学才“笨”起来的。

教育是一种陶冶。校园文化氛围对学生的影响，往往无声胜有声。

教学本身就是两个方面，忽视任何一个方面都不可能取得成功。教与学的互动远比二者的简单相加效益巨大。

记忆是人类一切智慧的基础。举一隅而三隅反，没有一哪儿来的三？

创造无术，创造有法，综合就是创造。只有用人类智慧全面武装起来的大脑，才具有创造的智慧与动力。

灵感的火花不可靠，肥沃的土壤才能百花争妍，五谷丰登。

“明师”出高徒，严师也出高徒。“明师”以德以智治教，严师以法治教；“明师”善诱，严师善罚；“明师”的学生在愉悦中成长，严师的学生在恐惧中磨砺。只有“明师”才算真正的“名师”。

神枪手都是子弹喂出来的，不做题的学生不可能成为过关斩将的优胜者。在体育竞技中的浅近道理，常被某些事不关己的空头理论家扭曲为十恶不赦的教育败笔。

人有多高大，就可能有多长的阴影。不能求全责备，于教师然，于学生亦然。

对于大璞不雕的学生，需要大道若隐式的教诲。切不可按一般的理解来塑造，不然你只能断送他。

教师是塑造人类灵魂的。教师的灵魂不得安宁不行，藏污纳垢更不行。

风行水上而涟漪自生，润物无声的才能叫甘霖。教师不应该是教室里的凶神恶煞，校长在教师中的形象亦然。

土就是洋，洋就是土，越土越洋，越洋越土。明白了这个道理，庶几可以探求教育传承、借鉴与创造的真谛。

应试教育没有搞好的地方，素质教育也好不到哪里去。因为应试教育也需要“千方百计”才能做好。素质教育做得好的学校，学生的升学成绩往往也很好。因为到了该考试的时候，应试素质就是对学生最高的素质要求。

有人说应试教育培养了高分低能的学生，怕不尽然。虽有这种个案，但不可以偏概全。以未成年之身躯，承受成人尚且难以承受的学习任务，且要适应各种不同学养、脾性与教法的老师，并出色地完成学业、园中折桂，谁能说他们没有高情商呢？连这种苦都能吃的孩子，将来什么样的困难不能克服呢？

暂时不懂的存疑比胡乱搪塞甚至不懂装懂更能赢得学生的尊重。

答案是丰富多彩的。满堂灌不是好的教法，但也有“满堂灌”成功的老师。有的语文老师“满堂讲”让学生领悟了语言的魅力，明白了什么叫作天花乱坠，这种示范的作用引发了学生对语文学科由衷的热爱，这种热爱也是学好语文的绝佳动力。

要让学生们都珍惜健康存在的每一天——许多东西都是失去以后才会觉得珍贵的。

读万卷书不如行万里路，希望足不出户就解决所有问题，难矣！

语言教学无非听说读写，听读为输入，说写为输出，前少后多者必然入不敷出，前多后少者所学无以为用。从学以致用的原则出发，应当更加重视后者。然而，目前的教学实际却恰恰相反。

自小学到中学，语文学习已12年，大学通用学科再学两年，14年过后，母语运用不佳者仍很普遍，动辄错字连篇，词不达意，为文乏采，说理欠通，书若张牙舞爪之怪兽，卷如满目疮痍之田亩，身为语文教师，情何以堪，情何以堪！

考试时，出题教师最大的误区在于千方百计难倒学生，似乎非如此不足以显学问、露水平。甚矣！师之不慧不智不慈不仁！

批改作业如同与学生谈心，发现问题及时纠正是教师的本分。不亲批必然不识庐山面目，泛泛讲评或公布答案也只能是隔靴搔痒。

懂得学生的基础，即使再差的学生都能与日俱进；不懂得学生的基础，再高明的老师也只能是盲人摸象。

言教与身教的问题是讲求德育实效的锁钥，“身正为范”较之“学高为师”更为重要。在这一点上，于教师然，于家长亦然。

道之所存，师之所存。师生的平等、领导与群众的平等、家长与子女的平等，核心都是精神、人格的平等，切不可庸俗化为都是“哥们儿”。

德育不能悬在空中，积善可以成德。学生每一次做善事都是一次心灵的净化与道德的升华。

德育无处不在。美育可以升华道德情感，体育可以强健道德载体，智育各学科是德育的主渠道，劳动教育可以进行道德实践。

附 录

智者的心语　学人的谠言

傅东缨

一卷书稿读罢，思绪万千，心潮逐浪。掩卷合目，脑海里忽生如是两个意象。

月朗、风轻、溪前、柳下，一群人席地而坐，正聆听一位智者娓娓而谈：品评杏坛，细研管键，寄情师林，对话学子，陈词圣园，漫步艺苑。他思维的触角自如，智慧的火花飞迸。他对教海各层诸面似乎无所不察、无处不探，但察探的千条线皆穿引教育改革的针眼……

大厅、广众、高台、圣坛，一位中年学人坛前“亮剑”——以其精品学校为窗口，以其文化创造为根由，以其脱凡思考为魂魄，随心信手拈来古之传说、今之故事、乡里民俗、教坛新闻、先哲遗训、大家哲言，稍加梳理便冶成一炉，痛快淋漓地挥发出理性伴灵性的教育思想结晶体……

这位智者学人就是这部教育随笔集《期待是美丽的》的作者李志强。

面对这部无处不散发校园泥土香的书稿，我由书及人，由人及业，感悟到一个充满朝气、才气、正气的生命力的迸发。

我钦佩他的创造。两年前，李志强被任命为焦作市第十三中学一校之长。他从不以校小且陋而恼，学苗矮又弱而忧。他的帷幄运筹与践行，牢牢抓住提升校魂——校园文化不放。他抓“三雅”“四高”，抓树人塑魂，抓书香墨韵，抓听课评教，抓教学相长，抓人文关怀。这其中，不乏奇招秘诀、管理谋略、前沿理念，终抓出旧貌新颜、科研名校、焦作品牌，在文化贫瘠的荒漠区域垦出一片文化绿洲。

我看重他的沉思。林无静树，水无停流。在澎湃激流中弄潮，须有动态的睿智。志强的睿智来自不间断地八方吸纳和深层幽思。凡事他似乎都爱问几个为什么，从眼前不利如何转化到长远有利，从今天贫困如何开拓出明天富有，从外校丰硕如何培植本校精彩，从学生填空回答如何导向诱思教学，从模式化成长如何引领个性成才……他像从苏州园林尺幅小窗瞻望满园秀色那样，力求以小见大、以近及远的效果。当然，他的思想厚度之锦是以知识密度为经丝纬线的。

我惊愕他的眼光。无论谈天说地，抑或评教论学，志强总能从常人司空见惯里求真，从众里浅尝辄止中追索，从周边见怪不怪间透视，久而久之，练就一种穿透力的眼光，也才有了一串串新的发现新的主张，诸如男55岁女50岁的教师心理现象的剖析，要学生走出题海教师须先进题海的立论，认真是一种能力的命题，多几把评价尺子就多出一批人才的见地，如此发现和主张，多有鞭辟入里的犀利和入木三分的幽邃。连贯看去，正是创造的动力促进他动态的沉思，动态的沉思又让他有了发现的眼光。

我欣赏他的文字，那忍俊不禁的幽默，那晨露朝霞样的鲜活，那厚积诗词底蕴的精粹，那缀似星光般箴言的明快，还有多种修辞的恰用，使全书精彩迭出：时而舒缓似泉，时而激越如瀑，时而娓娓然流溪，时而轰轰然卷浪，说理时让人灵魂沐风，动情处激人怦然心动。

因此，这部随笔集足可视为进军鼓点，空谷足音，穿透云雾的霞光，发自圣园心底的吟唱。

该书的笔锋锐利，意在革故鼎新，其内核是在批判中建构。只是有一些挟带冲击力的理念、观点未必都那么适切、全面，个别文章的写作风格也略显失之于统一，但这些至多不过是白玉微瑕，但瑕不掩瑜。

去焦作讲学，结识李志强。他留给我山阳英俊的印象。他嘱我为其作品写几句话，恰逢我修订《教育大境界》、推敲《播种辉煌》两书正紧时。拖了近两个月，抽空细读七日，又用一个早上匆匆急就上述小文，总算交了卷，不知及格否？

2007年10月25日清晨于铁岭

第三辑　学林散记

相识朱永新

早就想写关于朱永新先生的文字，但苦于无从落笔。不是因为不够崇拜，而是因为没有真正地近距离接触。不能近距离接触，只凭着读一些先生的书或者网络文字，总怕写不出感觉来。

2007 年 8 月中旬，朱永新先生应邀到焦作讲学，除了亲聆先生的报告，居然还有了一次与朱先生共进晚餐的机会。推杯换盏之际，我能够听得出，市教育局张局长已经向朱永新先生详细介绍过我。席间先生向我索字，我也欣然答应。回到家里想，给先生写点什么呢？先生作为“新教育实验”的“总舵主”，以天下苍生能过上“幸福而完整的教育生活”为己任，特别是在倡导人文阅读、打造书香校园、建设书香社会方面更是殚精竭虑不遗余力，一定得在颂扬“新教育”方面做文章。于是，就杜撰了一首小诗，涂在宣纸上，给先生送了过去。

门第曾因此道扬，校园今日有新章。
人文自在书香后，且把清丝做羽裳。

送到先生下榻的焦作迎宾馆的时候，恰逢先生前往登封出席“禅宗少林音乐大典”开幕仪式。不能面呈，只好交到宾馆前台，并嘱咐服务员一定要送到。为怕先生对我潦草的字迹看不真切，还专门给先生发了个短信，把释文打上。没有多久，便接到先生的手机短信："非常感谢，让我们携手共圆新教育之梦！"

与朱永新先生的初识，应当是在 1997 年。那时我在市教育局办公室工作，兼领教育现代化办公室副主任之职。当时的焦作教育已通过集资办学，实现了由"一无两有"、"六配套"到"标准化"的三步跨越，又在市委市政府号召全社会追赶沿海的大背景下，学起了苏南，开始着手筹划实施教育现代化工程。为使这项工程实施得科学稳健，我们聘请当时中国教育学会和中青年研究会的专家学者，组成了八人顾问小组，顾明远、朱永新、袁振国、张斌贤均在其列。在论证方案的时候，专家学者们冒着烈日酷暑到市县区做调查研究，详细核对每一个数据，认真推敲每一项指标，方法之科学、态度之严谨，给我们留下了深刻的印象。其间，顾明远、袁振国和朱永新先生还为全市骨干教师做了专题报告。在那个论证过程中，我跑前跑后忙上忙下不亦乐乎，但对于一个普通工作人员，想必朱先生不会有什么记忆。

正当焦作市教育现代化工程紧锣密鼓呼之欲出的时候，市教育局领导班子调整，结果人亡政息。但是，当时我们一班醉心于推进教育现代化工程的人员并没有就此偃旗息鼓，而是借国家"十五"计划推进国民经济和社会信息化的契机，将教育现代化改装成了教育信息化，我是市电教馆馆长兼教育局信息中心主任，同时兼着市教育局教育信息化办公室副主任。于是教企联合，借力驱动，建网、建库、建队、建模齐头并进，榜样示范，点面结合，把教育信息化工作做到了全省领先，甚至在全国也有一定影响的程度——2000 年我们建成当时全省第一家千兆主干城域教育网，2001 年与中国长城计算机集团签下 1.5 亿元的订单，近的如河北邯郸、湖北十堰，远的如甘肃兰州、江西抚州、黑龙江哈尔滨，最多的时候，我们一年接待来自省内外的教育信息化考察团就有 20 余家。

《人民政协报》"教育在线"周刊主编贺春兰女士也是在这样的状态下到焦作采访的。

大约在 2002 年早春，乍暖还寒时节，我们和贺春兰谈了一个下午仍意犹未尽，晚饭的时候继续谈，我们在感动记者的同时也感动着自己。后来贺春兰在文章中写道："普及信息技术教育，政府同样缺钱，李志强和他的同事们找长城谈，找联想谈，今天的局面是，厂家纷至沓来，先由厂家添置硬件设备，再用学费还足欠款。资金受限的李志强们从被动变为主动，孩子们花今天的钱享受了明天的教育。”“这样的信息通过不同的人传递给记者，实实在在地做事情，不务虚，不摆花架子，在我们接触到的教育局骨干层面中达成共识。”

贺春兰走后，给我发过来一个短信，说正式采访报道之外，她还写了一篇侧记，发在网上的“教育在线”论坛里，于是我按图索骥，如对故交般欣赏她那细腻而流畅的文字。而后随意浏览“教育在线”各个论坛，发现多处有朱永新先生的文章，而且这个论坛人气很旺，品位很高，许多看似普通教师写的文字，都足以让人仰视。见贤思齐，我到这里浏览的次数便多了起来，偶尔也在这里发些个小东西，但多数是从中选一些好的篇什，放到我所主持的“焦作教育”论坛上。尽管出入很多，不过当时真不知道，这个网站竟是朱永新先生自费创建的。

还有一个小插曲。那是2003年我刚上“教育在线”，经常在“教育在线”论坛上翻看先生公子朱墨的文章——当时还不知道他们的父子关系，看到那么娴熟的文笔，深沉的思索，还以为“朱墨”就是先生的化名。忽一日看到一篇游记——仿佛是写嵩阳书院的吧——其间流露出居高临下对于普通百姓的悲悯与可怜，心中颇不是滋味，以为这不当是朱先生应有的情怀。年轻气盛，就紧跟了几个帖子较真儿。没想到居然没有回应，于是我穷追不舍，还以“公众人物不当如此”之类的话相逼，最终朱墨回帖了，说自己还是一个高中学生，不是什么“公众人物”，然后又附了几句客套话，谦逊得体而又不失宽宏大度。我这才感到，自己是认错了人，过于唐突了。不便当面致歉，就用留言的形式，向朱永新先生表达歉疚。先生也很豁达，随即也在留言栏中回复：“认识你很高兴”，并特意点出，“在小贺那里听说过你”。一句话，顿时让我暖意融融。

之后，我便成了“教育在线”的常客，读帖，发帖，摘录，转贴，渐渐地，有两个主题帖子被版主和网友们错爱，还加了“精”。后来我从教育局到学校主持工作。心念卖什么得吆喝什么，于是便把自己散见的教育随笔整理起来，专门在“教育在线”的“书香世界”里建了个主题帖，取名“大河风——李志强教育随笔”，一是为了方便与我们学校的老师交流意见，二是也想给大家做一个常读常写的榜样。朱先生不是有一个“成功保险公司”，说十年写出一个教育家吗？校长不读不写怎么给老师们做表率！“大河风”建立起来之后，也得到网友与斑竹们的厚爱与支持，不久也成了“书香世界”中的精华帖子之一，这便更加激励着我不断地读书与写作，似乎这已经成了自己生活不可或缺的一部分。

记得朱永新先生曾讲过这样的话，人的成就永远不可能超越他的理想。抱着对自己教育理想的追求，2007 年 7 月，我带着学校语文教研组组长谢晓军老师，到运城参加新教育年会，再次感受了朱永新先生在教育改造人生、改造社会方面的执着追求。倘若师生都能过上完整而幸福的教育生活，倘若一个民族能用高品位的人类文化知识滋润自己的精神发育史，那么这个民族的前途一定不可限量。一切的宏图都得从小处做起，于是，朱先生和他的毛虫们开始了梦想的远征，我们也悄悄地跟在后边，用欢欣鼓舞的蠕动畅想那彩蝶满天的未来。

朱先生离开焦作，我终究没有能够亲自送别。尽管我追到了温县，但还是晚了一步，先生已经离开陈家沟过了黄河。不过，焦作教育局局长张丙辰先生在为朱永新先生主持会议的时候，曾幽默地讲，我们“志愿加入新教育实验区，拥护实验区的纲领，遵守实验区的章程，履行实验区会员的义务，执行实验区的决定，严守实验区的纪律，保守实验区的秘密，永不背叛实验区”。这是一种幽默，也是一种智慧，更是一种决心。作为焦作一所普通中学，我们备受鼓舞。张硕果老师作为焦作土生土长的“新教育”实验学校的访问学者，也在积极为焦作的“新教育”实验区做着工作，许多新毛虫的帖子已在焦作发出。看到这么多毛虫在行动，作为全国人大常委会委员的朱永新先生，又会怎样谋划国家与民族的明天呢？

感受李镇西

网上接触李镇西，是新世纪初年的事情。

当时我已在信息中心工作，中文专业到信息中心做主管，无法关心技术问题，只好在技术应用上做些文章。那时市教育网络中心已经建立起来，BBS 虽然有了一系列的栏目，可内容却相当贫乏。很多老师不知道上网学习，更不习惯在网上发表自己的文章。于是我就在网上搜寻一些好的篇什，转载到上面。名义上是提供示范样板、学习材料，实际上也是在装潢门面——自己办的网站整日门可罗雀，总不是个办法。

那个时候，我还不大知道“教育在线”论坛。

有一次，我们接受《人民政协报》记者贺春兰女士的采访，交谈之中，双方印象都比较深刻。她向我推荐，说苏州朱永新副市长组织了一个教育网站，她的一些文字，包括这一次的采访札记，也会放到那个网站上，建议我留心。朱永新先生曾来焦作讲学，还是焦作市教育现代化工程聘请的八位顾问之一，当时我做市教育现代化管理办公室的副主任，虽与朱先生没有实际接触，但对他所做的事情一直保持着浓厚的兴趣。贺春兰走后，我果然在“教育在线”论坛上看到了她的文章，谈到我们的相见与交流，俨然老朋友的口吻。于是，我便开始出入这个论坛，并经常选择一些好文章，推荐给“焦作教育”论坛的朋友们。但那个时候，我一般不在这里发文章。

之后不久，我写了一篇文化散文《诗酒大侠辛弃疾》，发往“榕树下”的时候始终上不去。此前为文发往“榕树下”，多是十投九中的。此次是何原因不甚了了。于是我改换门庭，就把那篇文章分三次发到“教育在线”论坛的“书香世界”里。

写东西都是要让别人看的，而且见到有人评价自己的帖子，无论表扬还是批评，都会十分在意。那篇散文发出去后，跟帖的还是褒扬的多一些，这便越发激起了我上“教育在线”论坛的兴趣。

尽管敝帚自珍是人之常情，但一直沉浸在自己的那点小东西里边孤芳自赏，时间长了也索然无味。于是开始浏览别人的帖子——特别是“书香世界”里被加“精”的文章，间或也到一些人气旺的帖子里边插科打诨一番。还在一个网名叫“烨华”的帖子后边，和铁皮鼓斗过几句嘴，好像是关于“知识分子的意淫情结”之类的话题。因为许多人在作社会批判时，常常把自己放在被批判的对象范围之外，在这一点上我们的认识不尽一致。由此，我看到了李镇西，实名入网注册，且图标是一个光着屁股跳迪斯科的婴儿，印象特别深。后来翻检论坛栏目，发现“教育在线”论坛里居然还有一个“李镇西之家”——在全国有影响的网站里摆摊儿设场子，没有些真本事做不下来。当时虽然李镇西何许人我并不知晓，但看到他的“李镇西之家”，景仰之心便油然而生。

这以后，我便经常在“书香世界”里发些文章，也留意多向中间的一些“腕儿”们学习，虽然也时常到“李镇西之家”遛遛弯儿，但工作庶务繁杂也使得自己心气浮躁，极少坐下来细品，回帖的事情更是几近于无。

世事浮沉，白云苍狗。这期间我离开市教育局机关，来到学校任职。角色转换之后，便特别喜欢与优秀校长们交往。许衡中学校长张璧宏博学慎思明辨笃行，日子久了便成了好朋友，经常在一起切磋技艺或者推杯换盏。忽一日，我接到张校长的电话：李镇西明天来我们学校作报告，你也来听听吧!

无名的小城中一个区属中学能把李镇西请出来，实在大出我的意表。第二天，我怀着崇敬的心情，带着几个老师来到许衡中学。该校的欢迎标语直接打着“热烈欢迎中国的苏霍姆林斯基李镇西先生到我校讲学”，我想，能当得起“中国的苏霍姆林斯基”这个称号的，在当今中国能有几人呢？因此，我先到会议厅把老师们安顿下来，便来到张璧宏校长办公室，想提前拜识一下李镇西先生。

进到办公室，看到一个中年男子在沙发上端坐，我猜想，那应该就是李镇西。张校长介绍的时候，他很矜持地向我们点头示意。我注意到，李镇西面容白皙，头上略微有些谢顶，鼻梁上架着一副深色边框的近视眼镜，眼神在矜持中稍稍流露出一丝只有惜时如金的人才有的那种焦虑与不安。张校长介绍说，李镇西老师的日程排得很满，昨天刚在济源作过报告，明天还要赶到郑州。

报告会一开始，刚刚还矜持得似乎有些拘谨的李镇西仿佛游鱼入水，一下子活跃了起来，与刚才看到的李镇西简直判若两人。汩汩滔滔，口若悬河，嗓音清脆明亮，发音字正腔圆。从屏幕上投出的青年时期的照片讲起，一直讲到他的"未来班"，讲到他带着学生上峨眉山被学生用雪"活埋"的故事，讲到他在苏州大学跟朱永新先生读博士的经历，讲到他错怪一个女生而导致的终生遗憾，讲到读书与写作对青年教师的关键作用，还讲到他在一段时间里坚持做的"每天五个一"：读一万字的书，讲一节课或听一节课，找一个教师或者学生谈话，思考一个教育问题，写一篇教育随笔……讲到情动处，他情绪激昂，慷慨陈辞；讲到情真时，他和风细雨，娓娓道来。不知不觉，已然一个上午，报告不得不结束，我们却仍然余兴未尽。

由于第二天早上就要离开，张校长邀我陪同李镇西先生吃个晚餐。李镇西不喝酒，席间大家谈得最多的便是他传奇般的成长经历，特别是那"五个一"。我当时就问，您每天一篇的教育随笔大致要有多少字呢？他说，一两千的有，两三千的也有，多的还有五千字的。接着他解释说，我打字速度很快，不累人的。当听说我从2003年起就已经醉心于"教育在线"论坛，他亲切地冲我说：我们还是网友呢！得知我也在写教育随笔，并且也积有十几万字的时候，他建议，"新教育"实验出版下一批教师教育随笔，不妨也把书出版出来，便于和大家交流嘛。席间，我把自己的杂文随笔集送他一本。看着扉页上我的赠言，他诙谐地说：你把我的名字写错了，我没有那么大力气，举不起来的，能够"镇"住就不错了！原来，我把李镇西的"镇"错写成了"振"。

此次焦作之行，李镇西接受了许衡中学名誉校长的邀请，从此以后，焦作的教育发展又多了一个能思想又能实践的出色导师。尽管他接受的只是一个中学的邀请，但他在这里的影响却已经遍布山阳大地。

情动李元昌

我知道所有德高望重的大家都谦逊，但没想到李元昌先生谦逊到如此程度！

上午在多媒体教室听课，突然感到手机振动。打开一看，号码挺陌生，但也不能不接，万一人家有急事儿呢？我要求我们学校的老师们上课绝对不能开手机，更不能接听手机。但对自己，我倒是网开了一面。这倒不是为了显示特权，而是市教育局领导有要求，领导们的时间向来没点儿，什么时候叫你，不开手机找不到，那叫“事故”！

按下接听键，那边传来一句浑厚的声音：“焦作才子李志强，我是李元昌。”前天刚送走李元昌先生，今天就接到他的电话，而且给我这样的称谓，让我感到好生不自在。要知道，李元昌先生是全国知名的教育大师，2006 年中国教育电视台在教师节前夕用了大量的时间介绍他的事迹，在所有教育人的心目中，李元昌先生是当代真正实现陶行知“生活教育”理想最有影响的大家之一。前几日，许衡中学张璧宏校长请李元昌先生到校与师生交流，我听了先生的一场报告，第二天又陪同上了趟云台山，其间谈得很是投缘。第三天在送别的时候，我实在抽不出时间，就抄了一首旧作连同我的杂感集一并送给了李元昌先生。真没想到李先生回去以后，立即就会有电话过来。

我赶紧走出教室。寒暄之后，电话那边，李元昌先生依然操着浓重的东北口音，说：“你的杂感集我已经看了，中间有些篇子写得不错。我正编着我们这儿给教师们看的一个阅读材料，想把你的几篇东西放进去，完了以后我再把书寄给你看，你看行不？”自己随意写的那些东西，能被李元昌先生入眼，自是受宠若惊。只是心下担忧，害怕才疏学浅，倘有疏漏，会丢了李先生的面子。

那边李元昌先生倒也痛快：“你放心，不会有什么问题。我不是给了你名片了吗？你把最近写的东西也给我发一些，我看能用的给用一下。还有，我给你写的洗砚池那首诗有点儿不对，我改过了，现在就发给你。”

这就是李元昌，沉着而又痛快，激昂而又执着。

把李元昌先生请到焦作，也是张璧宏校长的手笔。此前，我对李元昌先生也不甚了解——说出来让人笑话，对于全国教坛上叱咤风云的人物，我知之甚少。这倒不是整天书呆子一个终日低头拉车不抬头看路，而是因为我喜欢读书却不喜欢读报。对于报纸上介绍的教育改革典型人物，我并不十分敏感。在这方面，许衡中学张校长比我认知深刻，他不仅喜欢读书，还特别留心当今教育改革的风云变幻，对于在全国十分有影响的教育大家，更是心摹神追，千方百计也要把大师们请到焦作，请到他的许衡中学，与他们的师生们交流。我也时常与同事们谈起，说焦作如果有一个真正办学的，那就是张璧宏，那才是真正积蓄后劲儿、放怀长远的。

李元昌先生来到焦作后，虽然一切行动都在许衡中学进行，但张校长高明就高明在他并不封闭，也没有小家子气，请来专家不是自己独享，总是与市教科所联系，尽可能为周边愿意学习的学校提供方便，真正实现了资源共享。

到了许衡中学，我才了解到，李元昌先生是吉林省榆树市秀水二中校长兼语文教师，他立足素质教育的发展目标，从教育机制、教学思想、课程教材、教学与学习方式、综合实践活动、教法学法及评价方式等方面，进行了一系列卓有成效的改革。1985 年以来，李元昌先生以“农村大语文教学为当地经济改革和社会发展服务，培养农村未来的建设者”为努力方向，先后进行了三次整体性省级实验，成为中小学课程改革的先行者。1991 年，他应邀到日本仙台教育大学作学术报告。1997 年，他被评为全国中小学十杰教师之一，同年，获香港伯宁顿孺子牛金球杰出奖奖金 10 万元，被称为“农村教改实验家”。

然而，就是这样一位倾尽全力追寻教育健康发展的赤子，却因为地处农村中学而穷困潦倒，既照顾不了家庭，也照顾不了自己，大病到来之时居然住不起医院看不起病。若不是一些慧眼识珠的领导同志设法相助，险些因此耽误了先生。看到李元昌先生那浓密且如钢丝一般的寸寸华发，看到他时常紧锁的双眉和那充分显示孤直耿介的嘴唇，以及满脸刀劈斧削般的丘壑，可以想见他当时接受照顾时的那种勉强与艰难。

倒是在云台山，先生的兴致很浓，无论是红石峡的幽韵，还是小寨沟的闲适，抑或茱萸峰的险峻，都让李元昌先生感慨系之。在小寨沟洗砚池边，我们合影留念。李元昌先生念叨着：稀罕，这么一大块石头，怎么就给整出一个砚的形状呢？该不是你整的吧？我知道李先生在开玩笑，因为他知道我喜欢书法。谁成想到了晚餐的时候，他在席间就赋诗一首：

青山泼墨花染丹，云台铺开百丈宣。
溪石何因名洗砚？为等李郎挥笔椽。

吟成之后，李元昌先生还专门嘱咐我拿笔记上，“李元昌赠志强校长——2007 年 3 月 29 日于云台山洗砚池”。我写完以后感觉不对味儿，连说这样我岂不成了挟名师自重了吗？您赠我的诗怎能让我抄下来呢？李先生笑得很憨厚：我不是没有戴老花镜嘛！

后来我整理这首诗，感觉还不是很对。那个景点叫“洗砚池”，不是“洗砚石”，可能先生疏忽了。谁知道没过两天，先生便打过电话，又专门将那首诗给我发了过来，第三句清楚地改为“小池缘何名洗砚”，第四句也改了一个字，改“椽”为“还”。这样一改，便文从字顺，理当情通了。

为了感谢李元昌先生厚爱，我也步原韵和了一首：

育苑全凭一寸丹，情怀无刻不能宣。
皇天何意怜幽草，为待元师课业还。

李元昌先生喜欢古典诗词，也常常写几首，按照他自己的说法，他最喜欢刘禹锡的通俗。得知我对古体诗词也偶一为之，曾对我说在茱萸峰上应有一首东西。在和李元昌先生通过电话之后，我便将刚刚步同乡少年杨寿良原韵写的一律发给了他，诗是这样写的：

千里逶迤扬素波，云横九派见嵯峨。
参天古木接银汉，卷地风烟隐画阁。
碧水潺湲霞客韵，丹崖傲岸谢公歌。
洛阳年少归来日，把酒东篱且漫说。

因寿良用普通话新韵，故还专门作了个注，说明“阁”字虽为入声，但用普通话读来，也还说得过去。怕被李元昌先生看破，贻笑大方。

信息发过去后，没有见到李元昌先生的回信，想必又在忙碌着。我常想，如此的年纪，那么大的磨难，若不是有一种精神在，一般人都承受不了。愿得这种精神，能够一直辉耀下去，为我们，更为那些嗷嗷待哺的学子。

认识冯恩洪

认识冯恩洪，是在2008年初春的一个专家报告会上。当时，市教育局痛感教师读书少导致教师人文精神缺失的现象，出台了一个“教师人文素养培训计划”。在这个计划的启动仪式上，组织者请来了冯恩洪先生，请冯先生作报告。

照实说，此前对冯先生没有多少印象。尽管因为职业原因，我也很关注风起云涌的教育改革与发展大潮，而且在13年前，我就阅读过关于上海建平中学教育改革的长篇报道，而且感触很深。但鬼使神差，那时候记住的，是建平中学，却不是冯恩洪。正像我在很长一段时间里，让“魏书生”这个名字充满了大脑，但却并没有记住他到底在哪所学校一样。因此，当组织者告诉我明天请冯恩洪给我们作报告时，我并没有太在意。心想，一定也是全国知名的教育专家，这样的报告听得再多，每一次也总会有新收获的，去听就是了。在车上，当有人问起我知不知道冯恩洪的时候，我支吾了半天，也没有搪塞过去，只好承认不清楚。

那场报告是在市体育馆的五千人大厅进行的，由市教育局副局长乔希庆主持。因为音响调适不当，开头并不十分顺利。但从主持人断断续续的介绍之中，我还是听到了“冯恩洪先生是上海建平中学前任校长”的字眼儿，当时我一激灵，这就是大名鼎鼎的建平中学的校长？！颀长而略显驼背的身材，清癯的面容，灯光从顶上打下来，在他那高耸的鼻梁下边留下了一个浓浓阴影，让人很容易联想起希特勒的小胡子，庄严而又滑稽。但是，当他那虽略显沙哑但仍不失激越的声音在大厅响起的时候，当他用抑扬顿挫的语调娓娓讲述他的教育故事的时候，全场数千人长时间鸦雀无声，人们都被他天才的演讲和动人的故事折服了。

下午演讲会结束，主持人通知，让我们几个校长和醉心科研的老师到休息厅和冯先生见个面。近距离接触冯恩洪，我们对他那种大师的神秘感仍未解除，他却温文尔雅，谈笑风生。主持人一个个介绍，我们一个个上前和冯先生握手致意。介绍到我的时候，冯先生说：这是个儒雅的校长，是个儒家，不是法家，我看得出来。

晚餐在香格里拉生态园，乔副局长示意我同去作陪，我也乐得能有一个和大师亲密接触的机会，于是欣然前往，同去的还有许衡中学的校长张璧宏先生。在这个晚宴上，我看到了大师不同凡响的另一面。

一般来讲，到餐厅点菜都是主人的事情，尽管需要征求客人的意见，但客人一般不直接点菜。但冯先生不，他亲自点菜，冷热全拿。酒是白酒，且来者不拒，谁敬都喝，斟多少都不加阻拦。率意到这样的程度，也当算是人生一大境界。席间冯先生谈吐诙谐，字字珠玑。他讲到他十分愿意别人不把他当上海男人看待。他说他其实是生在天津，长在天津，工作在上海。上海男人一般不大喝酒的，即便喝，也多喜欢黄酒，譬如绍兴老酒、上海老酒、花雕之类。他却不，他说不吃醋的女人不是好女人，不喝酒的男人也不是好男人——当然，只会喝酒的男人也不是好男人！我们按照河南接待的惯例依次敬酒，冯先生边谈笑边和我们推杯换盏，纵横捭阖，处乱不惊，俨然大将风度。

第二天，我、张璧宏校长，陪同冯恩洪先生一行前往云台山观光——这也是接待外地专家、领导同志的惯例。云台山水“养在深山人未识”多年，一朝开发出来，顿使“六宫粉黛无颜色”了。目前已是国家5A级景区，首批世界地质公园。进得山来，无论你心中搁着多少恼人的尘俗世务，都会让那汩汩清泉荡涤得一干二净。“鸢飞戾天者望峰息心，经纶世务者窥谷忘返”，说的虽然是一千多年前的富春江，放在这里也当不悖。前几年舒婷从这里走出，便有一篇散文在《人民日报》副刊发表，题目就是《我想回到那里去》，而且她在文章中盛赞，说这里“山可比张家界，水可比九寨沟”。

我们和冯恩洪先生穿行于溪流瀑布乱石林莽之间，谈天谈地谈山谈水谈人生谈学问，如饮甘露，如沐春风。特别是冯先生讲他激流勇退之后，还按照惯例不自觉地晨起步入校园，被门卫问“冯校长起这么早干吗呀”的时候，我们心中也不自觉地随着主人生出一丝凄凉的感觉。然而，冯先生在那一丝凄凉之后，并没有长期凄惶下去。他抖落了一身的星辉，近60岁又报考了EMBA，将自己的人生境界又拓展到了一个新的高度，给自己开辟出了一块新的天地。如今，他仍然孜孜不倦地在他的校长培训工作室忙碌着，充实并完善着自己的光彩人生。每年，都有一批批校长从他那里走出，带着理想与信念，带着理念与思考，带着被冯先生开启的智慧和关于教育管理问题的求索精神，走向四面八方。

这个时候，我和张璧宏校长默默相视，彼此已心照不宣，共同向冯先生提出给他当学生的请求。冯先生爽快答应，并说在新的学年开始之后，安排我们到他那里学习。

那次报告会日程完全结束后，我们将冯先生一行一直送到中原航空港，看着他们消失在熙来攘往的人流之中。之后虽然在郑州“首届中国卓越校长峰会”上还有匆匆一晤，但人太多，也没有说话的机会，不过，冯先生那沙哑却不失激越的声音和顿挫抑扬富于节奏的演讲却时常在耳边回响。

走近傅东缨

大凡见过傅东缨的人，都会认为他是当今中国教育领域的一个传奇人物。

和赵本山同乡，教过书，当过乡镇领导干部，做过地级市教委主管基础教育的副主任，拒绝过县、市党政领导干部的任命，一心做他的教育官。而且他还“利用职务之便”，遍访海内数千名教育名家，以宣传这些名家的教育改革为己任，日积月累，居然成就了教育三部曲，其中《泛舟诲海》以辛勤耕耘的中国教师为主题，被人们称为中国的教育诗，连连再版，并获得国家教委颁发的五个大奖；《圣园之魂》写全国范围的名校校长，海内多家主流媒体撰文报道，顾明远先生也曾给予高度赞誉；《播种辉煌》以教育行政管理、决策者为写作对象，文稿已经杀青，正待付梓。有人说他是中国的马卡连柯，但他的教育诗却比马卡连柯的更多更有韵味；有人说他是中国教育界的泰戈尔，然而他对中国教育的执着与忠诚已远远超出了泰戈尔对生命质量、人生价值的理解与思考；有人拿他与苏霍姆林斯基相比，苏霍姆林斯基一生读了4000多本书，而今年63岁的他却已经读了7000多本书，而且写下了五六百万字的教育著作。如今虽然已经年逾花甲，却又以《教育大境界》的出版发轫，开启了又一组教育三部曲的“演奏”。

傅东缨走的道路很奇特，他不同于一般的行政主管，只潜心教育政务，筹划管理他们那一块白山黑水间教育事业的改革与发展；他也不同于一般的教育专家，只潜心自己的学问，深入挖掘教育某个领域的理论深度与实践广度；他还不同于一般的教育报刊编外记者，只满足于将教育领域的典型事件挖掘出来，报道出去。他是在广泛的采访与研究的基础之上，用诗一般的语言抒写他对教育独特的情感与颖悟，他是采百花而后酿造甘甜的蜜蜂，是操众曲而后知音的乐圣，是观千剑而后识器的戈王。

难怪人们谈起傅东缨，几乎众口一词——中国大教育文学第一人。

一方水土养一方名士，关外的黑土地，养育了众多名扬四海的教育专家。魏书生从普通的中学语文课堂走出，走出盘锦，走向全国，成了语文教学探索改革的象征性人物，无论是“南有”哪一位，对应的都是“北有魏书生”，滚滚长江以北广袤无垠的大地，似乎就出了魏书生这么一个教育人物。李元昌在榆树农村中学，克服重重困难，坚定地实践着陶行知“生活教育”的理想，根子扎得越来越深，果实结得越来越多，以至于后来南下港澳，东出扶桑，广结育缘，传经布道。铁岭又出了一个傅东缨，从书写教育名家到成就教育名家，令誉闻千里，四海远名扬。这些人物的层现迭出，让浩瀚的松辽平原成了可以和长江三角洲、珠江三角洲、两湖、三晋、三秦、四川乃至齐鲁相抗衡的教育改革策源之地，成了北方文化教育发展的首善之区。

近两年，和傅东缨先生有过数次谋面，第一次是在许衡中学，近距离聆听傅先生的讲课。第二次是在焦作市中心人民会堂，远距离领悟傅先生的报告。第三次是在月季大酒店傅先生下榻的房间——那一次是傅先生陪同柳斌老部长的微服调研。因为傅东缨先生是许衡中学聘请的名誉校长，《教育时报》对许衡中学进行了两个整版的长篇报道之后，经傅先生推荐，柳斌同志对许衡中学来了兴趣，欣然前往，想近距离看个究竟，于是我在能够近距离接触柳斌同志的同时，又有了一个可以近距离聆听傅先生的机会。

这是一个风甚“和”但日并不“丽”的初夏的一天，我们陪着柳斌和他的夫人刘缙教授、傅东缨先生参观洛阳龙门石窟、白（居易）园以及与之毗邻的香山寺；在“日之夕矣牛羊下”的时候，又赶到巩义北邙岭上拜谒诗圣杜甫的陵园。感于温县教育同仁的盛情，晚上在伊洛河东注黄河的洛汭附近，听着静静的黄河涛声，品着河滩里的时新野蔬，大家都兴致勃发。酒足饭饱，在安排好柳斌同志和夫人早些休息之后，我们又陪着傅东缨先生披星戴月，特意到沁阳市永威学校看望声名赫赫的洋思中学前校长蔡林森——此时他已受聘到永威学校做校长。

紧凑得略显紧张的日程安排，对于70岁的柳斌同志和63岁的傅东缨先生来说，着实不是一件轻松的事情。但是，傅先生总是不知疲倦，精神矍铄。和许衡中学师生座谈之后的第二天晚上，傅先生约我到他的房间谈话。

我到的时候，以大胆铁笔针砭时弊名噪一时的“焦作李敖”马福迎老师也在座——他写了一篇关于傅东缨先生的文章，把傅东缨先生比作中国教育界的泰戈尔，傅先生对这篇文章很感兴趣。在交谈中我们问及傅先生何以能有这么大精力，傅先生情动于衷，滔滔不绝：从他的夫人孩子如何支持他的工作，谈到他从事教育文学写作的苦辣酸甜；从他赋闲之后的宏大计划，谈到他是如何研究如何写作如何利用时间。其中有个细节我们听后都扼腕感叹。傅先生说他一旦进入写作状态，最怕别人干扰打乱思绪，但夫人心疼他，有时送个削好的水果让他边吃边休息一下，他分明已体味得出夫人的用意，却常常三口两口甚至把水果直接按到嘴里，一边狂吞大嚼一边又进入了写作之中。有许多次，当他写作一段时间休息的时候，夫人问他这个水果怎么样，他甚至就不知道刚才吃的是梨还是苹果。

傅先生讲，他退下来之后，孩子也都大了，两个孩子都成了作家，每年都有新作问世。他呢？就是按照自己的筹划写教育文学。他和许多教育大家都保持着密切的联系，他们的工资收入几乎都投入到电话联系和往来采访之中了。因为他的这种写作与其他题材的写作还不一样，如果不把一个人研究透彻，就无法正确把握进而鞭辟入里。正因为他有着如此执着的精神，许多教育大家都愿意让他给写评传。有一个教育家甚至等了五六年，许多人想写他，他不让，坚持等傅东缨的到来。

在回去的路上我和同仁们感触颇深，大家都感到，每一个做出惊人成就的大师，都有着鲜为人知的惊人投入与惊人付出，过去我们只看到傅先生一本又一本地写书出书，不知道这位60多岁的老人何以能有这么大的精力，现在终于明白了。

感动于傅先生对教育文学的执着，在傅先生即将离开焦作的时候，我专门染翰为先生书写了一首旧作：

绛帐清风醉吾曹，疏食淡水亦陶陶。

小园老圃嘉禾壮，异态新姿幽韵娇。

竹杖芒鞋形散漫，苍颜华发意萧骚。

但得一管生花笔，无论官爵银几毫。

朱永新曾说过这样的话，一个人有多大目标，就可能拥有多大的动力。一个人的成就永远不可能超过他的目标。从傅东缨先生的身上，我们感到了目标的威力，更感到了他那种在目标激励之下喷薄而出的滚烫的教育激情。

有感于魏书生的脾气

魏书生这个名字，在中学语文教育领域，仅一个“鼎鼎大名”是不足以概括的。

魏书生做着一个地级市的教育局局长，兼着一所学校的校长，还担着两个班的语文课，并当着两个班的班主任。至于学术团体群众组织党内外职务，名分还有一摞一摞的，学术专著出版得也是一摞一摞的。如此众多的工作，他都能打理得井井有条，还能够天南海北满世界地讲学作报告。在教育界，“南钱（梦龙）北魏”说的有魏书生，“南李（镇西）北魏”说的有魏书生，“南有冯恩洪，北有魏书生”说的还有他。江南教育改革如火如荼，代表人物走马灯般地变换，而魏书生却自岿然不动，仿佛长江以北广袤大地一片荒芜之中的一棵参天大树。所以，每当人们提起魏书生，都把他当作传奇来讲。

在河南焦作，曾有幸听过魏书生的两场报告，有一次，还忝列迎送队伍，做了些服务性工作。也正因为如此，才近距离地感受到了魏书生的脾气。

2008 年国庆长假，市教育局请魏书生来作报告。按照安排，魏书生先在甘肃庆阳作报告，然后飞到新郑机场，焦作接来讲学一天，再飞经北京转往山西。然而，由于庆阳的盛情，把航班给耽误了。焦作这边已经通知集合了数千名教师，等待聆听魏书生的报告，救场如救火呀！情急之中，庆阳决定派小车送，焦作则到洛阳高速路口接。庆阳距洛阳六七百公里，又不全是高速，如此长途跋涉，劳顿可想而知。

凌晨3点左右接到人，到焦作月季大酒店，已是4点多了。同去接魏书生的市教科所老所长周秀龙和许衡中学校长张璧宏把先生送到房间，我怕人多搅扰先生的休息，就没有上去。谁知在下边怎么等他们都不出来。大约过了二十多分钟，两人尴尬地走出来，说：先生发脾气了！

长时间的旅途奔波，先生早已口渴难耐，几个小时前就交代要准备好开水。这边也按先生的要求，提前烧好了开水。没成想先生全国各地跑，却无法适应全国各地咸淡苦涩的水味儿，只喝烧开了的纯净水。一见只是电热壶里烧的开水，脸便沉了下来。

大家毕竟是大家，有脾气也只当牢骚发——我没有别的要求哇，只要喝口纯净水都做不到吗？

4点多钟先生还没能睡上觉，接待人员本来就诚惶诚恐。先生这样一说，他们就更是手足无措了。急急忙忙叫醒服务员，急急忙忙送来纯净水，再急急忙忙插上电烧着，心急如焚地等待烧开给先生倒上，这才无限歉疚地带上门出来。

事情往往就是这样，越是惶恐越容易出差错。临离开时魏书生交代，因为晚了，想多休息一会儿，明天早上7点钟把早餐送到房间来。结果第二天服务员6点40就把早餐送了过去，敲了几次门没有开，还以为房间无人就下去了。已经7点20了，魏先生还没有下来，我们在下边焦急等待。魏先生一向守时，8点钟准时开讲，这是他的惯例。从酒店到体育馆，至少得15分钟时间。怎么办？周所长慌忙上去探看情况，才知道又弄岔了，赶忙陪魏先生下来，两人简单吃了点早餐，然后直接登车。8点钟，座无虚席的体育馆大厅，人们看到矫健的魏书生一溜小跑准时走上演讲席。

一天多的时间，周所长他们一直谨小慎微地服务着。事后才给我们讲，其实魏书生很是和善，吃饭也极简单，不喝酒，不吃肉，最喜欢吃清炒胡萝卜和小煎饼。因为要赶傍晚的飞机——这一次不能再耽搁了——下午1点半开始3点必须结束。魏书生不忍让数千名教师大老远跑来草草回去，一直坚持讲到3点半。

把魏书生送到新郑机场，周所长还一直向先生表示歉意。魏书生一边给我们签名一边说，你们的服务很好，真的很好！

给魏书生讲课费，魏书生坚持分文不取。最后不得已，我们把他从新郑飞往北京的机票钱强塞给了他。

与魏书生一前一后到焦作讲学的，还有一位“百家讲坛”当红的人物，只讲了不足两个小时，就从焦作拿走了三万元。而且，在市委、市政府领导陪同就餐的席间，她还频频表现出不悦的神情——不是不愿与官方一起就餐，而是焦作出的讲课费没有另一些地方高，而且还说镁光灯照得她吃不成饭。

难怪有人说，到处演讲的大师级人物，有心口一致的，比如魏书生，那是个有脾气的圣人；有的人说到做不到，嘴上是圣人心中却是小人。与魏书生相比，那种人，与走穴的歌星没什么两样。

草根大树已森森

——再见李元昌

2009 年的炎炎盛夏，焦作气温最高时竟达 43.5℃，而且 40℃以上的气温居然持续了几天，让太行山下的焦作人也感受了火炉般的酷暑。

7 月 8 日，应李元昌老师之邀，到吉林省白山市开了几天的研讨会，在凉爽的微风中感受李元昌老师主持的吉林省主题教研结出的丰硕果实，果然痛快。然痛快之余，总有与王令的境界相距太远的羞愧之感。王令在暑热难当之际，想到的是虽然“昆仑之高有积雪，蓬莱之远尚遗寒”，但“手不能提天下往”，便不忍“身去游其间”了。不与同侪共炎凉，多多少少，心下有些不安在。

其实，早在 2008 年苍南年会上听到海门的介绍，我就打定主意是要参加海门年会的。但情势发生了变化，一是李元昌老师 5 月份便给我打招呼，他主持的主题教研 7 月开会，在解决教研与科研相互融合、教学与研究两张皮的问题上，他们已经探索了一条有效途径，对此我非常想作实地了解；二是海门年会只给我校一个名额，我又特别希望让一线教师与会，让她们实地感受新教育的魅力。一个人的力量有限，如果是个群体，那就不一样了。因此，尽管教育局张丙辰局长说他要去，我完全可以义无反顾地去，但考虑再三，还是把机会让给了我校语文教研组组长董雨霞老师。

事情常常是意料之中但却在情理之外的，当我在白山二十一中听会的时候，接到了风之舞版主的短信，说，水易来了，东南来了，张局长来了，你呢？

不能再作任何辩解，只说我有重要的学习任务。其实，我在权衡再三之后认为，对于学校的改革与发展，这样做是只有好处没有什么坏处的。

我是早就对我国目前许多地方的基础教育有很多“微词”的，以淘汰人为目的的选拔式考试，以应试为目的的中小学教育，以现有的教材与参考甚至课标为凭借，以某种合乎时宜或不合时宜的手段为帮助，本就不是教育的根本目的之所在。你是为缓解就业压力也好，还是有其他的什么原因，这样做都不是对人民负责任的作为——然而，目力所及的地方，大家都在这么做着。问苍茫大地，教育还有多少净土可言?

但是，有些人在突围。就像苏东坡的突围一样，他们在做着逆潮流而动的符合人生发展的带着孩子们的“突围”——吉林省的主题教研便是其中一例。

说起吉林省的主题教研，是无人不知道李元昌老师的。我知道他，也是因为他植根于白山黑水之间，以自己在榆树市秀水二中虽身处农村却义无反顾地实践陶行知先生的教育理念为突破口，把农村教育做到尽人皆知程度的具体事迹。

我和李元昌老师接触，是四五年前的事情了。那时我去焦作市许衡中学听课，讲课人便是李元昌——许衡中学的张璧宏校长是个颇具开放胸怀的校长，他每请外地知名的教育专家，总要给我打个招呼。一是给我提供更多的学习交流机会；再则，给许衡中学多一个帮忙的朋友——我接触李元昌老师的第一感觉是，与其他的专家不一样，没有学者气息，颇多长者风范；不讲高深理论，所谈的只是自己的所作所为。

后来才知道，李元昌老师一直在农村中学教书、做管理。没有奢求，也没有什么渴望。但他有着一种作为教育人特有的虔诚。他根本不管现行的教育制度有多少弊端，只是按照自己对未来的价值判断，执着地做着自己认为应该做的事情。农村中学的校长让他做得十分疲惫，他没有退缩；恶疾病魔向他宣战，他没有畏惧；城市教育行政部门长官的空缺，也没有让他迷惑；甚至有些领导的许愿，也没有动摇他作为一个农村老师、校长那种特有的草根情怀。他说得很简单：我到那里很可能找不到自己，还不如这样。至今为止，他虽然在吉林省教育学院工作，但他一直没转的是他的农村户口。他感觉，农村是他真正意义的所在。不管他获得什么样的奖项，他的根还是在农村。

白山听课之余，李元昌老师安排了白山之旅。看了天池，尽管在雾失楼台之间，但我们的确看到了天池。不仅看到了水，而且还看到了鱼群那有节律的游弋——据说有些领导人到天池，就是看不见，当地人说是“天缘”不够。水怪自是看不到，我也没有这种奢求。但是，与我们一起上去的李元昌老师，以一片人参含入口中，居然只穿了件单衫就上山了。山上风急，且气温很低，高处积雪未消，许多人都是租用羽绒服或军大衣才上去的。李元昌老师就这样上去了，而且没有叫冷！

从天池下来，我们还到了望天鹅风景区。在那里，我看到了从未见过的世界奇观——“压不服”的岩石。看到了地质形成的过程，居然就是建筑材料打造的过程。这里的石头全是柱状，或六棱，或七棱，直接开采，根本不用斧凿，就可以径直作为屋舍之用。纵神工鬼斧，也不应该有这样的造化。特别奇特的是，在一处，这些石柱居然集体弯腰。万世不谋石点头，我在这里也见到了。特别是在北国，林木葱茏、遮天蔽日的植被状态，在北方十分罕见，使我这个中原人顿生置身江南之感。按照李元昌老师旨意，我胡诌了几句，道是“一路涛声一路泉，冷杉拔地势接天。五黄六月知何往，压不服前万古岩。”“压不服”是一处石林景致，后来李元昌老师建议改为“脊梁石”，能让人明显感到石柱被压仍坚挺不屈的状态。包括整个景区，李元昌老师也建议是否可以在山门处竖起两根石柱，上书“一路涛声，万柱擎天”。我们感到，如果景区开发商早些遇到李元昌老师，那些俗艳的名字，是根本不会出现在我们面前的。

因为我第一次到白山，李老师一直让我坐在车窗旁边。每到饭时，总是招呼我先入座，仿佛把我当成了未出闺阁的状态。特别是为了我们专门把旅行线路作最后修定，让我们沿着鸭绿江车行200多公里，把对岸的村庄城镇一路尽收眼底。

第二天我们一起回长春，李老师坚持要在中途打尖，原以为路途太远，到后来才清楚，这是李老师特意安排的一次饯别，饭菜质量自不必说，单这份用心，已经让我们感戴不尽。

离开长春，到了郑州，我给李元昌老师发了个短信，那边立即短信回复，只有三个字：“放心了！”

回想一周的见闻，每每见到一线教师自发给李老师送来的吃食饮品，而且都十分诚恳，没有任何忸怩作态的感觉。当时就想，省一级的教研管理人员如果能够与普通的教师关系处到这样的程度，还有什么事情不能够做好呢？李老师自草根起家，还至草根，不管自己已经如何壮大，不能忘怀的还是草根蓬庐，这种反哺之情，不也正是我们最可珍惜的情怀吗？

垂虹秋色满东南

——日出东南印象

2009年5月30日的“读书致远”沙龙活动已经过去近一个月了，学期加学年末事务冗杂，一直没有时间——确切地说是没有心绪——坐下来写些文字，但我除了极特殊的情况外，一般每日都要浏览一下“教育在线”的网页，看见“大河风”下朋友们急管繁弦风生水起的情状，技痒难挠外加心痒难挠的情绪一起涌来。但我知道，对于这些朋友们，静不下心来是不敢随意染翰的。

最早见到日出东南的读书帖时，印象中是这位仁兄读书奇多且见解独到，是位真正的读书人。不像我，读书面其实是很狭窄的。正因为如此，便十分愿意在东南的帖子里多逗留一些时间，一是欣赏东南的文字，二是吃快餐——权把东南的读书体会当成一个浏览窗口，这样读书会更省劲一些——在举世皆浮躁的当下，免俗也是很困难的。

我在结网的时候很是笨拙，往往就是在键盘上敲些文字。当时玉纤横笛提醒我，是否把涂鸦的东西也往“大河风”下放一些，一来是交流，二来可以让“书香世界”中的大腕儿们提提建议，也便于长进。我说我还不会，她说帮我试试。没过多久，她便将我几幅作品的图片发了上去。风之舞看过之后，鼓励我“何不搞一个网展”？于是在玉纤横笛的帮助下，便有了春节前后的那几幅东西。仓促上阵，难免良莠杂陈，再加上技不如人，发上去的东西未必都是我喜欢的。不料之后，陆陆续续有几个网友开始发短信索书。此乃风雅之事，我一般只要是好友，来者不拒的。反正我写字是自娱的多，并不以此为生计。朋友们喜欢，权当在方家面前发表，何乐而不为?

忽一日，东南兄发过一条短信，也想要一幅字。于是我便用他的网号，写下“东南形胜”四字的斗方。在向他要地址的时候，才知道他居然在山西朔州。

初看“日出东南”四字，几乎没有人不想到乐府旧题《陌上桑》的。记得东南兄在我的“大河风”下跟帖的时候，我的第一次回帖便说出“日出东南隅，照我李氏楼”的谑语。但罗敷太过温柔美艳，与“日出东南”的大气磅礴相距太远——有“隅”没“隅”一字之差，却成了豪放与婉约的分水岭——于是，我便将柳七郎的《望海潮》取头四字作为赠送东南先生的礼物。柳七虽也是婉约大家，但“东南形胜，三吴都会，钱塘自古繁华”三句，好似当下影视作品中自太空由远及近拍出的镜头，自有一番举重若轻，玩小小寰球于股掌之上的豪迈。

随后，与东南的网上交流日趋多了起来，常常感佩于他的渊博与独到，但直到2009年5月底，才真正见到了形神兼备、温文而雅的日出东南。

在朱永新先生的麾下做新教育，时常感到江浙被人文滋润的沃土如膏腴般丰厚，也时常感叹中原人心不古学风日下的贫瘠。这种想法不止我一人，中原大地不乏各界才俊，但真正愿意读书且写作的人却寥若晨星。特别是北宋以降，更是“王濬楼船下益州”，中原“王气黯然收”了。于是，我们地处中原的学子，常常找不到相应的感觉。多数时候，要寻找北方的书香之气，必须要到晋陕之地了。20世纪末，我到太原、临汾、运城去的时候，当看到经济发展远不如中原的三晋大地却人才辈出，无意之中了解到，尧都在临汾，禹都在运城，舜都居然就在运城治下的永济。特别是当我到永济寻觅柳河东踪迹的时候，居然就连永济市委招待所的总台都不知所以，一个韩昌黎的乡邻来到河东，想寻觅柳宗元，却被一派茫然所拒，我在感到十分沮丧也十分失落的同时，感受更多的是自己的贫乏。

但是，失落归失落，崇敬归崇敬，遗憾归遗憾，贫乏也终究归于贫乏。特别是在参观了临汾一中、运城康杰中学之后再到运城参加新教育的年会，对于中原大河之滨的我来说，感受就更加异样了。

人最可怕的是不知道自己到底是长还是短，当我知道自己已经是十分落后的时候，唯一的办法就是奋起直追。

于是，我便在尽可能的情势之下，做出了引领大家读书的状态。自己读且写，也想让学校老师们读且写。5 月 30 日的“书香致远”读书沙龙，便是在这样的意图之下策划出来的。

起初，我在王三阳老师的启发下做这样一个读书沙龙的时候，只是想请“教育在线”网站中读书成长较为突出的普通教师来和我们的老师做些交流。一是行亲情近，二是人家也是普通教师，我们也是，人家做得成的，我们就没有理由不做了。结果王三阳老师邀请的几位“书香世界”腕儿级人物，其中就有日出东南，让我喜出望外。心念无论如何，这回应该见到东南原形了。

见到日出东南，没有几分惊喜，却平添几分惆怅。高高的个子，纤纤的腰板儿，嘴唇厚得你不能不承认他的忠厚，一脸的倦容可以看得出他的确是头天颠簸得有些厉害。看到这种情状，我顿生悲悯的感觉。然而，当到了我们的讲堂，一向木讷的东南老师却口若悬河，进退裕如。原来只知道他在“书香世界”中读书甚多，不知道他几乎可以学贯中西，他言语所及之处，虽稍显迟疑，却处处口吐莲花。无论是谈及自己的成长还是点评我们教师的作为，都句句切中肯綮。最要紧的是他那不紧不慢的语速，于不紧不慢中显露的是胸藏万汇的从容不迫。一个山西的普通老师能做到这样的程度，不由我不对照中原，自惭形秽。

读书沙龙过后，送各位老师，我唯一亲送的只有东南。我将他送到洛阳前往大同的卧铺大巴。本来是想送到晋城的，后来几个人一合议，觉得送到洛阳是最稳妥的办法，于是就做了。当我离开洛阳，在前往焦作的路上，一直想问的是，东南兄，路上休息可好？

此时我忽然想到了米芾的《吴江垂虹亭》诗：“断云一片洞庭帆，玉破鲈鱼金破柑。好做新诗继桑苎，垂虹秋色满东南。”如果形容我此时的心境，垂虹秋色，不亦十分有意蕴吗？

东风知我欲山行

——风之舞印象

在“书香世界”里泛舟已有些时日了。版主们走马灯式地更换，让我这样不常触网的“网友”时常有“物是人非”的感觉——好不容易熟悉的一种感觉，马上就杳无踪迹了，不由得不生发人生无常的感慨。倒是风之舞与日出东南，能在“书香——大夏书系”这个板块坚持下来，于不瘟不火、不疾不徐之间将这个板块做得渐入佳境，除了二位版主长期浸淫书香、深得书中三昧的读写习惯之外，和高度的责任意识与炽热的学子情怀怕是分不开的。

当时，我在“教育在线”论坛写教育随笔。时间长了，一些网友知道我喜欢写字，便忽悠我把写的字也放在书香论坛之中。我手拙技穷，又不思“进取”，常常不知道该如何操作。在进退维谷之际，看到风之舞版主的跟帖，鼓励我一定搞一个网上书展，而且明白地表示了期待的情绪。我一向是习惯于做顺民的，在领导面前都是“乖乖娃”。虚拟世界，版主就是领导，既已发话，便不能让领导久等。于是请玉纤横笛帮忙，将几幅作品贴了上去，满足了网友们看猴子把戏般的那种好奇心理。大凡好的领导都是好的老师，特别会激励人，用激励的办法让你干活，那是累死也不会叫苦的。风之舞的激励办法就是向我索字。雕虫小技，能博得高人一哂，已是受宠若惊。于是我苦思冥想，将李清照的《题八咏楼》诗抄了下来，给她寄了过去。所以选择这首诗，一来是因了它的大气，“千古风流八咏楼，江山留与后人愁。水通南国三千里，气压江城十四州。”何等气魄！在须眉男儿多得软骨病，尽作吴侬软语女儿态的当下，风之舞让书香滋养自己的浩然之气，壮哉伟丈夫的气魄也不过如此，正与易安诗意暗合。二来风之舞与李易安是同乡，又都是巾帼不让须眉的人物，把这首诗送过去，乡情乡音可人处，月亮也是故乡明。特别是山东人，最喜欢唱“谁不说俺家乡好”，连外乡人也说你家乡好，总不至于嫌我不敬的。东西寄过去之后，少不得例行夸赞之事。只是这些，也都是虚拟空间中的“虚话”而已。

真正见到风之舞，是2008年新教育在苍南召开的年会上。一天的会议交流展示结束，晚上东道主宴请外乡客，席间张硕果老师告诉我，隔桌那位很文静的女士，就是风之舞。这才真正是“众里寻他千百度，蓦然回首”，那人却在“推杯换盏”处。

第二天会议闭幕式后，我专门找到风之舞，在朱永新先生的题字前合影留念，又将玉纤横笛介绍给风之舞——过去我们的老师接触外埠名师的机会太少，常常养成坐井观天的自恋情结。受许衡中学张璧宏校长的启发，我也开始把我校老师带出去，让他们感受外面精彩纷呈的世界。

第一次“目击”风之舞，给我留下了很深的印象：热情开朗之中透出含蓄文静的大气，亲切自然之间略微有些在陌生地遇上陌生人的那种不知所措的“茫然”。

2009年5月30日我校举办了“书香致远”读书沙龙，我诚邀风之舞参加，目的也是想让更多的老师从风之舞身上看到读书对于一个普通教师潜移默化的浸染作用，直接接受“风化”。

风之舞谈自己成长的经历十分感人。作为一名普通的教师，她也曾经历过教师们人人都有的新鲜、平淡与苦闷、彷徨，但她没有在苦闷与彷徨之中消沉下去，而是很快找到了一条读书改变人生的路径，在书香里塑造心灵，在读书中实现嬗变，从自己做起，从身边影响起，用自己的行动和效果感染着周边的人，最终不仅改变了自己，也改变了许多与自己有过相同感受的人。一个普通教师的不懈读写，居然赢得了学校颁发的特殊贡献奖！

风之舞最感人的话是：“停止抱怨便是精彩的开端。”的确，现在我们不少老师不懂得“风物长宜放眼量”的含蕴，总是满腹牢骚满口怪话，似乎全世界的人都对不起他，结果抛却的不是闲情，而是不舍昼夜的宝贵时光。风之舞的可贵，就是她在别人浮躁的时候能够沉静，在别人抱怨的时候她开始读书了，别人都在做短期行为的时候，她思考的已经是如何实现自己长远而宏大的目标了。

"停止抱怨便会赢得精彩"，这是真正智者的思维。由此，使我想起魏书生报告中的一则趣事。在一个炎炎长夏，他的一个学生面对太阳，大声抱怨太阳的"毒辣"。魏书生给他说，你最好在太阳最烈的时候，到没有树荫的操场上，面对太阳，高声抗议。如果没有用，你再动员所有和你认识一致的同学都到操场上去，用同样的方法向太阳抗议，看看到底有没有用。魏书生说，相对于太阳来说，地球就像一只篮球边上放着的一枚黄豆；相对于地球而言，一个人就像附着在篮球上面的一粒尘埃；更何况太阳系在银河系中微不足道；银河系之于宇宙呢？就更不用说了。因此，认清自己的渺小就能客观对待自己可能产生的作用。有一分热，发一分光，比终日的牢骚与抱怨强一百倍。

风之舞没有说，但我们可以感到，她也遇到过常人难以接受的不公平，她也有资格抱怨，有资格发牢骚，但是，她没有这样做，而是放下包袱，忘掉苦闷，停止抱怨，开始了最有意义的读书写作活动。她在读书中收获了自信，收获了快乐，也收获了来自多方面的尊重！

沙龙过后，风之舞在百忙中撰写了对我们学校的印象，也明确了对我开展"新教育实验"的支持，这忽然让我想到东坡公的名句"东风知我欲山行，吹断檐间积雨声"。如今这善解人意的东风，不也正在我们实施教改这崎岖小路的攀登之中，源源不断地给了我们力所能及的襄助吗？

上善之水何汤汤

——水易印象

2009 年 5 月中旬，在上海金山区的素质教育论坛上，我有一个发言，题目大概是《做有大视角的校长，办有使命感的教育》。而后，我们 6 位发言者坐在台上和大家进行互动交流。前排一位面容瘦削的老师便向我发问，大意是如何处理素质教育与教学质量的关系问题——因为我谈到我们实践“诱思探究学科教学理论”，倡导的是“素质教育更能提高升学率”。当时我如何回答已经记不太真切，反正是从素质教育出发，落脚到“健全”提升教育质量上。倒是那位老师清癯的面容以及听不太清楚的苏北口音给我留下了很深的印象。

会后我们到枫泾参观，在一家农民画展厅里，那位老师走近我说：“我是水易。”

水易！“书香世界”寻常可见的水易，难道就是这位老师？

最初接触水易的帖子，是在白色月亮的“走近李清照”的主题帖子下面，尤其是水易的个性化签名“走在小月前”，侠骨柔肠，俨然一个白色月亮的护花使者模样。读水易的文字，颇有昌黎遗风，豪迈之中时见奇崛。读水易的诗，也有类似的铿锵之音。当时我想，水易应是一高大威猛的壮士模样，荆轲刺秦之时风萧萧兮易水寒，那“易水”倒流，不就是“水易”吗？

然而，我眼前的水易，却是中等个子、面容清瘦却精神矍铄可以称之为“老头儿”的先生。

上海会议人多，也没有来得及和水易先生多说，虽然我们第二天一趟车回浦东，但同行的还有四川成都蒲实中学的校长王祥高先生。王先生很是健谈，因此，路上我与水易基本无话。临下车时我和水易相约焦作，便匆匆分别了。

5月30日，是我托山东潍坊王三阳老师帮助约请几位书香网友到我校做读书沙龙的日子。三阳老师给我讲，他约了水易等五位“书香世界”腕儿级的人物，我很兴奋，心想到焦作以后，我们可以有更多的时间展开交流。

28日下午，天上细雨霏霏，当我从学校出来的时候，发现一个手提轻便旅行包的先生在学校门口，茫茫然做寻觅状。仔细一看，竟是水易！我赶紧下车，说不是明天报到吗？他说从许昌过来，想考察一下我们人民中学的地形。我连忙将他安顿到酒店下榻。他问酒店能不能提供网络环境，我说没问题。水易又说我没带电脑。我想没带电脑还要什么网络环境，转念一想水易应该是“漏网”难受的人，那就用我的笔记本电脑好了。因为当晚约好陪家父吃饭，无法陪他。他也欣然应允，说那是应该的。

29日，王三阳、日出东南、风之舞、阿常和褚清源等几位老师陆续到达，水易做的事情，便是沿着他以为可以走的路，把不大的一座焦作市几乎走了一遍。

30日全天，几位老师分别谈了自己的读书成长经历，也听了我校曹芳老师的课和部分新教育人的工作情况汇报，然后便就老师们成长困惑的问题和大家交流。从中我才得知水易原来竟是颇具传奇色彩的人物！

水易是江苏沭阳教育局的教研员，酷爱读书，博闻强记，且笔耕不辍。自称哲学、美学是他的最爱，然后就是运动。在上海国际马拉松比赛，居然还获了奖。他谈起运动，谈起马拉松，竟然与谈读书一样地兴奋。在与老师们互动的过程中，水易多次以马拉松精神比况对事业的执着追求，让大家印象很深。后来我也在想，能用5个小时跑完40多公里的路程，以如此的意志力做事情，攻无不克战无不胜，是再自然不过了。

水易的毅力在返程途中又有一次惊人的展现。

沙龙第二天，我邀大家上云台山游览，在饱览云台山水美景之后，我让司机送风之舞、水易、褚清源回郑州，我送王三阳、日出东南到洛阳。三阳老师到洛阳还有任务，东南原本想到晋城搭车，转念洛阳始发，更方便些。风之舞是当晚8点的回鲁火车，水易是次晨8点的返苏火车。心想水易鞍马劳顿，能在郑州住一晚，天明可以消消停停地回去。没想到水易到了郑州，一看天还早，干脆把订好的车票一退，买了一张站票竟连夜赶了回去！

凡成就大事业的人，必有极鲜明的个性，在水易先生身上，我真切领略到了。

我到上海前，在西北考察，其间写了十首小诗，发给了水易。水易便以主题十分鲜明的内容和了十二首。而且还说，我要把中原焦作赏美行写出来，而且写个系列。回去之后没有多久，我的“大河风”主题帖子下面便有了水易先生的系列文章。说来惭愧，一个月了，忙碌之余我竟然没有给水易君回帖。就包括这篇文章，断断续续也写了一周多的时间。今天晚上就要带着老师们到海滨休假，无论如何不能再拖了。此时此刻，一副古联立即浮现眼前：无欲自然心似水，有营何止事如毛——信然！

中天月色好谁看

易中天先生在一片嬉笑怒骂声中，依然稳稳地坐在《百家讲坛》上，用他那特有的风趣与诙谐，品读着历史，品味着人物。那眉眼之间掩抑不住的才情与书卷气质，着实与一般意义上的学者不一样。与那些所谓“主流”的学者相比，易中天的确显得另类。他讲课的时候，似乎并没有太在意别人怎么看待他，他倒是十分在意观众的欣赏层次与口味，在“学者”们无论有无真正的学识都要做深沉状的当今，他却挂起了“学术品位与大众口味”招牌，走起了大雅与大俗之间的钢丝。尽管他自己也曾十分幽默地说，自己是个“大个儿萝卜”，不论是炒着吃还是拌着吃，是和羊肉一起炖还是被剁进饺子馅儿，上自达官贵人，下至黎民百姓，吃起来都不会龇牙咧嘴皱眉头，但是，他毕竟犯了“行规”，他的存在让许多人感觉到了不自在，于是，也便有了接二连三的屎盆尿桶，明的暗的向他袭来。

如果说易中天不明白世态人情，是个毛头小子，或者是只知道埋头读书不问世事的呆子，冷不丁惹出些麻烦，那是咎由自取。可是他在讲坛内外不止一次地说，他是要用历史说人物，用人物说人性，是个最会“品”人的主儿。一个遍览世相人情练达已知天命的易中天，如果不是一时糊涂或另有“阴谋”，绝不至于犯如此小儿科般的错误。

中国人其实是很不好相处的，别人比他强他妒忌，别人不如他他笑话，这是典型的国民特征。有时是涉及利益纷争，更多的时候是八竿子打不着也要如此表现。对此，乡贤韩愈在他的《原毁》中做过专门的描述。有一次他搞了个民意测验：当着大庭广众很夸一个人的好，结果众人无论认识不认识他所夸赞的那个人，便都愤愤然怒形于色，感觉不舒服；可是当他在大庭广众之下使劲儿损一个人的时候，“群众”们的表现就大不一样了，无论认识的还是不认识的，都欣欣然喜形于色，甚至会奔走相告——某某不是很厉害吗？现在终于栽了，谁谁把他损得一文不值！特别是那些不认识被损者的那部分人，只要有人被损，他们都会高兴，除自己之外，损了谁都是帮自己，你不行了不就慢慢显着我了吗？

其实，这种人两个肩膀抬着的，都是经过孟老夫子中庸思想的“福尔马林”浸泡得已经发胀的脑袋。自己要不偏不倚，把脑袋缩到壳子里头，就特别见不得别人出风头；只要你出风头，就是和我作对，无论那竿子打着打不着。而且，因为如此的“思想基础”“系出名门”，那么越是诗书传家者，这方面的特征就越明显。没有读过书的厝大，或许会事不关己高高挂起，管他娘嫁给谁，有喜酒喝就行。可是“读书人”就不行了——凭什么你说他好？他哪点儿比我好？你说他好言外之意不就是说我不如他吗？就说易中天吧，他那是说历史吗？那么多正统的历史观点他不说，偏要按照自己的想法一二三四甲乙丙丁，不是对历史的歪曲又是什么？而且还时不时地弄几个时髦的词汇搞上个噱头，你卖弄个啥呀？！

中国的读书人，读书越多，道理也越多的，因为他有“知识”，会讲道理。对易中天是这个样子，对所有“秀于林”“出于岸”的，他们都看不惯。前几年书画理论界出了一套针对一流甚至超一流名家“把脉”的“门诊室”，把20世纪书法名家如沈尹默、林散之之类的大师，都拿出来评了一阵子。乍一看说得也不无道理，人非圣贤，孰能无过？何况即便圣贤，难道都是对的吗？可是读多了以后，渐渐看出这几个人葫芦里卖的到底是什么药丸子了。书无定法，美无定规，他们就把握住这样的规律，说清丽俊健的书法作者不够苍凉古拙，说粗犷豪放的书法作品未免失之纤柔与优雅。按照他们的这种做法，且不说天地间不会有一件好的东西，最终的发展结果不是倡导出文化虚无主义的恶行，便是把大师打倒，“踢开权威闹革命”。山中有老虎，猴子便不会有出路，不把“老虎”打倒，怎么会有我们的出头之日？

孟子对孔子继承中的最大失误，便是忽略了“三人行”的夫子遗训。人与人之间相处，特别是知识分子之间，如果能够择其善者而从之，其不善者而改之，人与人之间怎么会弄得剑拔弩张没有和谐？“相轻”的都只能是那些小文人，“相吹”是相轻的变种，骨子里没有太突出的区别。“相轻”的文人都是拿自己的优点比别人的缺点，“相吹”的无非是想借别人的嘴来吹自己，最终回到重自己而轻他人的目的上来。

对于知识分子的这种恶习，杜甫曾经义愤填膺，他在《戏为六绝句》中写道：“王扬卢骆当时体，轻薄为文哂未休。尔曹身与名俱灭，不废江河万古流。”西方也有过类似的谚语，说“鹰有时候比鸡飞得还低，但鸡却永远飞不了鹰那么高”。做知识分子特别是我们做老师的，切忌不敢染上见到成功者就狺狺发怒的毛病，更没有必要光大先祖们的那种劣根。

读到听时始传神

平日自诩为书生，并非标榜自己读了多少书，而是喜欢与书为伴，以书为生。心念终日以读书、教书为业，终年与写书人、读书人、教书人为伍，好歹也算个书生了吧？但是倘若有人问，你读过多少书？×× 书你读过吗？就立马窘迫起来——因为确实没有读过。

其实，我读的书并不多，而且读书也多数是被逼而做的。在中小学时期，那是没书好读，因为饥渴所致，见了书真跟饿狼见了肉似的。课本读完了之后，便读大哥上学走后留下来的一些破书——大都是“文革”前中小学的什么汉语课本、文学课本、《少年文艺》之类。读书自然是有用的，尤其是写起作文来就不一样了。在老师表扬、同学羡慕的一片喝彩声中，已经到了可以写大批判文章的年龄。没有生活没有情感没有这方面的阅历，但作文写得好你就得出大批判文章，于是只好抄。从“两报一刊”到各类能见到的东西，抄着抄着，虽然也能做到文从字顺，但那文章真的如同抽干了血液的躯壳，没有了一点生机，甚至不会说真话了。明明我家是中农成分，解放前有三十亩地和一应俱全的生产资料，而且听父母讲，农忙时我家还经常雇些个短工的——但写起“我的家史”之类的文章，总是“房无一间，地无一垄”，“上无片瓦，下无立锥之地”。那时候根本不知道要跟某某某“保持一致”，也不知道鹦鹉学舌这个成语，反正就这么做了。“文革”过后恢复高考，在师范大专班上学的时候，这个毛病让我栽了个大跟头。

师专教我们写作课的老师并不是个十分严谨的人，但对我的影响却是刻骨铭心。记得那次他让我们自己命题写一篇议论文，我便以“论道德”为题写了一篇不足一千字的文章。交上去后，也没感到有什么不可以。直到有一天上写作课，全班同学人手一份刻印的文稿，文稿上是两篇文章，好文章的典型是谁的我已经记不清楚了，最差的文章便是我的那篇“论道德”。看到那个东西，我的头都大了，上涌的血液冲击得脑袋嗡嗡作响。依稀听得老师说这篇文章题目大而无当语言空洞无物思想苍白无力之类的话，剩下的都已经听不进去了。当一个经常被捧到云中飘飘然惯了的人猛然间被抽去巫师的扫把，那种失重的感觉，要不是当时年轻力壮，连心脏病高血压都可能被“激发”出来。从此之后，写作课的作业我再没有交过。

不过，在师专的学习，虽然写作老师不喜欢，我也并没有把自己混成孤儿浪子。因为我喜欢古典文学，自然学习也比较用功，最典型的是曾经利用暑假在家看瓜的时候，背了唐圭璋先生笺注的《宋词三百首》。毕业之后到中学教书，我也知道自己古典文学稍强而西方文学薄弱——学校只发了课本却没有老师教。于是在市图书馆办了借书证，每周从乡下中学到市图书馆一趟，换一本书。一年时间，我把西方文学史中自己想看的名著换了一遍，还做了大量的读书笔记。看到写得密密麻麻的读书笔记，似乎感到了一种充实。但这些东西的阅读，只是拓宽了我的知识视野，真正对于我的写作有重大影响的，还得说《小说选刊》。

教书第二年，一个偶然的机会，我读到一本《小说选刊》，不经意地浏览，一下子被一篇小说那行云流水般的叙述语言吸引住了。那是一种无以言表的感觉，既没有二三十年代白话尚未成熟的那种生硬，也没有西洋文学被翻译家“欧化”的那种冗长，还不像当时部分知青作家那种简淡，似乎是既有民间英华，又有传统精粹，还有作者特有的那种潇洒风流、浓郁顿挫，既“款坎堂塔”又娓娓道来——总之是一种说不出来的味道。但这种说不出来的味道紧紧地攫住了我，使我根本无法把它放下。一篇，两篇，读完了一本找人再借。下半年干脆订了一份。之后，《小说选刊》上刊载的小说，无论中篇短篇，一概全读，一篇不落，尽管不同作家各有不同的语言风格，我都欣欣然接受了。

我读书有个毛病，不会一目十行，只会一字一句地读。特别是遇到语言有味道的篇什，更是不惜字斟句酌。不仅散文是这样，小说也是这样，且无论短篇中篇都改不掉这个毛病。以至于后来读李国文的《冬天里的春天》、周克芹的《许茂和他的女儿们》、莫应丰的《将军吟》、古华的《芙蓉镇》，都是一字一句读下来的。我知道这样做挺笨的，但没有办法。直到有一次，看一部因思想激进遭禁的电视专题片，那精于思辨、文采富赡而又气势磅礴的解说词，经著名播音艺术大师张家声先生那顿挫抑扬、富于磁性的声音处理，是那么令人震撼不已。我一集不落地看到最后，时而如坐春风，时而热血沸腾，多次为之感动得落泪。

此次不同寻常的经历之后，我读书字斟句酌的毛病逐渐演化为看着文字却像在听着声音——听张家声在朗读，听虹云在朗读，甚至听毕克、杨成纯、童自荣、刘广宁在朗读，久而久之，就连乡土气息十分浓郁的小说，除了叙述语言似乎是在听某个著名的声音在解说之外，中间的人物对白常常会让我对应到某个熟悉的影视画面里，感受的就是某个角色的声音。

由于有了这种感受，自己在写一些文字时也便不自觉地做了起来——似乎我不是在写，笔尖流出的其实是声音，或叙述，或演说，或高声朗诵，或慷慨陈辞。这样虽然误了些许的时间，文辞也未必华美，但至少出来的东西没有诘屈聱牙之感。到这个时候，我才真的摆脱被师专写作老师羞辱的阴影，在作文课上给学生写的下水示范文章也渐渐多了起来。偶尔有几篇像回事儿的东西见诸报端，就更加激起了我想写点什么的欲望。于是，一发而不可收。

后来细细地想，读出听的感觉，似乎也应该算是摸索到了阅读的某种门径。因为作者在写的时候，总是一字一句写出来的，不可能一句话十几二十个字同时蹦出，你读的时候倘若不能循着作者的思绪一点点前行、深入，是很难真正进入作者并融入其中的。当然，我不反对浏览，也不反对一目十行，那种阅读对于概要式了解是很有作用的，省时省力，提纲挈领——你不会而别人会的东西千万不要武断地贬斥。但是，论欣赏，论品味，论咂摸，论体验，似乎不用这种方法便不足以传神。

从学校出来到行政机关从事文字工作，这种方法也帮了我的大忙。给领导同志起草讲话稿，给自己起草发言稿，如果笔底流出的是声音，除了不会不顺之外，还会多一些人情味与人文关怀，多一些缜密与周严——说服不了自己的讲话稿我坚决不送给领导。这样一来，既提高了公文本身的质量，也降低了“东拼西凑”的难度。后来一些同道问我公文怎么写，我就把这种感觉说给了他。结果他们恍然大悟，瞪大眼睛说我是机关里唯一一个“没有写烦的家伙”。

读书读到听读时，是我几十年的阅读感受。看到网友白色月亮的读书方法大看台，就有想写点东西的感觉，只是冗务杂沓，一直拖延至今。今天儿子参加高考，我回避在家，当后勤部长。做饭之余便把这些东西敲出来，或许于正在阅读摸索中的后学者有一点点启发。

想给王开东老师做学生

提到王开东，得先说铁皮鼓。

早就在“教育在线”论坛费晓东的帖子里看到他读铁皮鼓《语文课》的随笔，很感兴趣。2007 年 7 月份到运城参加“新教育实验”的年会，又与貌似忠厚思维却异常凌厉的铁皮鼓见了个面，回来便到教师书店寻找铁皮鼓的《语文课》。赶巧儿，在《语文课》的旁边就是王开东的《非常语文课堂》，都是“深度语文”的尝试性课堂实录，就一并买了回来。而在此之前，我对王开东一无所知。

先读的当然是铁皮鼓，一是在“教育在线”论坛上印象很深，再者运城会议上也领略了他的风采。展读之际，感觉铁皮鼓的语文课与其说是“深度语文”，倒不如说是“真正语文”，课讲得行云流水，课堂实录也做得行云流水，有清水芙蓉之致，无“匠心独运”之嫌。有时课堂导入就占去相当多的时间，看似头重脚轻，教学主体材料千呼万唤始出来，却又深得语文教学的本真——教材本身只是个教学材料而已，只要能够训练提高学生的语言思维与表达能力，何者不是教材？特别是铁皮鼓“任意篡改”原作名句，既让学生消除了经典、大师神圣不可动摇的印象，又在诙谐与幽默之中让学生领悟到大师就是大师，独到就是独到，字句的锤炼若非有那种“语不惊人死不休”的功夫，也不可能成就一个个旷代大师。读过之后，掩卷长思，感受一如他的学生所言，铁皮鼓与李镇西的区别，一个是教人道德，一个是教人智慧。教人智慧的铁皮鼓除了满腹诗书，更多的是训练学生们师古而不泥古、信从而不盲从的精神。今天的课堂就是未来的社会，这种独立思维与独立人格的训练，较之“学习语文知识，培养听说读写能力”的一般意义语文教学要求，应是重要得多。说“深度语文”，其“深度”或许就在这里吧。

放下《语文课》，拿起《非常语文课堂》的时候，满脑子还是铁皮鼓上语文课的样子。但真正读进去之后，我深深地为王开东开拓的那片灿烂的天地所感动——那是怎样的一片天地啊！

中小学上了九年，师专读了三年，教书教了八年，做教育行政工作十五年，当校长又是两年，三十七年的就学与从教历程，我接触到的语文老师可谓异态新姿，形形色色，个中功底与能力的问题暂且存而不论，单就课堂教学来说，似乎没有几个语文老师不爱表现自己的。或表现口才，或表演技法，或兜售学问，或展示风度，总而言之，都是要把自己最好最强的一面展示给学生，让学生由听讲到听信，由听信到信服，由信服到服从，由服从到从属。当然，用这样的办法征服学生，也还是可以理解的。学生亲其师才能信其道，压根儿对老师不服气，老师讲出来的东西，在学生中间是要大打折扣的。但是，课堂教学时间毕竟有限，老师表演的时间越长，给学生真正用于学习、消化、吸收、应用的时间就越少。当我们那些“可爱的”老师口若悬河滔滔不绝口吐莲花天花乱坠沉浸于自己成功的“讲解”的时候，可否感到学生们看似如沐春风其实却如堕五里云雾的那种迷惑？是否觉察到学生眼中那“欣赏”的目光中已经暗淡了思想的光辉与创造的渴望？能不能想一想学生们在校一天中真正用于语文学习的时间才有多少，自己却如此“慷慨”地占用是多么不合时宜？如果我们的语文老师们能够考虑到这个层面，恐怕就不会用这样的方法来“赢得”学生了。我在县里教书的时候曾接触过一个这样的语文老师，学识与风度都令人钦佩，且谁听他的课都说好，然而，每次高考成绩下来，他所教的学生语文成绩都不能如人所愿。多年以后，我们在谈论起这位老师的时候，大家几乎一致的看法是，他这个人不太适合做老师的——他太爱自己了，忘记了他的身份！

王开东则不是这样。

展读《非常语文课堂》，最令人惊讶的是王开东的学生特别优秀。在他的每一节课中，学生们都有着充分而上乘的表现，无论是深度还是广度，无论是语言还是思想，无论是剖析文本还是抒发胸臆，无论是口语表达还是写作展示，可以说是争先恐后，异彩纷呈。甚至我身边的语文老师看完了《非常语文课堂》之后竟给我说，好学生怎么都让王开东给摊上了？太精彩了，我们甚至怀疑这中间的真实性。我倒没有往这方面想，因为我知道，从课堂授课到课堂实录，虽然要有个整理的过程，但整理只能是规范表达，不会是粉饰拔高——那样就没有意思了。我相信学生们的创造力——只要老师能够放手大胆地锻炼学生，他们都会有出色的表现——更相信一个以事业为生命的老师鼓励与培养下的学生，必然会迸发出令人难以置信的创造力。特别是读到王开东老师写的代后记《斜风细雨不须归》，感受他从一个普通的语文教师到“无为教坛新星”，再到一名教育漂泊者的历程，让我更加坚信王开东教学的独特魅力。试想，一个能够想学生之所想，知学生之所知，明白什么样的话题学生喜欢，清楚什么时候学生最需要什么样的引导，他的学生怎么会不竭诚尽智，燃烧自己的智慧，激活自己的思维，发挥自己的长项，展示自己的才华呢？

从《斜风细雨不须归》中看到的才华横溢的王开东，在课堂中的表现甚至还不如自己的学生，这不应该是他表现不出来，只能是他有意识的韬晦之作。因为他知道，学生们的情绪只有在老师有意识的抛砖引玉之时才会极度张扬，如果老师抛出来的就是美玉，学生们感到无论如何也比不过老师，在老师面前自己只能够灰溜溜甘拜下风，那他们的情绪什么时候才能被激发起来，昂扬的斗志又如何能够磨砺得出来呢？

读完《非常语文课堂》，我用了一天的时间，把王开东的13000多字的后记打了出来，推荐给我校的所有语文老师和班主任，告诉他们这是一个卓越教师的成才之路，希望老师们能够从王开东的成功之中寻找到自己专业成长的蹊径或者通衢。

合上《非常语文课堂》，反思曾经做过语文教师的自己，自觉不能免于俗——多数时候也还是在做演员。心想，如果自己上学期间能够遇到王开东这样的老师，那该多好！真想回到学生时代，给王开东老师做学生。

毁了半辈子，成就了两千年

《晏子春秋》里有一段很有意思的记载，说："仲尼相鲁，景公患之，谓晏子曰：'邻国有圣人，敌国之忧也。今孔子相鲁若何？'晏子对曰：'君其勿忧。彼鲁君，弱主也；孔子，圣相也。君不如阴重孔子，设以相齐，孔子强谏而不听，必骄鲁而有齐，君勿纳也。夫绝于鲁，无主于齐，孔子困矣。'居期年，孔子去鲁之齐，景公不纳，故困于陈、蔡之间。"

读了这一段文字，实在哭笑不得，真不知道这写《晏子春秋》的人是想做什么。是褒扬晏子的政治才能外交智慧，还是硬将设下圈套困窘圣人的屎盆子往晏子头上扣。据史载，孔子相鲁的那一年是鲁定公十四年，也就是公元前496年。可晏子在公元前500年已经死了。一个死了4年的晏子如何能够再给景公出主意陷害孔子呢？

然而，《晏子春秋》的这段记载也绝非空穴来风。从《论语》中也能看出，一者，孔子周游列国困于陈、蔡是实；二者，齐景公确乎和孔子打过交道。在"颜渊第十二"中记载，他曾向孔子问政，孔子告之以"君君，臣臣，父父，子子"。在"微子第十八"中又十分明确地记述了一件事：齐景公谈到如何对待孔子，说"像鲁君对待季氏那样我做不到，我只能等而下之了"，并且说，"我老了，不能再任用他了"。于是，孔子便离开了齐国。

从上边引述的两则《论语》故事中，至少让我们明确了这么几点内容：一、孔子周游时到过齐国；二、齐景公曾向孔子问政；三、齐景公没有任用孔子，无论是用“老了”为托词还是另有别的原因；四、孔子是在齐景公不能任用他的情况下离开齐国的。以上这些，与《晏子春秋》的这段记载基本吻合。尽管事是人非，孔子不见用于齐已不可能是晏子所为，但未必没有人在景公面前做过类似的谋划，只不过作者移花接木，把别人的功劳连同“屎盆子”一块儿扣给了晏子。

孔子传道授业，后来从政，到做鲁国的宰相，应当是人生顺境的极致。后来不能见容于鲁，不能见用于齐，周游宋、卫，困乎陈、蔡，遍尝冷暖，历尽艰辛。虽然后来回到鲁国，继续课业授徒，删《雅》《颂》，作《春秋》，取得了相当的“教育”与“学术”成就，但从常人眼中看，无疑这后半辈子是给毁掉了。而这毁掉的原因，很可能就是因为那么一个名不见经传的小人一次恶毒的“策划”！

然而，那个小人无论如何也不会想到，正是那一次恶毒的“策划”断送了孔子从政的路子，才使孔子不至于在“乱纷纷你方唱罢我登场”的无谓的“为政”之中耗费掉那颗智慧的头颅，让孔子的智慧在那个纷纭的乱世迸射出一道道灵光——《春秋》成而乱臣贼子惧；《诗三百》敦风化俗，绵延千载；《论语》半部可治天下，为政精神代代弘扬；哲学思想独树一帜，卓然引领万世儒风。更不要说“至圣先师”因材施教、有教无类、愤悱启发等教育思想，至今仍是数千年教育思想史上人们难以企及的丰碑。

大凡物不得其平则鸣，历史上具有深远影响的伟大人物的伟大成就，常常需要小人的“激发”。西伯拘而演《周易》，仲尼厄而作《春秋》，屈原放逐乃赋《离骚》，左丘失明厥有《国语》，孙子膑脚《兵法》修列，不韦迁蜀世传《吕览》，韩非囚秦《说难》《孤愤》，《诗》三百篇，不都是圣贤们在遇到小人给“创设”的无法排遣的困难之后迸发出来的惊人创举吗？从这个意义上讲，这也是小人对历史的最大贡献。看看历史，再看看现实，那些能让贤哲们“苦心志、劳筋骨、饿体肤、空乏身”的，有多少是“天”的作为？如果有天的因素的话，不也往往是“三分天灾七分人祸”吗？历史对任何人都是公平的，虽然小人对贤哲迫害的目的是“打翻在地，再踏上一万只脚，叫他永世不得翻身”，但是，由于他客观成就了贤哲们的业绩，所以在人们研究贤哲之所以为贤哲的时候，总会或清晰或模糊地看到周边那些历史的耻辱柱上捆绑着的一个个丑恶的嘴脸！能在史册上留下一笔不容易，这也当算是历史对他们“应有”的“眷顾”了。

国家不幸诗家幸，这“幸”与“不幸”的关系从孔子身上得到了又一次最为典型的例证。如果没有“晏子”或者那个无名的小人，孔子或许只是一个贤能的宰相，其影响力不会比齐国的管仲、郑国的子产大到哪里去。但是，历史没有让孔子这么“幸运”，而是让他遭遇了一系列“应有的”小人，于是，仲尼“厄”了，《春秋》成了，《雅》《颂》正了，《论语》显了，儒学兴了。从这个意义上看，孔子到底是幸运还是不幸呢?

或许孔子早已意识到了这些，因为他有一个最懂得辩证法的老师，那种“福兮祸之所倚，祸兮福之所伏”的道理不会不给孔子讲，那种“有无相生，难易相成，长短相形，高下相盈”的规律不会不让孔子明白。所以，我们可以大胆揣测当年的情形——当孔子偃偃蹇蹇行走于周游列国的路上，惶惶然如丧家之犬的时候，那些为孔子设圈套的小人必然窃喜，甚至为自己的高明而弹冠相庆。然而他们万万不会想到，孔子在路上寻思的，却是“没世而名不称”的忧虑。于是孔子不怨天，不尤人，不担忧别人不了解自己，朝思暮想的都是如何改变自己功夫不到思想不丰学问不成的现状。于是卧薪尝胆，孜孜以求。他不是不知道他在当时的世道不可能见用，但他还要做。他甚至不怕别人笑话他“知其不可而为之”，因为他知道，即使人不知，还有“天”哪!

毁孔子半辈子的是小人，尽管也可能是各为其主的政治家。但成就孔子两千年的除了小人，还有孔子自己，这一点，一定是那些小人或者政治家始料未及的。

谁将身后化青山

读高万祥老师的《我的教育苦旅》，有一篇文章是写春晖中学的。说在春晖中学有一道风景，是夏丏尊先生和夫人的合葬墓。春晖中学，这座我向往已久可至今尚未谋面的吴越名校，曾经聚集过朱自清、李叔同等旷世奇才或一代宗师。而随着人事飘零世道变迁，“风流总被雨打风吹去”了，唯有夏先生的青冢，无言地向人们述说着那一段平淡而又非常的历史。

这让我终于想到厦门大学的校园了。

出于在中国近现代史中的特殊地位，我对厦门大学也是一直心向往之。于是，利用一次到杭州开会的时机，在膜拜兰亭，凭吊沈园，走过百草园与三味书屋之后，吃足了咸亨酒店的陈年太雕，带着蒙眬的醉眼，只身登上了前往厦门的火车。本以为浙闽两省毗邻，没想到在闽越十万大山之中行走，即使是火车也依然艰难。从杭州到厦门，居然走了 20 多个小时。我是从杭州订了返程车票的，结果到厦门后一算账，连晚上睡觉的时间在内，留下的已经不足 16 个钟头。

鼓浪屿是要去的，因为那里有舒婷；集美学村是要去的，因为那里有陈嘉庚；厦门大学也是要去的，因为那里有鲁迅。至于朋友们一直给我推荐的南普陀，我倒是兴味索然。时间紧任务重，于是我在滨海大道旁边匆匆吃了点晚餐，坐在沙滩上吹足了海风之后，第二天一大早，就找了个的哥，用最快的速度实施预谋的计划。

当然，最后一站，是厦门大学的校园。

当时的节令是初夏还是新秋已经记不大真切，迈步在校园的环形甬道，两边树上青青的小芒果已经缀满了枝头。没有上过真正的大学，对大学校园我向来心驰神往，何况这里曾是鲁迅执教与生活的地方。但是，或许是年代久远，或许是如今学子对人文的漠然，我问了好几个学生，也没有得到鲁迅遗踪的半点线索。

正当我漫无目的信步前行的时候，前方一片蓊郁的树林吸引了我的目光——那林下一处高台，高台之上有一块墓碑，墓碑上除了碑文之外，还镶嵌着两张照片，下边的文字注明，这是厦门大学校长萨本栋先生和他夫人长眠的所在。

墓碑旁边，还有一块记事墓表，从文字内容看出，萨本栋先生曾是民国时期厦门大学的校长，为躲避侵华日军的祸乱，他带着当时厦门大学师生，辗转南北，颠沛流离，即使在草野乡间，也仍然保护着莘莘学子们，让他们有处读书，有处安身。抗战胜利后，萨先生亲率师生们重返故地，重建家园。萨先生的笑貌音容，已与厦门大学同在。所以，先生逝世之后，学校便在校园一隅辟出一块土地，让先生永远地安息在这里。仿佛先生依然在和学子们一同作息，和老师们一道起居，一起切磋琢磨。

站在萨先生和夫人的墓碑前，四望都是葱葱的林木。透过林木的缝隙，依稀可见厦大校园中央的下沉广场。墓碑的后边，是几棵高大的阔叶乔木，记不清楚是古榕还是其他树，仿佛是专门为先生撑起的擎天华盖。长眠在这里的萨先生，远离喧闹却并不孤独，幽僻宁静却又不寂寞。

沿着台阶走下这座墓园，我在想，有些校长在位时已被师生诅咒，有些校长一退休便被人们遗忘，萨先生的魂灵驾鹤西归之后，留下一副皮囊尚且被后人珍重到如此程度，足见他生前是如何受师生们爱戴了。能将身后化青山，这样的人生，怎一个“大写”可以形容？

走出墓园向左，蓦然之间，眼前一亮，那不就是鲁迅先生吗？汉白玉雕出的全身鲁迅像站在如茵的草坪中，依然一袭长衫，依然一身孤傲。

我佛慈悲

近日枕边常放一本《李叔同说佛》，陕西师范大学出版社出版，是弘一法师李叔同的演讲稿辑录。一个大才子、大学者、大艺术家与佛学大师，行文却平和简淡，一如他的书法作品。读弘一法师说佛，如同亲聆法师讲经，不疾不徐，不激不厉，娓娓道来，亲切却又凛然。他从自己西湖出家经过说起，说到自己的改过实验，说到自己在南闽十年的梦影，进而说到佛法诸常识及青年佛徒修炼时应注意的事项，最后附录了他参透玄机归平淡的修为格言，向世俗之人揭示了佛门的真谛。梁实秋、林语堂等文化巨擘对李叔同至为折服，称他“一字千金”，赞扬他的思想“值得所有的人慢慢阅读，慢慢体味，用一生的时间静静领悟”。

的确，弘一法师律己是很严格的。他在讲人要“惜福”时，曾讲了一个故事，说他在 7 岁的时候，练习写字，常常拿整张的纸瞎写，不知道爱惜。结果让母亲看到了，告诫他说：孩子，你要知道呀，你父亲在世时，莫说这样的整张纸不肯糟蹋，就是裁下来的寸把长的纸条，也不肯随便丢掉哩！自此以后，少年李叔同一直生活在俭约与平淡之中。即使置身锦衣玉食之间，也依然不改简约平淡的本性。他常常念叨的是幼时父亲请人给家里写的一副对联，上联是“惜衣惜食，非为惜财缘惜福”。虽然后来他成了名噪海内的大师，却还是安贫乐道。他常说：“我知道我的福薄，好的东西是没有胆量受用的。”所以，人们送给他好的衣食或其他珍贵之物，他大多又转送别人了。

用度上的惜福只是弘一法师严于律己的浅层表现，更突出的是他那“表里澄澈”般的内省。他在1937年左右，给自己起了一个绰号，叫做“二一老人”。取佚名诗“一事无成人渐老”和吴梅村的诗句“一钱不值何消说”之中的意味。在声名噪盛的情势之下能够觉出自己的“一事无成”与“一钱不值”，已见大师谦恭到了何等地步。及至后来到了福建泉州，在60岁左右的时候，他甚至说道：出家以后的20年中，自己是“一天比一天堕落，身体虽然不是禽兽，但心则与禽兽差不多。天良虽然没有完全丧尽，但是十分昏聩糊涂，一天比一天厉害，抑或与天良丧尽差不多了”；“自从出家以后，恶念一天比一天增加，善念一天比一天退失”；“到处演讲，常常见客，时时宴会，简直变成一个‘应酬的和尚’了”——毋庸谦虚，也不需要作秀，有如此的精神境界与自省能力，还有什么样的“业”不能解脱呢？每当读到大师这些语句，我不禁为自己时而出现的文过饰非、本没有那么高尚却偏偏要挖空心思寻找理由的行为而感到汗颜。

大师不仅律己甚严，待人更是诚恳。在和青年佛徒演讲的时候，从他如何惜福，如何习劳，到如何持戒，如何自尊说起；从佛祖讲到自身，既弘扬佛祖，也现身说法；既讲明佛理，还能用具体事例说明问题。入情入理，丝丝入扣，对于后学和刚刚修炼者诲语谆谆，不厌其烦。他谆谆告诫出家的青年人，“万万不可以为自己是个小孩子，是一个小和尚，一切不妨随便些”，“能有高尚的志向，没有做不到的”。他一再勉励青年人，“年纪虽然小，志气却不可不高”。可以说沥血呕心，春风化雨，真正践行了他对佛法正义的理解。他反复向世人强调，佛法非迷信，非宗教，非哲学，非厌世，非灭种，非分利，既无悖于科学，也不废弃慈善事业。特别是针对常人容易误解的“四大皆空”，他明确提出“空亦不空”的宏论，“空即无我，不空的是救世的事业”，将入世与出世完美结合起来，非有以天下为己任的度世之心与菩萨心肠，怕是根本无法做到的。

到这里，我突然想到了前几天读到的一本书，中间谈到大教育家夏丏尊先生对李叔同的评价。夏先生说，李叔同在学校教图画与音乐，然而他却能让学生对图画与音乐看得比国文、数学更重要。之所以会是这样，是因为有李叔同的人格背景在。他虽然教图画和音乐，他所懂得的却不仅是图画与音乐，他的诗文比国文先生的更好，他的书法比习字先生的更好，他的英文比英文先生的更好——“这好比一尊佛像，有后光，故能令人敬仰。”在这里，夏先生虽然没有谈及李叔同先生的德行，但从弘一法师律己与待人的一贯作风来看，他不可能不受学子们的欢迎，亲师信道，无论僧俗，其理一也。

当然，我喜欢这本书，还有一个理由，是丰子恺先生为这本书作了插图。不仅画意幽远，且题句意韵悠长。如题为“今日我来师已去，摩挲杨柳立多时”“且推窗看中庭月，影过东墙第几砖”“前面好青山，舟人不肯住”“长堤老树阅人多”几幅，诗中有画，画中有诗，读之如同品咂王摩诘的小诗，回味隽永，满含禅机。特别是一幅题为“人散后，一钩新月天如水”的插图，画面十分简单：茶舍轩窗下茶案一张，茶壶一把，茶碗数只，轩窗上卷帘一幅，卷帘外新月如钩，给人们留下了无限的想象空间，虽寥寥数笔，却已成佳作。插图与书的内容相映成趣，相得益彰，天衣无缝，契合如神。

一颗执着的爱心与责任成就了一位旷代大师，一颗博学与智慧的头颅至今仍令人感佩与景仰！我虽然无缘仰视佛祖及诸尊者的仪容，但从弘一法师的文字里，我分明感到了大师的仁慈与宽厚的胸怀。

呜呼，我佛慈悲！

第四辑　砚田拭笔

去意徊徨

伫立在日见低矮的大堤上，一任干冷的风凉彻我的心肺。在漫天的衰草充盈视野之际，我的心一如那奔泻的河水，自由，舒展，散漫而又坦荡。

又是一个败草离离的初春时节，当太行山脚下的人们忙碌于亲友间的彼此寒暄，围炉而坐交错觥筹的时候，我又回到了魂牵梦萦的大河边——这里安息着我的祖辈和母亲。人间万户闹新春，那边想必会倍加寂寞。这些许的纸灰与薄奠，在人间向来不算什么，但在冥间，怕是相当重视的。

一年一度，每当正月初三，我照例是要回去。我的祖茔，就在黄河滩中。在黄河南北大堤中间，水流不到的地方，顽强地存在着许多村落。千百年来，频仍的水患没能赶走这些人们，却使他们逐渐适应了滩里的生活——将屋舍都筑在高坡之上。久而久之，无数的屋舍连成一片，便成了村庄。

自我上数八世，我的祖辈就开始在此立足了。据说，我的祖上原在河边以摆渡为生，后来有了自己的船，便干起了雇人摆渡的营生。在祖茔中，从我高祖父的上一代再往上数，还可以数上两世。尽管我甚至家族中最年长的父亲都叫不出那些祖先的名讳，但到了祖茔，谁也不敢怠慢最上边那两尊坟冢傲岸的尊严。

祭奠之后，在离开这片黄沙漫天的乡井之前，我照例还是要去趟河边。对这条哺育华夏文明的河流，我有着难以名状的情结。自幼在这里长大，喝惯了混浊但真的“有点儿甜”的河水，习惯了河滩的浩瀚与博大，穿行在楼房林立的狭巷，总有一些说不出的郁闷，仿佛就连目光也要被窒息一般。闲暇时也曾登高望远——据说有人在太行山巅，曾看到过一带白而发亮的水，那就是黄河。然而，除了悬浮大量工业粉尘的一片烟云之外，多少次，我什么也看不见。无奈之中，只能独自发出“攀登高峰兮望我故乡，不见故乡兮惟余茫茫”之类的低吟或浩叹。不过，一年一度的正月初三，在慰藉先祖的同时，总希望让渴望宽阔与博大的灵魂得到一次真正的滋润。

说是河边，其实见不到滚滚浊浪。壶口的狂涛几经跌宕，到这里已相当平静；说是大堤，严格意义上说却是1958年所筑的那道拦河大坝的坝头。在“人定胜天”的年月，这里的人们借着黄河的枯水季节，竟幻想过在这里修建一条拦河大坝，沟通南北，蓄水灌溉，造福乡里。然而，在黄河这段“豆腐腰”上制服这条喜怒无常的狂龙，无异于异想天开。第二年一场大水过后，留下的便只有南北两座坝头了。不过，这坝头却也为北岸的乡民们留下了数以万顷的滩地。种滩地照章不纳粮，对于一向在泥土里刨食吃的庄稼人来说，这无疑是一种莫大的恩泽。

1979年盛夏，高考甫毕，我刚将一头的烦恼连同一头的乱发一起剃掉，一个很偶然的机会，让我走出了乡井，来到了这座山城。高考过后，心中没有一点底儿。在家中百无聊赖，无所事事。忽然有一天，几个同伴约我，说这座城市的技校招生，想去碰碰运气。看着困顿的家境，急于走出家门，于是顾不得少年时期的虚荣与自尊，顶着一个光头就出发了。

那是一个连绵的雨天，我第一次真正感受城市。尽管路上到处都黑黑的汪着积水，但无论是骑车人那色彩缤纷的雨披，还是行人熨烫得笔挺的裤子，连同那坡度颇为可观的街道，都是那么新奇、那么神秘、那么令人神往。然而，到了目的地才知道，技校招生要的是非农业户口。对于我们这些只知道返销粮，不知道商品粮的庄稼后生来说，无疑是兜头泼上一盆冷水。于是我顾不了许多，匆匆扫视了一下这座城市，便又匆匆地离开了。

也许是命中注定，当年金秋，一张薄薄的录取通知书，将我从大河边带出，带到了这座城市。第一天晚上，静静地躺在大学宿舍的上铺，既没有了加入城市人群的自豪，更没有了原来设计过多次的“男儿立志出乡关”的豪迈，思亲、怀土，再加上一丝莫名的恐惧袭上心头，静静的泪水浸透了枕巾——那一年，我16岁。

三年以后，专科毕业，失却了“天之骄子”的高傲与浪漫，当我必须面对现实的选择与淘汰时，我再次与这座城市失之交臂，而且，鬼使神差般地被分到了这座城市附近的一所县属中学。自此以后，我就真正告别了黄沙漫天的故土，开始了漂泊无定的人生之旅。

既是飘零，本亦无所谓寓居何处。然而，也许真的与这座山城有缘，五年之后，我又回到了这座城市。这第三次的到来，我真的成了这座城市的居民。既然身置其间，就当努力为之。“说到不如做到，要做就做最好”，这是我人生的信条。我也曾不止一次给我的学生、同事灌输这样的观念：在竞争日趋激烈的时代，必须把自己锻造得别人不能随便取你而代之，这样你才能站稳脚跟。与别人这样说，我也不断以此自勉。此后我虽然告别讲坛，坐进办公室，但仍沿着这一惯性向前发展，在繁忙与紧张的日子里，倒真的忘了许多的乡恋。然而，一次到滩区学校调研，我目睹了学校的破败、办公条件的简陋、老师工作的艰辛和满地泥猴般的孩子看着我这个“城里人”那异样的目光后，我的心战栗了。我读出了孩子们目光中那带点儿畏惧的艳羡，而且清楚地知道，那与孩提时代的我没什么两样。时光的隧道能使我飞越 20 多年与他们沟通，然而他们却还不能。幼小的童真与幻想虽然美好，但幻想与现实的反差一点都无法拉近。我已经无法再探究个中的缘由，只觉得自己又回到了从前。20 多年来我实现了由乡村到城市的跨越，然而我的起点在这方面却依然如故。我知道经济的困顿必然带来文化的贫瘠，但我也知道文化教育的先行必将会改变比物质更重要的人的精神。我甚至想到，假若有一天我能主宰这样一所学校，我会怎样引导着这一群孩子，让他们把看“城市人”的那种眼神儿改变过来……

寒风凛冽，时而从干燥的大地上卷起一股股尘烟。太阳已渐渐靠近了南岸的邙山，我是该启程了——是从大河边的家到远方城市的寓所。漫漫人生路，我已不知道究竟怎么走才是回归。但我相信，无论在哪一处生命的驿站，我都会听到静静的黄河涛声。

诗酒大侠辛弃疾

——从辛弃疾词作看他的酒风侠气

1162年闰二月的一个夜晚，齐鲁大地，月黑风高。

大帐内，骠悍的金兵将士们正在为投降过来的起义军叛将张安国庆功——向来被金兵畏如豺虎的耿京起义军，因张安国攻杀耿京而群龙无首，乱作一团，这无疑是一件非常值得庆贺的事情——此时的金兵帐中吆五喝六，沸反盈天，到处都弥散着刺鼻的腥膻和酒气。张安国也因新得济州知府的重任而豪情满怀，与金将开怀畅饮。正在他们耳热酒酣兴致正浓的时候，突然，一位彪形大汉闯入帐中，满座的金国兵将立时被惊得目瞪口呆。他们还没有回过神来，张安国早已被大汉一把抓起，绳捆索缚，疾奔而出。待金兵惊魂稍定，披挂招架之时，大汉已将张安国撂上马背，一行50余骑呼啸而去。

当我们把宋词读到“休去倚危栏，斜阳正在，烟柳断肠处”的时候，无论如何不会把这种缠绵悱恻的情怀与身长八尺、膀大腰圆、叱咤风云的赳赳武夫联系在一起。然而，让近千年的文学史都纳闷的事情既复杂又简单，不可思议的事情就是这样发生的。上文提到的那位大汉就是“惜春常怕花开早”的南宋大词人辛弃疾。那一年，他只有23岁。

据史料所载，辛弃疾从体格上一点都不像个文人。他“肤硕体胖，目光有棱，红颊青眼，壮健如虎”。他出生在北宋灭亡13年后金人统治下的山东济南，从小饱受国破家辱之痛，立志收复失地，报效朝廷。1161年，金主完颜亮大举南侵，北方诸路豪杰在“南望王师”没有结果的情况下，纷纷揭竿而起。22岁的辛弃疾也在济南南部的山区起义，拉起了一支两千多人的抗金队伍。不久，这支队伍投奔了耿京领导的抗金义军。正当耿京义军日渐壮大之际，叛徒张安国杀害耿京投降金国。辛弃疾闻讯义愤填膺，与几个兄弟一商量，便有了本文开首那惊心动魄的一幕。

无论从哪个角度上说，辛弃疾都可以称为旷世英雄。这是个千年一现的盖世奇才，无论是文韬还是武略，无论是政治还是经济，无论是才情还是功底，不说有宋以来，在中国历史上也属罕见。有人说他生不逢时，一腔爱国之情、报国之志与满腹经纶无由施展，我倒觉得他似乎并没有多少落魄与悲哀。他的一生似乎该做的事情都做了，能尝试的东西都尝试了，可以施展的也基本都施展了。尽管金人南侵给他带来了国仇家恨，尽管偏安朝廷对他进行了重重的限制与束缚，但好像一点也没有改变他豪放的气质与胸怀，一点没能束缚住他狂傲恣肆的个性，也一点没能削弱他对千百年来文学史的影响力。虽然我们不能说他已经具备了“宠辱偕忘看庭前花开花落，去留无意观天上云卷云舒”的放达修养，但可以肯定地说，他绝对是那种拿得起放得下的汉子。

但，那得有酒。

我真正留意辛词，也是从酒开始的。

20年前，在上大学期间，我印象中辛弃疾是继大苏之后南宋著名的豪放派词人，且他能将豪放与婉约风格并存于一身，这一点要比东坡更胜一筹。当时因为手头只有一本仅选了七十八首的《辛弃疾词选》，读起来不够过瘾。因而虽然喜欢，印象总不十分清晰。大学毕业后，我被分配到一所乡村高中任教。副校长兼语文教研组组长王友桐先生因家境变故，经常借酒浇愁。我开始和他接触的时候，几乎每天都看见他醉眼蒙眬的样子——但他的学生们都说，他在这种状态下课讲得最好，头脑灵活，思维敏捷，左右逢源，汩汩滔滔——于是我们几个年轻教师就劝他，说喝酒上课影响不好。当时他的表示是欲进不能，欲罢不忍。我问：怎么会是这样呢？他没有再说，而是给我抄了两首辛弃疾的《沁园春》词，一首是要戒酒的，一首是要破戒的。戒酒的一首为《沁园春·将止酒，戒酒杯使勿近》，开戒一首的是《沁园春·城中诸公载酒入山，余不得以止酒为解，遂破戒一醉，再用韵》。两首词全阙如下：

杯汝来前，老子今朝，点检形骸。甚长年抱渴，咽如焦釜，如今喜睡，气似奔雷，汝说刘伶，古今达者，醉后何妨死便埋。浑如此，叹汝于知己，真少恩哉！　　更凭歌舞为媒。算合作平居鸩毒猜。况怨无大小，生于所爱，物无美恶，过则为灾。与汝成言，勿留亟退，吾力犹能肆汝杯。杯再拜，道麾之即去，招亦须来。

杯汝知乎，酒泉罢侯，鸱夷乞骸。更高阳入谒，都称齑臼，杜康初筮，正得云雷。细数从前，不堪余恨，岁月都将麴蘖埋。君诗好，似提壶却劝，沽酒何哉？　　君言病岂无媒。似壁上雕弓蛇暗猜。记醉眠陶令，终全至乐，独醒屈子，未免沉灾。欲听公言，惭非勇者，司马家儿解覆杯。还堪笑，借今宵一醉，为故人来。

这两首词，当时读了之后，虽似懂非懂，但让我看到了辛弃疾的另一面，较之我从前接触的辛词可以说耳目一新，而且也隐隐感到他与东坡豪放词的不同，既不完全是内容的不同，也不完全是技巧的不同，似乎更多地融入了人格的差异。但是，由于手头资料所限，要想真正弄明白这些东西还真是不容易，包括弄明白上列的两首《沁园春》。不懂的事可以存疑，先生们的话我还懂得。于是我就将这个心事连同这两首词一并记将下来，夹至那本词选之中，一放就是20年。

虽然放下了，但一直萦绕在心中。因此，当20年后我用几张拙字换得一套《全宋词》的时候，首先做的事就是找辛弃疾的那两首词。

这一回，我真的找到了。不仅找到了那两首词，而且将唐圭璋先生《全宋词》中收录的辛词627首，连同有题无词的7首翻遍，居然查出312首与酒有关，整整占了辛词全部的一半！

一个词人一生中一半的词在记录自己的畅饮与酣醉，在我了解的历代文人中绝无仅有，恐怕单以壮志难酬后的借酒浇愁来解释就不够了。

中国古代的大才子多数都是酒徒——请恕我直言，我不想用“酒仙”、“酒圣”之类的溢美之词，更不想把那些我一向景仰备至的先贤糟蹋成“酒鬼”。但是，这些好饮的才子们却各有各的风格。刘伶颂酒，陶潜把觞，多多少少都带有点自矜出来的名士脾气；“兴酣落笔摇五岳，诗成笑傲凌沧洲”的李太白“举杯邀明月”，“一饮三百杯”，狂饮之态呼之欲出；“儿童误喜朱颜在，一笑那知是酒红”的苏东坡能在月圆之夜“把酒问青天”，喝醉酒后回家，在家僮不开门的时候他还能够“倚杖听江声”，扑面而来的是一股儒雅之气。到了辛弃疾，就大不一样了。这位山东大汉才大脾气大块头大酒量也大，使酒任侠，嗜酒好饮，一生豪爽，狂放不羁。可以说，辛弃疾的豪放如果没有了酒，减掉的绝不会只有三分。

看看下面这些词句，便知道辛弃疾是如何看待酒的了。

富贵浮云，我评轩冕，不如杯酒。待从公，痛饮八千余岁，伴庄椿寿。（《沁园春》）

问人间、谁管别离愁，杯中物。（《满江红》）

为公饮，须一日，三百杯。（《水调歌头》）

醉里不知谁是我，非月非云非鹤。（《念奴娇》）

人生行乐耳，身后虚名，何似生前一杯酒。（《洞歌仙》）。

且华堂，通宵一醉，待从今、更数八千秋。（《八声甘州》）。

我饮不须劝，正怕酒尊空。（《水调歌头》）

三万六千排日醉，鬓毛只恁青青地。（《渔家傲》）

若解尊前痛饮，精神便是神仙。（《清平乐》）

无穷身外事，百年能几，一醉都休。（满庭芳）

江左沉酣求名者，岂识浊醪妙理。（《贺新郎》）

但将痛饮酬风月，莫放离歌入管弦。（《鹧鸪天》）

总把平生入醉乡，大都三万六千场。（《浣溪沙》）

老我伤怀登临际，问何方、可以平哀乐。唯酒是，万金药。（《贺新郎》）

一壑一丘吾事，一斗一石皆醉，风月几千场。（《水调歌头》）

我爱风流，醉中颠倒，丘壑胸中物。一杯相属，莫孤风月今夕。（《念奴娇》）

千古光阴一霎时，且进杯中物。八十余年入涅槃，且进杯中物。万札千

书只恁休，且进杯中物。（《卜算子》）

官事未易了，且向酒边来……五车书，千石饮，百篇才。（《水调歌头》）

忆对中秋丹桂中，花在杯中，月在杯中，今宵楼上一尊同。（《采桑子》）

醉乡深处，不知天地空阔。（《念奴娇》）

……

不敢再抄录了。因为我前文说过，在600多首辛词中，有一半左右有这样的句子。

不过我还想再抄一首，那是辛弃疾写自己的醉态，传神之至，我不敢贪没。

那是一首西江月，题为“遣兴”。词人写道：“醉里且贪欢笑，要愁哪得功夫，近来始觉古人书，信着全无是处。　　昨夜松边醉倒，问松我醉何如，只疑松动要来扶，以手推松曰去。”醉耶？醒耶？是醒中之醉，还是醉中之醒？任凭人们猜想去吧。

辛弃疾为什么会是这样？为什么要这样？我思考了很长时间。

我们无论如何不能排除他报国无门、壮志难酬境况之下的借酒浇愁，当他精心撰写的《美芹十论》、《九议》献给皇上如石沉大海，当故乡还在焦土之下，“佛貍祠下”，已经“一片神鸦社鼓”，当自己辛辛苦苦写就的“万字平戎策”居然还不如“东家种树书”的时候，我们可以想见词人是何等无奈，有谁还能阻止他拿酒去浇胸中那万千块垒呢？

但是，仅仅这样来理解辛弃疾就未免浅薄了些。从宋史中的辛弃疾传记到他620多首词作，再到历代诗话词话对辛弃疾的评论，后来我还专门找到了邓广铭先生的《辛稼轩年谱》，从中我清晰地感到，在辛弃疾的文化人格之中，酒已经成了不可或缺的重要因素，成了成就辛弃疾一代文武雄豪的催化剂。

酒壮英雄胆。

正如燕赵自古多慷慨悲歌之士，齐鲁大地的豪饮和豪放也是声名远播的。辛弃疾的胆大，也多半是让酒给壮起来的。本文开头的那则故事，洪迈在《文敏公集》卷六中也曾有这样的评论：“余谓侯（辛弃疾）本以中州隽人，抱忠仗义……赤手领五十骑缚取于五万众中，如毚挟兔……壮声英概，懦士为之兴起。”各种资料虽然没有辛弃疾事前喝酒的记载，但我们可以想见，他们以50余骑入5万众中之前，那种慷慨赴死的行色是怎么壮起来的。

辛弃疾的胆大不仅在武略上，在做官上也是如此。40岁时他做了潭州知州兼湖南安抚使，上任之后他大胆改革，不仅整顿乡社、罢黜庸官、兴办学堂，还改革了传统的赈灾办法，以工代赈。而且，他为了保境安民，还顶着压力创建了“湖南飞虎军”。特别值得一提的是，他在上司重重设阻，经费、物资无着的情况下，多方斡旋，一一办妥了所有的事情。就连要他立即停下来的御前金牌，他都敢冒着欺君之罪压下来，秘而不宣——这是何等胆大——事成之后他亲自向皇上禀报了详情。尽管他确实建成了一支能打硬仗的军队，连皇帝都“释然”了，但他却得罪了许多官场小人。在以后的一生中他的胆大曾不断惹祸，但他从来没有把胆大造成的麻烦当回事儿。设若没有英武的胆识，没有使酒任侠的豪放气质，没有“无穷身外事，一醉都休”的豪迈与超脱，的确是不可想象的。

辛弃疾不仅为政胆大，用兵胆大，甚至作诗填词也胆大。辛词的豪放与东坡词的豪放不一样，首先是内容上的不一样。国破家辱之感东坡没有，这不能强求，但豪迈人生当豪饮、敢将文章入词中在东坡的确没有做到。东坡的创造在于以诗入词，将“词为诗余”发展到了诗词弟兄，可以写到诗中的都写进了词，把词的内容从“绮罗香泽”中拓展出来。到了辛弃疾则更进一步，他甚至将文章也写进了词里。关于这一点，岳珂的《桯史》曾有一段关于刘过（改之）记载，从侧面反映了辛弃疾词风对当世的影响，很有意思。

> 嘉泰癸亥岁，改之在中都，辛稼轩弃疾帅越，闻其名，遣介招之，适以事不及行，作书归辂者，因效辛体赋《沁园春》一词，并缄往，下笔便逼真。其词曰：“斗酒彘肩，醉渡浙江，岂不快哉。被香山居士，约林和靖，与苏公等，驾勒吾回。坡谓西湖，正如西子，浓抹淡妆临照台。诸人者，都调头不顾，只管传杯。　白云天竺云来，图画里，峥嵘楼观开。看纵横一涧，东西水绕，两山南北，高下云堆。逋曰不然，暗香疏影，只可孤山先探梅。蓬莱阁，访稼轩未晚，且此徘徊。”辛得之大喜，致馈数百千，竟邀之去。馆燕弥月，酬唱亹亹，皆似之，逾喜。垂别，赒之千缗，曰：“以是为求田资。”改之归，

竟荡于酒，不问也。

刘过在南宋词坛也当属风云人物，以刘过的才华，竟佩服辛弃疾到这样的程度，足见所谓的“辛体”在当时的影响。

那么“辛体”到底有何特征呢？我们不妨看看下面几首辛词：

万万千千恨，前前后后山。傍人道我轿儿宽。不道被他遮得、望伊难。

今夜江头树，船儿系那边。知他热后甚时难。万万不成眠后、有谁扇。（《南歌子》）

听兮清佩琼瑶些。明兮镜秋毫些。君无去此，流昏涨腻，生蓬蒿些。虎豹甘人，渴而饮汝，宁猿猱些。大而流江海，覆舟如芥，君无助、狂涛些。

路险兮，山高些。愧余独处无聊些。冬槽春盎，归来为我，制松醪些。其外芬芳，团龙片凤，煮云膏些。古人兮既往，嗟余之乐，乐箪瓢些。（《水龙吟》）

好个主人家。不问因由便去嗏。病得那人妆晃了，巴巴。系上裙儿稳也哪。

别泪没些些。海誓山盟总是赊。今日新欢须记取，孩儿，更过十年也似他。（《南乡子》）

医者索酬劳，那得许多钱物。只有一个整整，也盒盘盛得。　下官歌舞转凄惶，剩得几枝笛。觑着这般火色，告妈妈将息。（《好事近》）

长恨复长恨，裁作短歌行。何人为我楚舞，听我楚狂声。余既滋兰九畹，又树蕙之百亩，秋菊更餐英。门外沧浪水，可以濯吾缨。　一杯酒，问何似，身后名。人间万事，毫发常重泰山轻。悲莫悲生离别，乐莫乐新相知，儿女古今情。富贵非吾事，归与白鸥盟。（《水调歌头》）

我们且不说辛弃疾按常规词体写就的《永遇乐·京口北固亭怀古》《青玉案·元夕》《水龙吟·登建康赏心亭》《菩萨蛮·书江西造口壁》等豪放与婉约兼备、脍炙人口的千古佳作，单看上边列举的几首词就当能够看出辛弃疾是如何把写词不当回事儿的。什么俚语、经文、平白话，只要到了他手里，几乎不费经营都是好词妙句。辛弃疾的才大在这里表现得特别突出，他不仅胸中丘壑万千重，而且胸中诗书万千卷，身轻万事如鸿毛。他“五车书，千石饮，百篇才”。有了这样的大才，加上“会须一饮三百杯”的豪放，他就不可能像有的人那样，面对森严的诗词格律无所适从，因而削足适履。他的一双“大脚”遇到“小鞋”后不是让“脚”被箍住，而是轻轻一踩，便将“小鞋”给撑破了，而且露出来的“脚丫子”又是那么鲜活生动，异彩纷呈。

酒育浩然气。

研究辛弃疾的生平是很有意思的。他虽一生坎坷，却也一生潇洒。他在南宋不仅是个文人，而且可以说不是个文人。他首先是个军事家、战略家、政治家，然后才能算得上文人。他的人格是十分复杂而丰满的。如果把他当成爱国文人，把他描绘得像陆放翁那样十分凄惶潦倒，而且执着到“僵卧孤村不自哀，尚思为国戍轮台”、“死去原知万事空，但悲不见九州同”，绝不是他的本色；如果把他当成岳鹏举精忠报国忠勇可嘉，但在政治大势面前愚不可及以至于自投罗网，也不是他的特点。纵观辛弃疾 68 载的一生，可以说活得潇潇洒洒，什么样的人生况味他都挥洒得淋漓尽致。

他出身名门，从始祖辛维叶就开始做官，祖父辛赞曾为朝散大夫，知开封府，可以说是显赫一时。尽管靖康难后辛赞被迫在金人治下做了官，留下了“一臣事二主”的不好名节，但在他的作用下，辛弃疾从小就受到了良好的教育。这些教育既有正统的儒家经典，更有兵家韬略，甚至辛赞还利用职务之便不断带辛弃疾勘察幽燕齐鲁地理形势，为以后辛弃疾收复失地打下了战略战术和思想方面的基础。因此，在爷爷去世的第二年，辛弃疾就举起了义旗，拉起了抗金队伍。耿京死后他南渡出仕，先后做过江阴签判、建康通判、滁州知府、江西提点刑狱、江陵知府兼湖北安抚使、隆兴知府兼江西安抚使、潭州知府兼湖南安抚使、福州知府兼福建安抚使、绍兴知府兼浙东安抚使等职，也算做了多年偏安朝廷的封疆大吏。尽管才高从来遭人忌，但他几乎做到了“达则治国安邦，穷则诗酒酬唱”。干一行，爱一行，什么事情都做得有声有色。

他 26 岁时写的《美芹十论》和 31 岁作的《九议》，现在读起来仍是难得的政论佳作。其间从宋金两国政治、经济、军事、外交各个方面分析了北伐收复失地的可能性与可行性。尽管当时主和派占上风，他的建议未被采纳，但却为他后来成为主战派政治家奠定了坚实的基础。

要说辛弃疾有了这样的思想、理论及实践的基础，他应该十分执着于他的北伐事业，如遇不用当备现消极才对。但是他不。当江西茶商赖文政起义，朝廷感到辛弃疾还是个有用之才，让他做江西提点刑狱时，他照样慷慨赴任，且3个月解决问题，诱杀赖文政，平息茶商军，干得干净利落又漂亮。38岁做江陵知府兼湖北安抚使时，他采取措施严治盗之法，使奸盗屏迹。40岁做潭州知府兼湖南安抚使时，他整顿乡社，改革税法、赈法，且创建了湖南飞虎军，这支军队后来“为江上诸军之冠”，成了最具战斗力的地方军队之一。53岁做福州知府兼福建安抚使时，他“厉威严，以法治下”，且整顿盐务、钞法，设置备安库，很短时间内就筹措了足够的钱粮军需。直到64岁（去世前4年）做绍兴知府兼浙东安抚使时，他还兴农事、罢税官、整盐务、惜贤才，做了许多彪炳史册的事情。总之，我感到辛弃疾几乎都是按照自己的想法在从政做官。他不在乎同僚的议论甚至皇上对他的迁黜，只要他认为对政通人和、强国富民有好处，他都大胆地做，大胆地闯，闯出了祸便坦然承担，敢做敢当。

当然这样做使很多人不舒服，有的是在辛弃疾的改革中被触动了利益，对他恨之入骨；有的是让辛弃疾给比得昏聩无能，对他嫉恨有加。说他“奸贪凶暴”者有之，说他“用钱如泥沙，杀人如草芥”者有之，说他“贪污酷虐”的也有之——但从乾隆年间的《铅山县志》上得知，这个“贪官”死后竟“家无余财”，剩下的只有些诗词、奏议、杂著书稿——中国人容不得俊才之劣根时时处处不可得而灭之！甚至连在中国哲学史和教育史上有着重要地位的象山陆九渊，也在其间扮演了一个极不光彩的角色——他一边写信与辛弃疾讨论政务，一边又将诬告信写给了足以影响辛弃疾命运的徐之谊，且用语十分恶毒。果然当年冬天，辛弃疾被罢免，且这一次就是12年的赋闲。

看辛弃疾频繁地转任，不了解情况的还以为是皇上重用，实际多数是受了小人的鼓噪与诬陷。当然，辛弃疾的大大咧咧、我行我素也给了那些小人以诬陷的口实。尽管他屡遭小人暗算，但从来不把小人的暗算当回事儿。你让我做官我就要做事，你不让我做官也无所谓，但要我低眉折腰、随波逐流却做不到——辛弃疾的浩然之气从他“富贵浮云，我评轩冕，不如杯酒”之中便可找到准确的注脚。

写到这里，我想起了台湾诗人余光中的名句：

酒入豪肠
七分酿成了月光
还有三分啸成了剑气
绣口一吐就半个盛唐

当然，这是写李白的。但我分明感到，辛弃疾的爱国情怀、抱国志向也因酒而被酿造得沉郁顿挫，潇洒风流，色彩缤纷。

壶里乾坤大。

辛弃疾的人生很是特殊，他豪爽做人，潇洒为官，数度起落，几经兴衰。在八任知府六任安抚使的任职过程中，极尽宦海浮沉，时有大起大落。虽然小人不断在他身边拨弄是非，把他整得十分尴尬十分狼狈甚至啼笑皆非，但他居然越活越受重视，越来身价越高。67 岁（去世前一年）朝廷还要任命他做绍兴知府兼浙东路安抚使，然而他真的看透了这一切，也厌倦了被人颠来倒去地整，上书辞掉了这一任命。68 岁，也就是在他去世那年，主战派重臣韩侘胄当政，还要把这个重病缠身的老头子拉出来做兵部侍郎。他去世前几个月，朝廷先后给他加封朝请大夫、朝议大夫、枢密都承旨。去世之后，又追赠了四个官职。甚至在他去世后第 26 年，追赠光禄大夫；去世后第 68 年，又加赠少师，敕谥“忠敏”。

官场上人走茶凉的定式在辛弃疾身上表现得如此悖逆，实在不可思议。固然有主战主和此起彼伏的影响，但对于辛弃疾的人生来说，的确是太具有讽刺意义了。

辛弃疾所受的教育是非常正统的教育，生活的环境又是酝酿慷慨悲歌的环境。正义加血性，常常会把人引向极端，再加上如此雄才大略，设身处地想一想，我们实在难以想象他一次次被政治风波抛入谷底时的那种感受，实在不知道他是怎么挺过来的。

然而他的确挺过来了。不仅挺过来了，还给我们留下了许多脍炙千古的名篇佳作。

究竟是谁帮助他渡过了一次次的难关？是谁一次次地为他抚平心灵的创伤，让他的人生负载具有那么好的弹性？这时候，我不由自主地又想到了酒。

我常常想，中国古代特别是唐宋以降，文人在文化哲学上，多数都是脚踩两只船的——儒家的入世哲学和道家的出世哲学“两样货色齐备，各有各的用途”。虽然孟子说的“穷则独善其身，达则兼善天下”讲的是儒家最负盛名的治平之道，但如果把老庄加进去后，这种处世哲学几乎成了世代文人自我调节的最有效的办法。当然“独善”也不是不要“道具”，酒就成了最好的凭借。

晋王朝不让士子们议政，他们就谈玄饮酒，“竹林七贤”兴致上来的时候甚至在竹林中裸饮狂啸。李白醉酒后让高力士穿鞋侍候，看似醉态百出，实是不平心理的借酒表现。辛弃疾的饮酒，如果说生命的前半部是地域因素和性格因素使然，那么到了后半部，随着人生况味的历练，酒在生命中的作用自然也就具备了缓冲政治挫折的功能。有人说这是自我麻醉，是消极对待人生的表现，甚至有人还说这是“精神胜利法”，是阿Q式的国民劣根。我倒觉得，这恰恰是积极人生态度的张扬。在遇到不可抗力的时候多一分柔韧就多一分自我保护，只要青山不倒，终有复兴之日。如果把这样的东西也当成“精神胜利法”，那么鲁迅的“韧的战斗”精神如何解释？就连美国的摩天大楼还允许有一定的摇摆幅度——那摇摆也是为了自我保护——我们如果没有更隐蔽的目的，干吗不允许人家有些许的变通？！

我们且看辛弃疾是如何将酒“御寒”的：

万事一杯酒，长叹复长歌。杜陵有客，刚赋云外筑婆娑。须信功名儿辈，谁识年来心事，古井不生波。种种看余发，积雪就中多。　　二三子，问丹桂，倩素娥。平生萤雪，男儿无奈五车何。看取长安得意，莫恨春风看尽，花柳自蹉跎。今夕且欢笑，明月镜新磨。（《水调歌头》）

老去浑身无着处，天教只住山林。百年光景百年心。更欢须叹息，无病也呻吟。　　试向浮瓜沉李处，清风散发披襟。莫嫌浅后更频斟。要他诗句好，须是酒杯深。（《临江仙》）

身世酒杯中。万事皆空。古来三五个英雄。雨打风吹何处是，汉殿秦宫。

梦入少年丛。歌舞匆匆。老僧夜半误鸣钟。惊起西窗眠不得，卷地西风。（《浪淘沙》）

四座且勿语，听我醉中吟。池塘春草未歇，高树变鸣禽。鸿雁初飞江上，蟋蟀还在床下，时序百年心。谁要卿料理，山水有清音。　　欢多少，歌长短，酒浅深。而今已不如昔，后定不如今。闲处直须行乐，良夜更教秉烛，高会惜分阴。白发如许短，黄菊倩谁簪。（《水调歌头》）

只要我们稍加留意，就会感到，辛弃疾尽管在仕途上失意后端起了酒杯，但他并不是凄苦地借酒浇愁，而是看得更开了些。虽然有些及时行乐的感觉，但此时他不这样做又能怎样做——万千抱负都付之烟云，连杯酒也不让喝吗？

辛弃疾如此嗜酒，是不是够得上一个十足的“酒鬼”了。其实，只要你留意，就会发现，辛弃疾的喝酒绝不是贪杯，他并不完全沉湎于酒。除了本文开头引用的要戒酒的《沁园春》外，他抒写止酒的还有好几首词，因为他也感到了酒对于身体的损坏。但是，一旦是豪兴上来，或是挚友相聚，就顾不了许多了。他有一首《最高楼·送丁怀忠》，写得情真意切：

相思苦，君与我同心。鱼没雁沉沉。是梦他松后追轩冕，是化为鹤后去山林。对西风，直怅望，到如今。　　待不饮，奈何君有恨。待痛饮，奈何吾有病。君起舞，试重斟。苍梧云外湘妃泪，鼻亭山下鹧鸪吟。早归来，流水外，有知音。

虽然他的确身体已有问题，但为了知音朋友的情意，为了使朋友不留憾恨，就顾不了太多自己的事情了，“君起舞，试重斟”吧。豪侠之气溢于词表。

从古到今，诗酒是不分家的。有诗无酒终叵耐，有酒无诗不风流。且在诗酒相谐的问题上，诗胜于酒者近乎迂腐，酒胜于诗者近乎粗蛮。但古往今来多少诗酒英豪，随着无情岁月的雨打风吹，已变得日渐漫漶。辛弃疾之所以让我一直激动了20年，是他在诗酒之外又多了些英风侠气，多了一些潇洒风流。在浩然正气的激荡之下做自己的事，活自己的人，宠辱不惊，应付裕如。出入之间，进退之度，把握得十分到位。难怪有人要把他推上宋词第一的高位。

辛弃疾的两首词让我激动了20年，相信他的潇洒人生还会让更多的人更长久地激动下去，他的人生态度还会使更多的人参悟出更多的人生至道与真谛。

辛弃疾是两宋的骄傲，也是上一个千年的骄傲。在我们思接千载、顾盼辛弃疾的时候，更期待着新千年文坛伟大人物的诞生。

关于徐文长兼及艺术批评现象的批评

读完疏影横斜先生搜集的关于徐文长的有关介绍和书法资料，感觉受益匪浅。以前我对于徐文长的了解，多数停留在对他书画的观赏和简单的文字介绍上，虽然有些时候“窥一斑”也可以概述出“豹子皮”的大致特征，但实话实说，管窥蠡测，毕竟只是不完全归纳，不可能有完全归纳那么科学准确。不过，天下事真正能够做完全归纳的至今怕也没有几个物类——我们人类宏观上对宇宙了解得甚少，微观上对自己知道得也很是不够。于是，就只能认识到哪里说到哪里，大话与定论一般还是慎重些好。

我对于徐文长的初识，是 20 世纪 80 年代初，在一本杂志的封三上见到他老人家的《青藤书屋图》，题款是“几间东倒西歪屋，一个南腔北调人”，泼墨写意，画境淡远，很是喜欢。于是便把这片纸专门剪裁下来，再褙上一层厚厚的洗像纸，夹到书里。与其说是做书签，不如说是为了随时都能看到它。而后由于一直没有再在这些个领域涉足，20 多年间对于徐文长的了解也就仅限于此了。

20 多年，我对于书法的喜好一直没有间断。习练与阅读的领域日渐宽泛，对于徐文长的字也时常见到，当时的感觉是，徐文长的字狂放不羁，并没有多往深处想。中国书法向来有以文人书法、画家书法、政治家书法为那些文人、画家抑或政治家写得不太入眼的字进行开脱的先例，以为他们毕竟不是专业书家，即便字写得稍逊风骚，也可以理解，可以融通。直到在一期《中国书法》杂志的封二上看到徐文长被列入中国上个千年十大书家之一，才真的惊讶起来。

从后来搜集到的包括焦作“沁园春”网站上疏影横斜先生贴上的资料看，徐文长无疑是个才华横溢、性格乖张、狂傲孤介而又十分不幸的士子。本来已经是庶出，生母又不能见容于嫡母，虽少有才气，然在家不能倚重于父兄，出门又不能进身于仕宦，成年以后也只能入赘于妻家，够倒霉的了。即使 40 岁左右见用于兵部右侍郎胡宗宪，也的确有了立马昆仑、掣鲸北海的机会，然而天妒英才，好景不长，随着奸相严嵩去职，徐阶出任首辅，顺藤摸瓜，居然把胡宗宪给逮捕入京。嘉靖四十四年，胡宗宪再次锒铛入狱，并死于狱中，胡氏幕府多受牵连。本来徐文长就代胡宗宪写过吹捧严嵩的文章，此时更如惊弓之鸟，思前想后，万念俱灰，旋即以锥锥耳，希望以死了却尘间烦恼。不过，此次自杀没有成功。此后每有舛运，他便自残，以至自杀达九次之多。而且有一次他怀疑继妻不专，居然将妻子杀死，他自虐到了发狂的程度。入狱出狱一直到他 73 岁溘然辞世，可以说一生命途多舛，是一个不幸的人生。

徐文长的不幸，首先是大才不能见容于世的不幸。中国古代的文人，很少有不恃才傲物的，徐文长也不例外。徐文长的画、诗乃至于文独具个性。特别是他的画，开大写意中国画的先河，对后世的“扬州八怪”、大涤子、吴昌硕、齐白石影响甚大。郑板桥常用一方“青藤门下走狗”的印章，齐白石也说“恨不生三百年前”，为青藤“磨墨理纸”。他的诗也确实很好，以至于后来公安派主将袁中郎在朋友陶望龄家中看到他的诗文稿，拍案叫绝，惊问是今人还是古人。这样的大才却生而不幸，也不能见用于朝廷，无论如何不能说他所处的是个好的社会环境。

徐文长的不幸，也是中国社会发展不幸的缩影。在与徐文长大致同时，欧洲正在演化着一场意义与成就远大于自身的文艺复兴运动——实际上是人性与神权的抗争。也许同种物类心脉相通，中国尽管早期的资本主义没有真正形成，但明朝中期在文化界形成的思想启蒙运动也在涌动，文学领域的公安派、性灵派自不必说，理学领域顾宪成等也在兴办书院，讽议朝政，裁量人物，指陈时弊，锐意图新。在东林书院，“风声雨声读书声声声入耳，家事国事天下事事事关心”。在画界更是如此，徐文长早已冲破旧规，用笔放纵，水墨淋漓，气格刚健而风韵妩媚，具有诗一般的抒情性和韵律感，不仅取得了很高的艺术成就，也在画坛撕开了一个口子，让沉闷已久的画坛“迎面吹来了凉爽的风”。然而，中国封建的桎梏并没有因为这些人的呐喊而稍加松弛，随之而来的是朝廷特务组织的残酷迫害，中国思想启蒙的航船就这样搁浅了。

当然，在说到诸多外部条件的同时，不能不提及，徐文长的不幸，也一定有他个人的性格的因素在内。文人的细腻与敏感在社会的重压之下，使他发展到孤傲与偏执，早在得志于胡宗宪幕府时他就已经放浪形骸、性情乖张，屡次失败之后更是无所谓了。特别是在他杀妻坐牢出狱之后，20 年他几乎都是在时而清醒时而反常的情况下度过的。用他自己的话说：“畸谱屡称祟兆纷纭，盖精神颠倒至老未已也。”虽有时十分清醒，但的确常常精神错乱。 对生命的尊重本身应该是他所倡导的那种思潮最终的宗旨——其实就连《圣经》也要把自杀者下地狱的——然而徐文长不仅不尊重别人的生命，对自己的生命也缺乏足够的责任心，精神世界中萌发的人文精神与他不自觉下意识的行为形成强烈反差，不仅发疯杀死了自己的妻子，而且稍不如意便向自己开刀，自虐，自残，甚至自杀。人们知道，什么样的社会形态都不会诸事遂心，如此脆弱的性格，即便放在任何社会形态中，都不难想象最终的悲剧结局。

说到这里，便该论及徐文长的书法了。

说到书法，自然要说书法的审美价值。徐文长书法作品的文物价值非常重要，这是不争的事实。我们从徐文长的书法作品中能够看到他受到压抑的人性在笔底的表现，从而感受到一个大艺术家当时的不平，进而推测那个时代是如何反动，推测徐文长作为一个大艺术家思想变化的轨迹与各个发展阶段的变化特征。可以说，这些东西从他的画中可以看出一些——主要也在题款中——从他的诗中可以读到许多，真正表现得淋漓尽致的，则是在他的书法作品中。当然，这些价值只能说是他书法作品的文物价值。

平心而论，书法作品的文物价值不能代替它的审美价值。若论及徐文长书法的审美价值，我实在不敢与当前的一些所谓的“权威”观点苟同。从徐文长之后，真正赞扬他书法成就的人并不多，袁中郎盛赞其诗，郑板桥、齐白石盛赞的实际上是他的画，尽管后来也有人强硬地把徐文长往苏、黄、米甚至“二王”上靠，但说实在的，把手头能见到的徐文长的东西翻遍，不要说找不到上述大家的神，就连形都很难找到几笔。行楷之无足称，一些人便开始称其狂草，说狂草“笔墨恣肆，满纸狼藉，不计工拙，所有才情、悲愤、苦闷都郁结在扭来扭去的笔画中了”。其实，如果用这样的标准来衡量中国书法狂草的成就，以为只要是能够“见性见情，真挚感人”就能够“允为神品”，那么你走进民间，中国的“狂草艺术作品”可就“举不胜举”了。痛苦者可以为之，发狂者可以为之，兴酣者可以为之，酒醉者也可以为之，甚至儿童撒野也可以为之，只要会写中国字，只要记住基本的草法——那没有多少难度——就可以做“草书大家”了！

尽管后世称赞徐文长书法成就的实在不多，倒是后世人看到不少从徐文长自己嘴里盛赞自己书法成就的文字。他曾经说“吾书第一，诗次之，文次之，画又次之”。他应该非常清楚他的画最受欢迎，他的诗也很受推崇，但是他的字却没有几个人赞赏，所以才这样评价。就好像一个人卖东西，他把人们都能分明的价值最低的货标到理想的价位，剩下的你只能往上抬价了。明眼人一看，便知道这是“花招儿”。而且，徐文长为了让世人赞同他的上述观点，还抛出了一套更玄的理论：“高书不入俗眼，入俗眼者非高书，然此言可与知者道，难与俗人言也。”按照徐文长的理论，雅俗共赏如《兰亭序》、《黄州寒食诗》、《蜀素》、《苕溪》之类，怕都得打入“非高书”之列了，因为这些旷世经典全都能“入俗眼”。

上天赋予人的才华应该是有限的，一个人在某一个方面能取得一定的成就已经不易，怎能路路都通，“盘盘皆和”？可是偏偏中国古代文人就有个毛病，总是要求全责备，有让自己诗书画“三绝”的，有让自己诗书画印“四绝”的，也有评人琴棋书画都“通”的。其实，才力能达到诸类皆通的人已是少数，更何况由于现实社会、生活万象羁绊，能投入诸多领域都有相当精力的人就更是微乎其微。在这样的情况下，求得诸多方面成就的名声，就要靠点拿不到桌面的本事了。在我们当今的社会之中，不也照样有些想当“大书家”的人，自己知道才华不及古人，功夫也不及古人，干脆就来个不跟古人比。正道走不通就走偏道，偏道走不通就走邪道，甚至你用右手我用左手，你用手我还可以用脚、用嘴、用胳臂，使的都是怪招儿——怎么样？咱练的就是“专补火车外胎”的功夫，你成吗？更有甚者，他还有成套的理论。有的是自己弄出来的，有的竟然是花钱请别人给“捣鼓”的。形形色色，不一而足。

这样的手法出自艺林下三滥的手里我们并不会感到惊讶，但这是徐文长，是我们景仰有加的艺术大师，实在不好理解，甚至感到这位大师有点像《皇帝的新装》中那位“皇帝”的做法——只有不忠于皇帝的人才看不到皇帝的新衣服。老天爷！谁还敢说看不到啊。如果把这句话套用过来，那就是，徐文长先生说了，只有俗眼才看不懂我的书法，只有俗人才听不懂我给他的解释。天哪！以徐文长那样的蜚声艺林的卓越形象，谁还敢说他的字不好呢？！

然而，即便可以这样推理，我们也不愿意埋汰这位先贤的形象，毕竟他在中国画史上的贡献是无可替代的，我们只愿意把实际情况想象成如下的画面：徐文长先生在满腹牢骚满腔悲愤无以复加时候抓起了笔杆儿，不管内容（他抄的杜诗“秋兴八首”就到处都是错别字），也不管字法，只画得一片狼藉。画完之后，郁结于胸的怨气消解了不少。然后，他从眼睛的余光中瞥出一丝冷笑，又打心眼儿里迸出这么几句话：管他娘的，弄到哪儿算哪儿，就这样了——这应该符合他的个性！

中国的艺术批评为尊者讳流毒甚广，所以，也真的难为后世的许多批评家了。他们谈及徐文长的书法，说它好吧实在是一般（作为一个画家书法或者说一个有点神经质的艺术家的书法还是有其一席之地的），说它不好吧老先生已经那样说了。唉，人云亦云吧。这年头，谁的影响大听谁的吧！

虽然这样说，但徐文长书法的历史作用也仍然是要考虑的，虽然他没有把握好这个度，但受他思想与精神的影响，明清时期的确产生出了一大批卓有成就的大书家，张瑞图、黄道周、王铎、傅山各自异彩纷呈，将性灵与法度结合起来，将传统经典与自己的艺术个性结合起来，成就了一代真正意义上的书法艺术大师。

现在我们再跳出徐文长来看书法艺术的价值，便会清楚许多了。

书法艺术对于艺术家本身来说，是有疏泻情绪的价值，但这毕竟只是其价值的一种，甚至是所占份额不大的一种；书法艺术对于艺术欣赏者来说，更多的价值应该是它的审美价值和它内容的劝谕、激励、鼓舞、励志、陶冶性灵、养性怡情等诸多方面的价值。一度有人想将中国书法的内容抛却，把它作为一种纯线条的艺术，结果没有多久就走不通了——就连日、韩书法多数也还是以中国传统文化精粹为内容的，我们到底要干什么？而对于后代的研究者来说，特别是以书法家为研究对象的研究者来说，书法的文物价值当然也不可忽视。

当今社会的书法艺术家将书法艺术引向什么样的方向，并不是无所谓的事情。书家的艺术追求理应在求真求善求美上下功夫，特别是在造福社会、扮美人间上下功夫。因此，在书法艺术家追求之中，“善”与“美”是两个十分重要的标尺。如果说“真”，也绝不是单指你进行书法创作过程中的“真情绪”，更重要的是放掉浮名私利的“真性情”，是书法艺术锻造过程中的“真功夫”，是书法艺术理论方面的“真诚”引导。书法艺术家的创新与书法正道并不矛盾。只有正确的引导才能迎来真正意义上书坛的“百花齐放，百家争鸣”，而不是朝着某些权威“书法家”的个人喜好，弄成千人一面，或者千面一瑕。

雨中谒韩文公墓

凡做教育的人，大都对韩愈有着独特的情结，这倒不单是因为老先生的《师说》彪炳千古，更重要的是那场“起八代之衰”的古文运动——文风影响世风，世风滋养后昆——这是无数教育人梦寐以求的境界与局面。

然而，尽管我工作的地方距离韩愈的陵墓仅只百里之遥，尽管我曾多次随同或陪同别人到韩愈墓参观，但大多是走马观花，真正留意的却是今年春雨之中的一场拜谒活动。

在如织的细雨之中，我们来到位于河南孟州城西的韩园。这里大多数建筑都是近年为增扩韩园规模而建造的。从第一道山门进入，两侧居住的人家已经按照规划建起了沿街门店，但由于游人稀少，也便没有形成应有的商业气息。进得第二道山门，甬路两侧是现代工匠用汉白玉雕刻的唐宋八大家造像，由于排放过于整齐，居然有了些“侍立”的味道。好在昌黎先生也在其列，没有显得多少对其余七家的不恭。文人虽有师承，但在人格上都是独立的，这一点绝不同于宗族或者朝廷！

通过八位大师“护卫”的“神道”，过祭坛，便是陵墓正门。正门中央高悬着江泽民题写的“韩园”，左右上方分别悬挂两块牌匾，右侧是香港中文大学饶宗颐教授手书的“泰山北斗”，左侧是日本京都大学清水茂先生书写的“文起八代之衰”。内外楹柱上分别是胡乔木和纽约潘力生先生的联句。胡乔木的大气，道是“绝代文豪当时孤军奋战，无双遗产如今万众观摩”；潘力生的雅致，道是“辟佛老弘儒学扬道德仁义之风心雄千古，去陈言扶大雅正文章绮靡之习名重八家”。记得有一次一位导游小姑娘在读这副对联时没有断好句子，结果把意思弄得恰恰相反，而后我悄悄地告诉了她当在什么地方停顿，此次过来虽不是那位导游，却也没有读错，此一喜也。在韩文公墓前没有文字素质较高的导游，实在说不过去。

进得正门，迎面矗立的是当地开明士绅毛望庭先生捐刻的韩愈雕像，雕法古朴粗犷。昌黎先生手握书卷，凝视远方，若有所思。中国有良知的文人常常为载道苦恼，沉重的崇高使他们很难解开紧锁的双眉。正门过后是穿堂，穿堂门上高悬的是著名文艺理论家、中国古典文学研究专家、书法家、教育家霍松林先生的手书匾额“山海壮观”，两侧廊柱上是先生的手书楹联：诗开异境山奇险，文涌狂潮海浩茫。穿堂内，东侧是韩愈的书法碑刻，上边是草书“鸢飞鱼跃”四个大字，下边是他手书王摩诘的《白鹦鹉赋》。韩文公留下的墨迹极其罕见，碑刻也不多。从结字到运笔，都没有大唐气象，难怪有人推测可能为宋人伪托。西侧是乾隆御书韩愈的《送李愿归盘谷序》，字肉多骨少，大而无力。有清皇帝善书者不少，但乾隆的字实在一般，可他留下来的东西最多，以量取胜，也不失为一条“留芳”的途径。

过了穿堂，便看见了中间的高冢，冢前是两株千年唐柏，清乾隆庚午年孟州知县仇汝瑚重修韩愈墓时，两株老柏就分别“高五丈围一丈一尺”“高四丈围一丈一尺”了，如今更是老干虬曲，黛色参天。墓冢之上，遍布野山枣树，自下望去，如龙腾蛇舞，苍劲盘曲的枝杈的剪影投射到天空，似乎也颇有昌黎文章劲涩聱牙的感觉。

世上化腐朽为神奇的人毕竟是少数，化神奇为腐朽的倒是很多。记得前些年我到韩愈墓园参观，见两株唐柏的主干之上，到处都是红布条子，还有许多还愿的旗幡，上写“韩老爷保佑孙子考大学有功”的有之，“韩老爷保佑身体康泰”的有之，甚至还有写“韩老爷送子有灵”的。这一次过去，倒是不见了这些东西，但是却发展成了“绕墓走一遭，幸福少不了”的项目——实在没有办法。

在出来的时候，雨也基本上住了。那些朝北的楹柱上有一些对联，皆是当今孟州贤达的东西，供游人出门时观赏的。或颂扬韩愈功德，或吟咏园林风物，也颇值得一观。

此次的拜谒活动由于事先有所准备，便记下了这些文字。写到这里，倒觉到对不住柳河东了，几次到山西运城，居然没有机会一谒柳宗元的遗迹，实在是罪过。

入冬以来的第一场雪

今年入冬以来的第一场雪是何时下起来的，下雪的时候有什么异样，如今确乎记不大真切了。在模模糊糊的印象中，那场雪不大，也没有在地上留下太多的痕迹。虽然在残存的记忆中，也有一点早上拉开窗帘，看见楼下道边绿篱上薄薄覆盖着一层雪的印象，也有过校园里孩子们在仅有的一点雪地上夸张地打雪仗的记忆碎片，而且在不太清晰的记忆深处，似乎还真的有过在一个雨夹雪的夜晚，透过窗户，看到楼下匆匆而过的夜行人，一时兴起，像模像样地填了一首《永遇乐》的片断。然而，要说对初雪的感觉，的确是十分漫漶。

翻开我的本子，那首《永遇乐》赫然在目：

夜雨无声，小窗寒透，凄凉世界。霜霰纷飞，青君无奈，碧梧飘黄叶。阑珊灯火，匆忙过客，萧瑟人声明灭。凭栏久，新愁乍起，搅得清思凛冽。

归途渺渺，前路茫茫，难得素心若雪。孽海情深，斯人渐老，都道空悲切。蓦然回首，沧桑历历，俱是秦宫汉阙。漫吟唱，大江东去，晓风残月。

这首词记录的应是当时的心绪。照实说，我是比较达观的，遇事多能看得开。然而，为什么在这首词中弥散了那么多的悲情愁绪，如今却说不大清楚了。

不过，人生的悲喜与离合，一如月亮的圆缺、雨雪的飘落，本是极自然的事情，因而，也没有必要非得寻找出个中缘由。天下事了犹未了何妨以不了了之，至少我是这么想。

然而，作文的题目是“入冬以来的第一场雪”，我现在是在给学生们写下水作文，倘若只是一片模糊与朦胧，那可如何向学生交代？我真的不愿扫学生们的兴。

于是，我就只好作朝花夕拾了。

其实，在我的记忆深处，有许多关于大雪的画面。儿时在黄河滩的老家，堆雪人儿，打雪仗，滑雪比赛，雪光夜游，都是极有趣的事情。后来我来到城市，冬日里大雪飞扬，寒夜在路灯下仰望天宇，看纷纷的雪片自冥际飘落，尽管凛冽的寒风“搅得周天寒彻”，但那场景，也自有一番情趣。然而，如今，要让我回想关于雪的最深刻的记忆，还得说到1999年的冬天。

那是一个干冷的冬天。寒风起处，便是尘土飞扬。我那时已在市教育局工作，因为不久前接待了一个哈尔滨市的教育考察团，得到人家盛情相邀，我们几个人便在中原冬雪还未来得及飘落的时候，断然决定，到哈市回访。

当时的哈尔滨，最低气温已经零下28摄氏度，屋内虽然暖意融融，屋外却是滴水成冰。一天下午，当地的主人陪同我们参观哈市胜景“冰雪世界”。当时的天空也是阴阴的，雪花稀稀落落地飘着，有一搭没一搭的。北国的雪真的不像中原，没有大如鹅毛的雪片，一般是霜霰般的颗粒，那“大如席”的雪花，怕是只能以李白笔下“燕山”为北限了。

太阳岛旁边的松花江面，早已冰封雪盖，上面仿佛刚刚进行过一场雪雕比赛，许多高大的雪雕造型参差错落，巍峨而壮观。在冰雕区域，到处冰晶玉洁，晶莹剔透。彩灯起处，如梦如幻，仿佛置身仙山琼阁。那些迷幻的景色虽让外地游客流连忘返，然而当地的人却没有多少兴趣，陪同我们的李先生告诉我，如果不是因为我们，他已经六年没到这里来了。我们也感到惊讶，造物主实在是不公，如此的胜境他们居然熟视无睹！不知道那位朝饮兰露、夕餐菊英的屈子，时间长了是不是也会不知道高洁为何物！

冰雪的寒冷我真的领教了。当时我只穿了一双单皮鞋，好在入园时还买了一双棉袜子套了上去，刚开始还行，走着走着便支持不住了，不但脚渐渐没了知觉，就连鼻孔中不自觉垂下的清水鼻涕，还没流出便在鼻孔中凝结成了冰块。

夜色渐渐围拢上来，霓虹灯的色彩更加迷人。雪，仍旧有一搭没一搭地落着。我们都已经不堪其冷了，仿佛再待下去，我们也都可以穿上一管彩灯做冰雕了。

晚上，我们受到了盛情的款待，那是东北民间最隆重的盛宴——杀猪菜。

后来，每当遇到大雪纷飞的日子，我仿佛都能真切地回味出杀猪菜那浓烈的香来。

今年的冬天，在中原，我没有感受到真正的大雪。

将军，也可以这样做

时维九月，序属三秋。在“潦水尽而寒潭清，烟光凝而暮山紫”的清秋时节，我们应邀赴新县参加河南省杂文学会的年会。新县是共和国著名的将军县，也是解放军传奇上将许世友将军的桑梓之地，心中向往久矣，当然是非去不可了。

穿行在时断时续的霏霏细雨之中，带着南太行山麓的微微酒意，我们驱车千里，纵贯中原，来到位于河南省最南端，紧邻湖北麻城、红安的新县。停车安顿，故友寒暄，接受主人们的款款盛情，完成学会年会的相关程序，自然是少不了的事情；但是，拜望久仰的许世友将军，才是我此行的主题。

许世友将军不仅在现代战争史上是个传奇人物，就当代政坛而言，他也是个性鲜明、故事颇多的英雄！当年他从少林寺走出，弃戒从戎，一套拳脚所向披靡，一把大刀威震敌胆，杀出了五彩斑斓的英雄本色。近年在荧屏久热不退的电视剧《亮剑》中的李云龙之所以那么受人喜欢，据说就浓缩有他的影子。新中国成立后无论履职何处，他都能深受毛泽东主席的信任，甚至可以说毛泽东对他达到了“溺爱”的程度——他想怎么喝酒就可以怎么喝酒，想怎么骂娘就可以怎么骂娘。国家实施殡葬改革，推行火化制度，举国元戎何其广众，别人都不能例外，他一句“生为国尽忠，死为母尽孝”就能够得到特别的恩准；自古来“狡兔死走狗烹飞鸟尽良弓藏”的铁律在他这里神奇地失效，他不仅功高而不震主，甚至多疑到身边战友多为所累的毛泽东竟然允许他带枪面圣。此等特权，在共和国的将帅队伍中绝无仅有，即使翻遍二十四史，能够享此殊荣的开国将军怕也是寥若晨星。

会议第二天，新县县委宣传部领导陪同我们乘大巴前往将军故里参观。车行在蜿蜒曲折的山道上，两旁的水田已然干涸，秋稻已经收割，小麦尚未下种——当然，我这只是想当然。在豫北我的故乡，以盛产优质水稻闻名遐迩的原阳县，一般是一年两季，麦茬稻，稻茬麦，很是规律，土地没有可以喘息的机会。而向南走，气候是逐渐变化的。尤其过了淮河，气候竟神奇般地显现出了根本的不同——雨量充沛，气候温和，山上林木葱茏，田野水草丰美。然而，这里是不是也如同我的家乡一样种小麦，我却浑然不知，只能是揣测而已。

车渐行渐远，山也渐入渐深。看着这片曾经养育过共和国红色军队一个方面军的土地，心中不禁肃然。我曾到过井冈山，在那个血雨腥风的年代，那片土地上生民的头颅经常如同韭菜一般被对方一茬茬地割取。然而生命之力就是这么伟大，一茬茬的头颅被割下来，又有一茬茬的头颅长出来。甚至没有头颅，也如刑天舞干戚一般，大喝三声，地动山摇，猛志常在。井冈山如此，所有的革命老区概莫能外，我们脚下的这片土地，泥土中怕仍旧留存着当年的殷殷血痕。想到这里，油然几句诗句从心头涌出：

纵贯中原一念深，霏霏细雨忆将军。
英雄血沃东南草，阡陌青青聊慰君。

到将军故里，连妩媚多姿的解说员都穿起了当年红四方面军的军装。在她的导引下，我们经过将军广场，直接从右侧拾阶登山。此处山并不高，但林木阴翳。林间湿漉漉的秋风阵阵吹来，似乎还夹着淡淡的酒香。几经曲折，我们来到了许世友将军的墓前，酒香也渐渐由丝丝缕缕转而浓烈起来。将军墓冢不大，花岗岩石砌而成。墓前有碑，质地也是花岗岩。墓碑正背两面的文字均为范曾书丹，笔力宛转遒劲。碑前香炉虽无香烟缭绕，然余烬盈炉，可见香火之盛。炉前一字排开三只酒碗，碑前一字排开两盏酒杯。盖将军一生嗜酒，无论朋友抑或部从晚辈，来瞻仰时都不会忘记带瓶上等佳酿，以慰英魂。将军地下有知，定然也开怀了吧？

从将军墓出来，来到将军故居。其间除了参观将军事迹陈列及将军生前收藏的毛泽东像章陈列之外，我们专门来到将军出家从戎之前的生长之地。说是故居，其实没有几间房。这几间房子依山而建，分卧室、正厅与厨间，随高就低依次排开。因为兵荒马乱，多处留有逃生的后门。

此间于我印象最深的有两处：一是将军的卧榻几类木箱。不过，上边没盖儿，中间填充的是稻草，上面覆以粗布床单，将军早年甚至成婚大礼，也都是睡在这张床上的。据说新中国成立后将军回家省亲，也曾在这里安歇。二是将军写的诗气壮山河。1976年有人借反击右倾翻案风陷害邓公，许世友义愤填膺，虽然平生武夫，也难捺心中不平，愤然写下四句诗："娘儿秀才莫猖狂，三起三落理不当。谁敢杀我诸葛亮，老子打他三百枪！"粗中有细，入情入理，字字铿锵，掷地有声，好一似金刚怒目，钟馗断喝。能把一个武将逼到这个份儿上，也足以透出那群人嚣张气焰之下气数将尽的兆头了。

从将军故里出来，沿着将军广场前的数亩方塘迤逦回行，鼻间一直回味着那丝丝缕缕的酒香。想到将军一生戎马倥偬，快意恩仇，方圆并御，收放裕如；死后安卧青山，一任豪情侠义化作顽稚嬉行绕母膝前。一滴水来，一抔土去，与那些将身外身后之事拿不起放不下，抑或只能拿得起却放不下来的大小人物相较，令我脱然有感：

——将军，原来也可以这样做。

北大二十日

一

没有上过真正的大学——20 岁前读的是“戴帽儿”大专，除了那些年高德昭的老师们足以影响自己一辈子之外，办学条件与现在多数城市中学相比，都是有距离的。所以，我心中对大学总有一种莫名的向往。后来工作了以后，如果有公出的机会，到某座名城，我首先想看的不是名胜，而是大学。

一开始，盘桓在某座大学的校门外，看到身着制服的保安，心中不免生出几分惴惴，生怕被那门卫盘问。如果人家问：你是谁？你找谁？你是学校的学生或者老师吗？自己肯定支吾不上来。

后来我才知道，大学的门卫多是给过往的车辆开门用的，只要你不是衣不遮体如乞丐状，便可大摇大摆随意出入——这一点在多数中小学是不灵的。有了这样的认识，武汉大学、厦门大学、西安交大、哈工大、中山大学、华东师大、天津大学与南开大学、北大与清华，天南海北，许多大学便都是这样大模大样进出的。再后来到澳洲，居然发现许多大学没有围墙，想感受大学的特殊气息，竟连大摇大摆的样子也不需要装了。

当然，感受归感受，毕竟不是读书，不是亲聆那些知名大学著名大师的教诲。虽然大师们的书完全可以读——那是没有围墙可以遮挡的，但是，读书与听课，会是一样的吗?

一次次在北大、清华园里徘徊，我都有一种冲动，想进到教室里听一节课，但终于没有那个胆量。直到今年11月份接到通知，到北大接受20日的培训，那种不知道是不是虚荣的渴望，居然折腾得半宿没有睡着觉。

我们是在11月10日早晨8点出发的，由于大雾封途，本来8小时的路程，到北大西南角左岸工社入住的时候，已是晚上11点来钟。第二天早上起来，在20层楼上东北望去，北大校园大致已在视野之中，虽然看不见未名湖，但博雅塔确乎是看到了。北京迎接奥运，空气的能见度好多了。赶巧儿，我住2008。

二

第二日，“北京大学——焦作市公共管理研修班”第四期40名学员上午10时集合，班主任符鑫丹给大家发放印有“北京大学”四字（其实大可不必）的书包、北大校园地图、学员证和学生佩戴的校徽。说是符老师，其实她还是在北大国际关系学院就读的研二学生，一个沈阳女孩儿；说是我们的班主任，但对我们常是“大哥”“大姐”地称呼。管理就是服务，把自己摆在最低处，应该是管理效果最大化的最佳途径，在符老师这儿表现得尤为明显。

到北大学习，做的是学员，但受到的却是客人般的待遇——这或许是中国成人教育效果大打折扣的根本原因。当天中午，北京大学国际关系学院中国战略研究中心宴请我们这批学员。中心主任、同时也是外交学系主任的叶自成教授，身着一件绣着挺大本色图案的深灰色小领唐装，朴素端庄中透着不失严谨的随和。知识分子多不胜酒力，在勺园宾馆一楼餐厅，当叶先生端着我们带的“怀庆府”酒过来向大家敬酒的时候，已是满脸通红加双目通红了。

下午没有安排上课，本来说是参观校史馆的，事先没有打听，到了门口，才发现是闭馆日。于是我们三三两两，在校园漫步。以往到北大校园，多是走马观花。这一次，我们随着符老师，走得很是悠闲。从勺海东侧向东北，穿过草坪与林丘，便到了未名湖边。虽是初冬，湖岸的垂柳依然浓绿未减。沿着湖边漫步，看着静静的湖水，斜日的夕晖洒落在湖面，仿佛照见了水面上漂浮着的王国维等一代宗师的精魂。

金灿灿的银杏叶子飘落满地，已是醉红的黄栌与五角枫尚在枝头摇曳，在沿湖的垂柳中，间或有一两株已经满树金黄，那如眉的柳叶却并未撒落，连同那些林丘上的松柏，刹那间竟把未名湖的周遭映衬得五彩缤纷了起来。

在蔡元培先生的铜像前，参加培训的校长们纷纷留照纪念。想起前些年读卞毓方先生写北大的长篇历史散文《煌煌上庠》，心头不由生出无限的景仰。在那样的年代，能够把学术自由、兼容并包作为北大的办学理念，需要多么宽广与博大的胸怀！陈独秀、胡适之、李大钊、辜鸿铭，最激进与最保守的思想在一起交织与杂陈，先生那瘦弱的身躯，又是如何承载得动那风起云涌此消彼长的思想浪潮呢？

在后来的三周时间里，双休日照例是要休息的，在第二周之后的一个下午，我独自一人过未名湖向北，穿过镜春园，从朗润园折向西，看到了以前从来没有看到的北京大学的另一面。那里林莽纵横，杂草丛生，寒塘枯木，败井颓垣，与前边修葺整齐的草坪，参差错落又风格和谐的建筑群落差之天壤，如果不是我一直提醒这是在北大，无论如何不可能将这般景象与北京大学联系在一起的。若干年后，这里可能已经是十分整饬的校园了，但是，还会有人记起它此时的模样吗？

三

第一个给我们上课的是黄宗良教授，他是中央政治局集体学习的讲解人之一，给我们讲“中国改革开放的国际视角”。早在1996年，我在吉林大学读研究生课程的时候，给我们上课的政治学大师王惠岩先生也是经常要给中央政治局委员上课的。这些人都是政治、经济学术领域的泰斗，在所学领域都有着卓越的建树与独到的见解。黄先生是广东人，给我们讲课时尽量把自己的语速放慢，否则，我们实在不好听懂他的话。

黄先生之后，北大经济学院教授苏剑，商务部政策研究室研究员向宇，中央党校“三农”问题研究室主任刘德喜，人民大学教授金正昆，中国对外经贸大学教授丁志杰，中国军事科学院教授薛国安，解放军总参炮兵局原局长何铁矛，北大博物学院教授张辛，北大国际关系学院教授王正毅，北大中国战略研究中心教授叶自成、王坚强、唐士其、王大伟、杨朝晖，以及哈佛大学访问学者刘澜诸位先生分别就各自研究的问题，轮番向我们轰炸。好一个“公共管理”，简直是一锅杂烩。政治经济军事文化，中央决策社会热点，基础理论前沿课题，中外关系台海局势，应有不应有的都有，让我们耳迷五声目迷五色，眼界大开却又恍兮惚兮不可捉摸。如果说大学都是学术的海洋，北大真的让我们蹬不着底儿了。

先生们的面孔也是各有千秋，有的寻章摘句咬文嚼字，有的纵横捭阖大刀阔斧，有的幽默诙谐举止优雅，有的腹有诗书滔滔不绝，有的胸囊大块却似谦谦君子，有的其实并不一定有多少真才实学却要竭力宣扬自己如何独一无二。

最有意思的是北大博物学院的张辛先生，一副中式打扮，双目炯炯有神，头发已经花白，五十来岁看上去却像一位精神矍铄的长者，三五个字能讲一个上午，说起话来让人忍俊不禁。儒释道文史哲，随手拈来左右逢源。老先生讲课板书坚持用竖式书写，动不动就骂人“没文化”。或许学员们极少有机会聆听这样的大师，讲课间歇时纷纷上来与先生合影留念。

张先生研究博物喜欢古董擅长书法，大篆写得清劲丰润，得知我也喜欢书法，便与我褒贬起当今书道人物，以至于下课后不少同伴对我说：这一晌的课几乎就是给你一个人讲的。

回来后，想到与张先生的谈话，便写了一幅字托符鑫丹老师给张先生送上，不知先生可否收到。

四

11 月 20 日，午间无事，没有回宿舍，便在燕园漫步。从北大百年纪念讲堂经过时，看见两面装帧考究的巨幅海报，一个是介绍 11 月 25 日贝多芬逝世 180 周年纪念音乐会的，这是由教育部、财政部、文化部共同举办的“高雅艺术进校园”活动之一，由中国国家交响乐团演奏；另一个是介绍 28 ～ 29 日的大型舞剧《白鹿原》，由首都师范大学编导、演出。

在北大，面向师生的类似文艺活动很多，我当时也没很在意，只是想着如果有时间，就来看一看。但是，等到 24 日再经过这里的时候，售票窗口已显示“票已售完”。正当我徘徊在售票窗口，满腹失落与遗憾之际，一个学生模样的小伙子来到我跟前，大模大样地掏出一张票——

“要吗？”

我说：“当然。”

“50！”

票价上明明标的是 20 元一张，怎么一转手就涨了一倍半呢？

看我犹豫，小伙子转身要走。

机会难得，如何能够放弃。“50 就 50，给你！”

买了这张票，正待离开，又看见一个姑娘手里拿着两张票来到这里，做满脸愁云状。我上前一看，是两张《白鹿原》的票。

姑娘说：“您要吗？我们没有时间看了。”

“多少钱？”

“您看着给吧。”

“怎么能这样！”

“票价 60 一张，两张票，您给 80 得了。”

赔 30 赚 40，这样的买卖还能做，于是，我把这两张票也收了下来，希望到时候能够找一位懂行的同伴与我共赏。

25 日是礼拜天，下午听完山东民俗学会会长刘德龙先生《齐鲁文化与山东民俗》的讲座，草草进了些晚餐，便匆忙赶往演出大厅——因为那票上明确写着“迟到的观众请在场外等候，待幕间安排入场”。

我进去的时候，演出大厅已经基本坐满。节目单已经发完，演奏什么我的确十分懵懂，再加上从未到音乐厅听过音乐会，心中不免有些不安。幸好，邻座一对男女学生领了两份节目单，见我那种窘相，便很友好地分给我一份。我连忙点头表示感激，心想，高素质人群的素质确实是全方位的。

演出曲目有三个，一个是罗西尼的《威廉·退尔》序曲，一个门德尔松的 A 大调第四交响曲“意大利”作品 90 号，一个是贝多芬的 C 小调第五交响曲“命运”作品 67 号。乐团由汤沐海先生指挥。汤先生是当代世界著名指挥家，曾在柏林跟随世界顶尖级大师冯·卡拉扬学习两年，还曾在美国坦格伍德音乐中心，在小泽征尔指导下担任指挥。1982年，应冯·卡拉扬的邀请，汤先生签约指挥1983～1984年音乐季柏林爱乐乐团的音乐会。他还经常应邀参加欧洲重要的音乐节，曾担任前中央乐团的常任指挥达十年之久，是中央音乐学院的名誉教授。2001年，汤先生成为芬兰国家歌剧院首席指挥。2007年，被授予中国国家交响乐团荣誉指挥桂冠。

随着一阵阵雷鸣般的掌声，汤沐海先生走上舞台。只见他轻轻挥动指挥棒，《威廉·退尔》序曲便悠扬地流出——在宁静的黎明，晨曦初透阿尔卑斯山，静静流淌的风穿越峰林峡谷，圆润地在丛林中荡漾。朝日慢慢升起，斜晖射进林间，烟岚在明暗之间轻轻飘浮，一切都是那么安闲，那么静谧。静谧处，上千人的音乐大厅鸦雀无声，就连听众也仿佛屏住了呼吸。此时如果有一根钢丝折断，那种脆响便可瞬间划破整个音乐厅。第一乐章结束，音乐厅立刻掌声雷动，如果此前我还不知道什么叫“经久不息”的话，此刻便实实在在处于“雷鸣般”“经久不息”的掌声之中了。而且，这也是我感受的“最有教养的掌声”。

第二部分初起时便透出沉闷，大提琴渲染出的低沉压抑得人透不过气来，仿佛已经山雨欲来。突然之间，风暴骤至，排山倒海，千峰云起，万壑齐鸣，奔霆震怒，炮火连天。此时，“银瓶乍破水浆迸，铁骑突出刀枪鸣”之类的句子似乎已经显得十分苍白乏力，中国民乐独奏与西方交响乐之间最大的差距就在气势，而能够营造恢宏气势的，只能是交响乐。

接下来的三、四乐章以田园牧歌为主调，和平与喜悦、恬淡与安逸、舒缓与和谐的旋律再次让听众把紧绷的神经松弛下来。最后，以热情欢快的《骑兵进行曲》结束乐章。一部久盛不衰的序曲，一个意大利人的骄傲。

门德尔松与贝多芬，已是经典之中的经典，但接下来的这两支交响曲，没有让我产生前边的那种冲动。我一向以为自己是接受不了西方音乐的，因为我太喜欢《高山流水》《渔舟唱晚》《二泉映月》了，于是便自己给自己建造了一个硬壳，不敢让自己孱弱的软体爬出来聆听天籁的声音。同时，自己把自己闭锁得也太久了，从没有让自己走进音乐大厅。此时，我想起了望洋兴叹的河伯，如果他能够随流而下，东海，汪洋，就一定看不到吗?

北大的学子是幸运的，不仅有音乐会，还有舞剧，还有全国各地不期而至的讲座，还有一个接着一个外国元首的演讲。北大的学生不一定是北大教授教出来的，但一定是在北大学出来，熏染出来的！

《白鹿原》没有看成，因为一个托不开的理由。我把票转给一个好朋友，她回来后给我说：遗憾吧您哪！

五

刚到北京，就接到好友白战海的手机短信："北大学习机会难得，有时间多听一听杂七杂八的讲座，抽空儿别忘了到第三极、风入松淘书。"

其实，对于北大的各类精彩讲座，是早有耳闻的。至于第三极、风入松，没到的时候还真不知道。白战海到北大学习早我一期，是"过来人"，想必是经验之谈。住下来之后，经考察周边地形，原来第三极就在我们旁边儿，大厦中至少有四层卖书，应有尽有。非但如此，中关村图书大厦就在我们住的左岸工社楼下，对面儿过了苏州街，就是中关村图书城，中国书店等各类大小图书门店麇集辐辏。对于一向爱书的我来说，真的是到"家"了！

还有更出人意料的，我们第一天前往北大听课的路上，就被人塞给一个印制精美的小广告，还是卖书的，名字叫"淘书公社"。翻开一看，大吃一惊，里边赫然印着："此类图书一律 8 元一斤！"

坐拥书城，可以慢慢消受，听讲座得抓紧安排。

在我们的入学指南里，有"学在北大"、"吃在北大"、"玩在北大"等栏目，其中"学在北大"介绍：北京大学学习氛围浓厚，各类中英文讲座频繁举办，各位学员可以参照自己的兴趣爱好参与讲座。然而进北大快一周了，关于各类讲座的信息缥缈无踪。我先是问班主任符老师，她只说安排就是不见动静，问在校的学生，他们说以前多现在少了，有的话就在三角地看海报，我跑到三角地找了一圈，也没有看到任何关于讲座的海报！

这下我们可着急了，一次上课前我直面向班主任抗议，说入学指南里明明写着，为什么不给我们听讲座？分明是欺骗嘛！

这下符老师也着急了，下午便告诉我们：“不是不安排大家听讲座，而是现在北大办的成人班很多，学校一般不安排成人班学员参与各类讲座。因为有的主讲人观点偏激，曾经出现过讲堂哄乱的情况，所以现在的讲座，一般都要凭北大学生证才能领取门票。”“不过——”符老师接着说，“如果大家特别想听，我再想办法。”

果然，第二周周三，符老师给我们说，今天晚上 7 点，在北大五号院有一个讲座，主题是茶文化，有兴趣的学员可以听。另外，同一时间在清华也有一个讲座，讲中国经济形势问题，谁想听经济问题的可以到清华园听——用心不用心毕竟不一样，连清华园的讲座都打听到了！

经济形势问题是我们课程里边的内容，还是听茶文化。这几日我们听课时用的一次性纸杯上，就印有一首宋朝戴昺的《赏茶》诗：“自汲香泉带落花，漫烧石鼎试新茶，绿荫天气闲庭院，卧听黄蜂报晚衙。”——真是闲适到了极致。晚上我和几个学员一起，走进了五号院。

主讲人是北大中文系的教授杜晓勤先生，主题是“唐宋文人茶的文化意蕴及其形成过程”，本来有几个人是来听茶道的，结果题不对心，刚一起讲就有溜号儿的。开讲之后，杜先生从茶何时进入中国文人的精神世界入手，讲到文人茶与文人画、文人书法如何体现文人特有的审美观，讲到饮茶品茗在文人精神境界之中高妙的审美价值与高远的审美意蕴。由茶讲到泉，讲到宋以后文人安贫乐道、静赏生命快乐的人生观，讲到唐宋文人饮茶时闲适与快乐、恬淡与宁静的淡淡喜悦，而且基本上是出入于唐宋诗文之中，到处都是引文。我在怡然自得之中尚时有磕绊，那几位学理工的学员，感受可想而知。

回去的路上，几个朋友大呼上当，说本来想听如何沏茶、如何喝茶的，结果讲了这些东西，早知道就不听了。

第二周周日，有两个齐鲁文化与山东民俗的讲座。上午去同仁医院看眼疾，只好听下午的，而且是用符老师的学生证领的门票。符老师在给我学生证的时候不无担心地交代：大哥，我特相信你，可千万别把学生证给丢了。我说，您放心，我会像爱护眼睛一样爱护它的。

这场讲座是齐鲁文化走进北大的系列活动，主讲人是山东民俗学会会长、山东大学客座教授、著名学者刘德龙先生。讲座安排得也别开生面，他带着一班子民间艺人，介绍到什么民间艺术种类，就请出这些艺人登台演出一场，绘声绘色。

刘先生从齐鲁文化与山东民俗的关系、山东民俗的概况、山东人在人生与社会民俗方面孝爱忠义的最大特色，一直讲到齐鲁文化与山东民俗保守、土气、义气至上和死要面子活受罪的缺憾，不激不厉，娓娓道来。河南、山东，民俗中有许多相似的地方，又各有自己的特点。山东敢于走进北大，在介绍自己的时候勇敢地解剖自己，河南人呢？有这个勇气吗？

我看到过一篇文章，介绍外国元首出访时都愿意到出访国最好的大学作演讲，目的是要影响他们未来的国家领导人，可谓最为长远的外交策略。从这个意义上讲，山东人的战略胜于河南的就不止“一筹”了。但愿是因为我没有看到，否则，河南与山东的差距，就不只是区位问题了。

从北大回来，三个包塞得满满的都是书，且发了少年狂，硬是没有代办托运，上下火车只好龇牙咧嘴硬挺，好在兴之所至，满心欢喜。

山　神

见过曲阜孔林两千多年的古柏，见过长白山上自生自灭的古松，见过新西兰罗托鲁瓦毛利人遮天翳日的原始森林，然而，当见到靳家岭上那棵千年黄栌时，我还是震撼了。

前一段时间窦宪敏先生创作焦作山水百米长卷，要请张海、欧阳中石等大家题字，组织者嘱我写几首吟咏焦作山水的诗，以备不时之需，我便写到了靳家岭：

> 靳家岭上彩云飞，帝子乘风下翠微。
> 濯足青天河上水，又从东海掣鲸回。

照实说，那个时候，我还没到过靳家岭。

靳家岭黄栌的霜叶醉人，我是早有耳闻的。也见到过不少摄影家拍摄靳家岭的照片，那近看红艳欲滴、远观浓烈似火的感觉曾经惹起我许多次欣然归往的冲动，然而，直到河南省杂文学会在青天河开会，我才真正了却这段情缘。

也许是对杜牧“停车坐爱枫林晚”的印象太深，我心目中的红叶，一直是枫叶。枫叶如丹染，霜重色愈浓。如此的景象曾进入多少迁客骚人的诗文酬唱。至于黄栌，却总让我想起白居易“黄芦苦竹绕宅生”的诗句。尽管心里明白此黄栌非彼黄芦，但音同形近，一提起黄栌，总会平添太多的凄清与荒凉。白乐天若不是住近湓江，整日与黄芦苦竹、山歌村笛相伴，也不会为浔阳江上的一曲琵琶感动得泪湿青衫，翻出那回肠荡气的千古绝唱。周美成一介江南倦客，若不是因为这黄芦苦竹，也不会产生浮生如寄、及时行乐的消极情怀。情绪是个奇怪的东西，一旦弥散开来，便不分青红皂白。因为有了白居易，黄栌的这份委屈受得着实有点冤。

节令已是深秋，车子行进在蜿蜒的山道上，两侧绵亘的山峦层林尽染。不仅黄栌，就连道旁的椿树，也赶趟儿似的，争先恐后把叶子染成了金黄与醉红。由于纬度和气候的原因，南太行山上植被虽然也密密匝匝，但真正的乔木并不多，多数都是荆棘林莽，偶或有几棵大树，也是孤零零地矗着，鹤立鸡群一般。特别是柿子树，此时木叶尽凋，红红的柿子挂满枝头，煞是诱人。那些枝梢人够不到的地方，便成了山雀们休憩打尖的好去处。

进入靳家岭景区，群山已经被熏得红晕起来。下了车，我们沿着粗朴而又野气十足的小径鱼贯前行，两旁已尽是黄栌。经霜打的叶子有些已经飘落，有些还在枝头摇曳，深深浅浅，都在烂漫着自己的红。黄栌的树丛枝丫纵横，但都不高大，同行的人说这些都是原始次生林，尽管想找个碗口粗的干都很难，但我们知道，在生存条件如此艰难的山顶，这些树龄都要比我们大很多，动辄上百年都十分正常。一个朋友说这里还有一棵千年黄栌，令我大为纳罕。因为在人类活动山川遍布的情况下，很难想象哪里还有一片净土。“蓬莱有路教人到，亦应年年税紫芝”。在如此大面积的原始次生林中，一棵老树千年尚在，的确匪夷所思。想着想着，黄山谷的《松风阁》诗情油然兴起，“老松魁梧数百年，斧斤所赦今参天”。这棵黄栌，会给我这种感觉吗？

此时我们走在山脊之上，间或走出一段林莽，弥望的两侧山谷便霞光氤氲，在天地相接的地方，似乎蓝天也被熏成了浅红。深秋的阳光依旧热烈，沐浴在秋阳之下，听山风习习，松涛阵阵，红叶沙沙。此时的我，仿佛真正融入了造化。哪怕就是一瞬，也是一种永恒。

再往前走，进入一片树林，乔木也密了起来。向导指路，我们下道穿林，数十步之内，眼前忽然一亮，远在天边近在眼前的，不就是那棵千年黄栌吗？如果从遥望走到近观，或许不会有如此的感觉，在林中穿越之后的一抬头间，它便站在我的跟前，是等待，还是邂逅？是我走近了它，还是它走近了我？此时此刻，我的心突然悸动起来——一棵树，等了我一千年！

靠近它，再靠近它，用眼睛摄录下它的一切，用心跳感受它的生息。那合抱的老干倔强而虬曲，如千万条龙腾蛇舞；那盘旋的枝杈流动而舒展，无拘无束地张扬着千年生命的律动；那梢头叶子的酽红火焰般浓烈，自信地流露着生命力量的无所不至，无往不收。什么叫领袖？站在这棵树下，远眺近观，无论是次生黄栌还是松柏林莽，都倾心环绕着它；无论是红、黄还是绿色，都自然拥偎着它；无论是远山还是近峰，都颔首朝它致意。这还不叫领袖吗？无论叶生叶落，春夏秋冬，风霜雨雪，寒暑阴晴，它都这样稳稳地坐着，散淡地敞开胸怀，慈祥地眷顾着自己的子孙和领养的子孙。这还不叫领袖吗？近者悦而远者来，风云至而鸟虫归，口不言而天下从。这还不叫领袖吗？！大道若隐，大音希声，大象无形。河清可出，河浊可遁，那骑青牛出关的皓髯长者，不也可以化作一棵树，继续阅尽世间万象沧桑吗？

设若没有这棵千年黄栌，靳家岭的红叶便没有了气韵，没有了精神，没有了灵魂。设若不是看到这棵千年黄栌，我可能一直懵懂于尘世冗务。一切智慧都在顿悟之中，要紧的是谁给你做这无言的点拨。

下山前，我在山顶上拣了一块石头，那是一块长时间被流水洗练的石头。因为，它能讲述更为久远的故事。

梦断青天无尽河

都说青天河是北方小三峡，然而，在博爱县曾经教书5年，而后又在焦作生活了25年的我，真正乘画船览赏大泉湖的湖光山色，却是近几年的事情。

20世纪90年代初，当我乘江轮穿越长江三峡的时候，曾经为“巴东三峡巫峡长，猿鸣三声泪沾裳”而怦然心悸；为“瞿塘嘈嘈十二滩，人言道路古来难”而浮想联翩；为“除却巫山不是云”，神女“当惊世界殊”而悠然神往；更为“兵书宝剑”“牛肝马肺”那匠心独运、鬼斧神工而惊叹不已。在惊叹造化无穷、天地一瞬的同时，总想着北方的那处风景能被称为“小三峡”，除规模制度无法与三峡相较之外，一定有着令人神往的魅力所在。近在咫尺的神奇造化却不能一探，着实是对造物的大不敬，更是对自己的太不负责。

然而，每当动意要欣然归往的时候，总有这样或那样的事情缠身，以至于许多次只差登车的行程，也终究以种种借口搁置下来了。

其实，我一直对青天河有着一个难以名状的心结。

1982年8月，刚满19岁的我大学毕业，被分配到博爱一所县直高中任教。虽然上去接的便是高中毕业班，但初生之犊无所畏惧，加之与学生们没有什么年龄差异，居然教书育人也做得风生水起。尽管1985年“青天河事件”曾经轰动全国，而我所任教的学校与青天河只有几十公里的距离，但或者事不关己，或者少不更事，在我的印象中没有划下太深的痕迹。而后，我从博爱调到焦作，到另一所中学任教。当时教师们大多都在学校一隅的平房区里杂居，我斜对面儿一个教师的家庭，据说就是“青天河事件”之后由两个破碎的家庭组合起来的。看着一家人和和美美相敬如宾，也没有将他们与那场惨绝人寰的人间悲剧联系在一起。直到我离开讲台来到机关，在整理综合档案的时候，才真正目睹了惊心动魄的那场劫难留下的余灰。

刚刚被借调到某机关办公室工作，由于不熟悉业务，便被安排到综合档案室协助一位大姐整理综合档案。由于此前机关尚未注重档案管理，以至于需要立卷归档的综合档案堆积如山。在帮助大姐整理档案时我发现了一个牛皮纸的袋子，里边装着一叠图片，是一次显像的彩色图片。当时人们都使用胶卷照相机，这样的图片算是高科技产品。出于好奇，我拿来一张张地翻看，蓦然发现，原来这就是当时“青天河事件”之后被打捞上来的孩子们的遗像。陡然间我的心揪了起来，不敢再看了，也没敢让大姐看，便匆匆将其登记题目，装入永久性档案盒中。此后相当长的一段时间里，我眼前挥之不去的便是那一张张稚气未脱却已经永远作古的面容。

天地日月轮回，世事白云苍狗。十几年后我从机关走出，来到一所学校主事。在制作校史馆的时候，竟然意外地发现，我们学校政教处教师王都太烈士，就是那场劫难中一位不屈的英雄！

如果时光能够倒流，我们应该可以看见，那是一个美丽的仲春时节，和风暖日水秀山明，一群天真烂漫的孩子和老师们一起乘着游船在澄碧的湖水中荡漾。夹岸苍山还未完全返绿，水波上掠过的风已经吹面不寒。孩子们上午乘舟览胜，然后弃舟升岸，在山林川泽之间兴高采烈地自由嬉戏，直到日已西斜，在返程船上还都叽叽喳喳兴奋不已。也许是船的一侧山景引起了大家的兴趣，也许是船舷一侧的水面游来了一群好鱼，也许船行转弯过陡导致船体倾侧，也许……总之，孩子们很快拥到了船的一侧，船的重心迅速偏离，已经严重超载的游船瞬间倒扣倾覆，百余名师生落水，碧绿的湖面一片沸腾……

王都太老师也在落水者之列，但他水性很好，他不顾一切地浮出水面，奋力划水向外拖拉学生。认不认识不管了，是不是自己学校的学生不管了，甚至是不是学生也不管了。一个学生被他拉上岸，两个学生被他拉上岸，好几个学生被他拉上了岸……最后，已经精疲力竭的他再次返身下水，便再也没有上来。他是太累了，想彻底休息了；他的学生还有许多在里边，他丢不下自己的孩子；他还想用自己最后的一点力气再拉一个孩子，但被水下已经失去神志的孩子抱住了无法挣脱……总之，他再也没有上来。他的事迹后来被人们演绎成多种版本，但最多的是，他看见学生们都落水了，也不想活了，便一头扎进去，再也没有出来。碧波荡漾的大泉湖，在一阵喧腾之后，归于一片死寂。

青天河见证了这场惨烈的生死大营救，也见证了很可能我们都无法知晓的更多的英雄壮举。每当我有机会要到青天河游览的时候，我的心头总是不由自主地涌现出那些挥之不去的影像和场面，阻止了我企图前往的脚步。

20多年后的一个晚秋，我努力摆脱了心中的阴影，来到了魂牵梦萦的青天河。那日天高云淡，水碧山青，远处起伏的山峦之上，已经渐渐露出黄栌红叶的一抹霞色。我们乘船溯流而上，几经宛转，越过三姑泉，湖面尽处便是汩汩清溪了。下得游船，缘溪而行，但见水中碧草青青，坝上红男绿女悠然自乐，远处山峰酷似一尊大佛面水而居，山上原始次生林木蓊蓊郁郁，一线银练飞流直下，到得近前，便有飞珠溅玉般的感觉了。

已而夕阳在山，人影散乱，我们也该登舟回去了。船行在万顷碧波之上，我不由得又想起王都太老师。此时此刻，此情此景，似乎让我一下子明白了许多。“埋骨何须桑梓地，人生无处不青山。”当生命在手中的时候必须珍惜，当生命不得不放弃的时候选择有意义的放弃。尽管人生不过白驹过隙沧海一粟，但是，王都太老师却至今仍被人们记在心中，就如同这夹岸青山。

只要青山不老，绿水自会长流。这源源不断的流水不也是生命不息的象征吗？“子在川上曰，逝者如斯夫！”流逝的岂止是时光与流水？逝去的终归逝去了，留下的也成了永恒。一场惨绝的劫难，为许多家庭留下了永远难以弥合的创伤，血的教训也让更多的人们警省。从这个意义上讲，去也是留，留终要去，无也是有，有还似无。人生的智慧，或许只有到了这样的程度，才能算作高境吧？！

梦萦绞胎

我原本并不在意瓷器的。

瓷器在民间，没有多少人在意。小时候吃饭，用的就是瓷碗。尽管粗糙，但是看一看民间何时真正脱离了温饱，便能够知道个中的缘由。

然而，瓷器在中上层，是达官贵人，尤其尤其是曾经在圆明园中或圆明园外见识过中国好瓷器的中国人和外国人看来，瓷器就是中国，中国就是瓷器！

然而，瓷与陶，这些似乎与人类文明发展既近又远的东西，无论如何是我们绕不过去的历史。

我喜欢参观博物馆。到任何一个地方，只要有博物馆，我都要想方设法去看一看。然而几乎所有的博物馆都仿佛是一个模子脱出来的，前三分之一展出的东西大多就是陶或者瓷。

慢慢地，我理解了——其实人类的文明，首要的就是吃。吃不好就活不下来，要想吃好就不能一直茹毛饮血，于是就得想办法把食物做熟，于是就得有把食物做熟的器皿，于是便有了陶瓷。

陶瓷早于钟鼎，当然也贱于钟鼎，很容易普及。然而陶瓷一旦普及开来，便有了分出层次的必要。普通百姓使用的东西，达官贵人也使用，便没有了达官贵人的尊严，当然需要分出层次，当然就要讲究，然而，一旦讲究起来，那道道儿可就多啦！

我开始看到“绞胎瓷”三个字，是20世纪80年代初在《人民日报》上看到一场广交会，会上展出一种瓷器，引起了国内外业界的关注。那时候虽然还没有当下对汝官哥钧定的感知，但是，中国作为一个瓷器大国，一种瓷器能够引起国内外的共同关注，一定有它的理由。而且，被关注的瓷器名叫“绞胎瓷”，绞胎瓷的生产厂家就在我所居住的那座山城的城郊——修武县陶瓷厂。

如此重大的影响就发生在自己身边竟一无所知，实在令人汗颜。于是我就利用一个星期天，专程到冯营矿附近的修武县陶瓷厂，希望窥视一下如此惊动天下的绞胎瓷到底是个什么模样。

绞胎瓷器没有看到，能够复原宋代工艺的师傅已经跳槽改嫁；在陶瓷厂外的废料堆中也没有能够找到一片绞胎瓷片，原因不得而知。《人民日报》上刊载的为复原宋人的绞胎瓷工艺，修武县陶瓷厂几经琢磨反复锤炼，终于找到了失传千年的绞胎瓷制作门径。然而，随着工匠的离去，一切又陷于无边的混沌之中。悻悻而返，让我很是不能甘心！

之后不久，我在焦作市新建设的贸易大厦中，看到了一种绞胎瓷碟子——蓝白相间的花纹，孔雀开屏的图案，不到三寸的内径，十分不显眼。然而，再看一看价位，着实令人咋舌——竟在100～200元人民币之间——这在当时，是我们四五个月的工资总额！

再后来，我在焦作市书法家协会老主席薛垂广先生家里看到过出土的绞胎瓷残片，也在其他的展馆中看到过绞胎瓷的陈列，多是赭白相间的色调、横竖交叉的花纹。我虽一直纳闷于这种工艺何以能做到这种状态，不解于绞来绞去的这些瓷泥最后何以能够合形成器，但情随事迁，慢慢地又把这些念想给放下了。

直到一天朋友来访，并带来了一件工艺礼品。启匣相视，竟是一个绞胎瓷瓶。不过，它与以往见过的绞胎瓷器大不一样，虽然色泥与白泥之间色泽的对比明显减弱，但色纹的排列却已经进入从心所欲的无我之境，随意挥洒，流水行云，轻重疾徐，浑然天成。朋友告诉我，这是最近开发出来的绞胎瓷新品，脱古出新，独树一帜，继往开来，自成格调！

尽管朋友这样说，我也很喜欢这件东西，但总感觉不是以前见过的绞胎，脱古出新当然要得，但“脱”而至于“离”，多多少少让我感受到根脉的传承无续。

所以每当看到蓝白相间或者赭白相间的简朴无华的绞胎瓷器，我还是顽固判定，那才是真正的正途。

白云苍狗，世事变迁。当我离开山城焦作，有一次回家，应邀到宋宝瑭先生的茶社闲坐，宝瑭还约请山阳名家郭清晨先生一起品茗，茶博士燕子小姐手执的便是一把绞胎茶壶——大小适握，玲珑精巧，瓷泥正是赭白相间的传统色彩，且纹理细致均匀，壶底与壶盖各有6个涡旋，壶腰与腰底两层分别有14与12个涡旋，每个涡旋都清新爽朗，动感迷人。我当即十分没出息地流露出喜爱之状，当时宝瑭也慷慨相赠，于是我如获至宝裹挟而归，于是，我的案头便有了这个相视如旧的绞胎壶。

我对瓷器本不在意，但有了这个绞胎壶，也就平添了许多的兴趣。渐渐地知道了绞胎瓷在宋窑中的地位，知道了汝官哥钧定的大致特征，知道了当阳峪在焦作市的具体方位，知道了瓷器在中国文人心目中较之于茶更为深厚的情感渊源，也知道了许多较之于瓷、于茶更为玄妙的中国文人的文化心理。这个，起于壶乎？起于瓷乎？绞于世乎？绞于胎乎？

由此，我渐渐悟到了中国文化的博大和中国文化人心理的精微。感于时事，发于细物，通于天地，寄于己心。心之官则思，思可以接千载，可以通无穷，可以连宇宙，可以通灵犀。当然，也可以无终无始，无滞无穷，唯其如此，方可以成器乎？

然而，孔子说，君子不器！

禅道江山书酒花

——洛阳记忆

一

2013年10月最后一个周末，焦作一位政界干城兼文坛道友刘生德先生来郑过访，自然少不得小酌一番。正当耳热酒酣之际，忽然接到焦作师专校长张丙辰先生的电话：省杂文学会在洛阳开会，焦作代表就我们两个，你可一定得去！

张丙辰先生是焦作杂文学会会长，也是河南省杂文学会的执行会长。其人博闻强记，古道热肠，诗酒风流却能铁肩担道，为官从政不忘博览群书，是当今社会难得的正能量代表。尤其说起来话来，旁征博引，汪洋恣肆，潘江陆海，汩汩滔滔。安排布置工作任务，从来斩钉截铁。我虽然去年年底已离开焦作，但在焦作市杂文学会还忝占了一个副会长的位置，而且每每省杂文学会开会，我对于学会安排的“作业”都是认真做又按时交的，是个典型的好学生。所以丙辰先生电话那端丝毫没给我回旋的余地——一定得去！于是，我也顾不得许多已经做好的周末打算，草草处理完案头事务，晚上便住进了洛阳瀍河区的东华大酒楼。

在中国古都之中，洛阳是个很特殊的地方。虽然历经九朝繁华，却没有真正孕育出秦皇汉武、唐宗宋祖这样的绝代英豪；虽然两周、两汉、两晋也都曾半数年华在这里度过，但它经历的往往不是兴起而是衰微；即使西晋先而东晋后，然而不过51年西晋王朝便在五胡乱华之中草草终结。所以，每当想到洛阳、南京、邯郸这些曾经的古都，总有一种难以抑制的悲情涌上心头。

尽管政治军事上的洛阳乏善可陈，但洛阳的文化影响力在中国历史上却无可比拟。东周较之于西周，多了老子与孔子；东汉较之于西汉，多了张衡与蔡伦——虽然西汉两司马史文双璧，但张平子不仅“精思傅会”十年写成《二京赋》，而且“天文阴阳历算”无所不通，候风地动仪至今仍是地震学界的一座高峰；至于蔡伦就更无需多论，若不是蔡侯纸的发明，那承载后世汗牛充栋的文史典籍，将要砍伐多少竹木、累死多少织女啊！特别值得一提的是西晋的左太冲，《三都赋》一出，洛阳为之纸贵！设若只如西汉《子虚》《上林》在王公卿相之间的流传，绝对不可能产生如此的效果。“纸贵”从另外一个角度说明，“发行量”大了——东汉时期优秀文化产品的影响力已经由宫廷走进了民间。

西晋灭，北魏兴。中国历史上出现第一次大的文化中心南移。五胡乱华断送了西晋王朝，也冷落了士子们的心。当时的文化精英多数从洛阳周边迁到江南，成就了江左风流，六朝金粉，绝代芳华。但北魏稳定之后，洛阳似乎也并没有闲着，被中原文明渐渐浸润的胡人也逐步汉化，连“拓跋”也变成了“元”。从洛阳附近出土的大量墓志、造像石刻之中，我们看到了华夏文明的生生不息。如今中华书法艺术中双峰并峙的，一个是以东晋“二王”为代表的“南帖”，另一个就是“北碑”。

在王朝更替无穷已、“城头变幻大王旗”之中，一匹白马驮着厚厚的经卷来到洛阳，这一回“嘚嘚的马蹄声”不是“美丽的错误”，从此，发祥于恒河之畔的另一种文明渐渐植入炎黄子孙的骨血，一下子影响了两千年！

二

10 月 26 日一早，洛阳杂文学会同仁便安排我们乘坐大巴，驱车前往新安县铁门镇，参观千唐志斋。我也是个写字的，对于法帖名迹情有独钟。然而，多少次，我与千唐志斋都失之交臂。听说参观千唐志斋，我不由得心下窃喜。

汽车在高速公路上疾驰，我在想象着千唐志斋的模样。

北碑与南帖，在近三百年间书道人中的影响力此消彼长，难分伯仲。自东晋以降，达官显宦之间，多重“二王”书风。特别是唐太宗李世民独崇羲之，更将“王风”扬到了极致。李世民曾著文赞道：“详察古今，研精篆隶，尽善尽美，其惟王逸少乎！观其点曳之工，裁成之妙，烟霏雾结，状若断而还连；凤翥龙蟠，势如斜而反直。玩之不觉为倦，览之莫识其端。心摹手追，此人而已，其余区区之类，何足论哉！”他不仅请当朝名手临摹《兰亭序》遍赐阁僚，甚至不惜把献之贬损得一文不值，说其字势“疏瘦如隆冬之枯树，览其笔迹拘束若严家之饿隶”。上有所好，下必甚焉。于是乎，王羲之成了书圣，《兰亭序》成了天下第一行书，帖学也成了士子学书的唯一正途。宋人更是超越隋唐，直追“二王”。那尚意书风直接秉承的，就是王谢风流。宋四家之一的米芾，书斋便命名曰“宝晋斋”。

然而，这种以“二王”为宗的帖学之风到宋元之后每况愈下，就连明后期华亭派主要代表、曾自谓努努力完全可以超过赵孟頫的董其昌，在世人眼中也成了过门儿不过三天的小媳妇，忸怩作态，放不开手脚。

大凡物必至其极而后返。当帖学钻到死胡同里难以回转的时候，许多明智的书学中人把目光转向了民间，于是洛阳周边再次成为人们关注的焦点——这里虽然王气不再，但留下了许多很有分量的墓冢。建设者的发现和盗墓者的挖掘，使大量的墓志得见天日。这些墓志多数出自民间写手，许多甚至连书写者的名字都没被刊于石上，但他们书写的字迹或严整或奔放，充满了来自民间、不染宫廷贵族习气的天真烂漫。这些珍贵的艺术元素经书家吸收再造，果然创造出了朴拙凝重、大气横陈的碑派书风。到了清代，阮元、包世臣力推学碑。特别是清季康有为“尊碑抑帖”的大旗一举，更是天下云集响应。此风所及，延至民国甚至现在。民国时期碑学大家此起彼伏，可怜以帖学为宗的书坛巨擘沈尹默、白蕉一时竟如孤家寡人，陷入四面楚歌之中。

转眼之间，我们已抵达新安县铁门镇，启功题写的山门匾额“千唐志斋”就在眼前。

这座并不阔大的院落，曾是民国陆军上将、河南省政府代主席兼 20 路军总指挥张钫先生的“蛰庐”。进门首先看到的是一座石屋，据介绍它曾是张钫先生的书房。在石屋藤蔓密布的墙面上，还清晰可见康有为书写的房门对联和门头两侧不知何人手书石刻的“谁非过客”“花是主人”横匾。绕过石屋，沿着甬道，便进入了形如窑洞的墓志陈列室。这里陈列的墓志一块挨一块，都被镶嵌在屋壁之中。说是唐志，其实只是以唐为主，上自晋魏、下至宋元甚至更晚的都有；说是墓志，其实后人的书画条幅也居其次；按说墓志当以楷书为宗，但这里的墓志有些已是行书——其实唐太宗的《温泉铭》已开行书入铭的先例。其间陈列墓志数量众多，上自达官，下至黎元，自然也是良莠杂陈，但其中精品也比比皆是，蔚为大观。能够搜集如此众多的墓志，并且能够多策并举精心保存至今，张钫先生功莫大焉！

从千唐志斋出来，有感而发，吟成一律：

帖耀煌煌两晋光，碑崇百魏复千唐。
铁门紧锁书家幸，大将精搜行阵香。
南海风流遗迹远，石屋敦朴暑阴凉。
“谁非过客”谁之问？“花是主人”花自芳。

三

下午，又到汉函谷关参观。

说是雄关，其实只剩下1923年重修之后再遭“四旧”横祸的一座残破关楼。站在城楼四望，周遭并未见到崇山峻岭。关外涧河潺潺东流，涧河旁一处古道遗迹车辙如新，清晰可辨——这可是当年洛阳通往长安的官道啊！遥想当年车辚辚、马萧萧、商贾络绎、连绵不绝的情形，再看眼下的斑斑遗痕，世事苍茫、人生苦短的沧桑之感油然而起。

别看如今不起眼儿的这道关，在冷兵器时代却是一处关系重大的要塞。史载西汉“元鼎三年，楼船将军杨朴奉武帝诏迁秦函谷关至新安县”。绵亘千里的秦岭山脉向东延伸到河南新安之后，已变成浅山谷地；再向东去，便进入华北平原。但虽说山浅，毕竟有山。北有凤凰山，南有青龙山，中间夹着的是一道涧河。如今310国道和陇海铁路都从此穿过，足以证明这里是理想的通途所在。把关口设置在这儿，便扼住了东部平原通往关中的咽喉。关中历来为京畿之地，把函谷关移到这个地方，再依靠山原川泽之势筑起的高墙连通南北，便牢牢控制住了崤函南道、崤函北道和黄河水运。如此一来，相当于汉武帝把自家院墙向东拓展了300里！进可攻、退可守的战略纵深，也因此扩大了不知道多少倍。都说汉武帝雄才大略，单这移关一举，即可见其一斑。

置身于“一夫当关，万夫莫开”的函谷关楼，几乎所有的统治者都会产生“所守或非亲，化为狼与豺”的忧虑。但是，亲戚就那么可以信赖吗？自古以来夫妻反目、父子相残、兄弟阋于墙的恶例不胜枚举。于是，驭人之道便成了统治者较之于辟疆更为迫切的必修学科。

统治者想的事情，往往也都是思想家想的事情。不在其位不谋其政，这种号召在思想家那里是不灵的，古今中外，莫不如此。当然，这些思想家未必都如毛头小子项羽那样有“彼可取而代也”的野心，但货于帝王之家，谋取一官半职，实现政治抱负与个人理想，让自己的人生价值能够流芳百世光照汗青，大概是许多读书人都有的潜在需求。因为思维方式的不同，思想积淀的差异，不同的读书人便有了不同的想法。这些想法串连起来形成体系，便成了哲学思想。春秋战国诸侯纷争，乱纷纷你方唱罢我登场。政治军事外交如此，思想领域也莫能外。老子、孔子、孙子、墨子、商鞅，各执一说，各行其是，都在竭力发挥着自己思想的影响。特别是战国时期的纵横家们，更无所不用其极。

当然，思想家为帝王们出的点子有些对帝王的胃口，帝王采纳了，这些思想家也因此叱咤风云，功名盖世；一旦不符合帝王的想法，那就搁置不议了。孔子是比较执着的，他自信“东方不亮西方亮，黑了南方有北方”。此处碰壁，我再找别的地方去，不惧艰难险阻周游列国。老子就不是这样了——我的想法你们不用，不用就不用吧！我走就是了——不跟你们玩儿了！

当老子骑着他的青牛离开洛阳的时候，我们无法想象他为什么选择了西行。工作单位没有了，老家还在呀！但老家苦县在东南，老子却去了西北。从孔子洛阳问礼老子的敷衍可以猜到，老子不会做“久矣不复梦见周公”的幻想，他西行的目的应不在西周，倒更像一种逃离——逃离政治，逃离喧嚣，逃离人群，甚至逃离文明。

当然，西行飞不过去的，便是函谷关。

不过老子驻足的并非这道汉关，是不是如今的秦关也未可知，反正在那个时候的函谷关前，老子被一个叫“喜”的官员拦住了：要想通过去，留下买路财！没有钱不要紧，有思想就把思想留下！

当我们恨透了那种雁过拔毛的贪官污吏时，应当感谢其中还有一个尊重文化的关尹喜。正是他，留住了老子五千言的《道德经》，留下了影响中国人三千年的“道法自然”！

自然就是自然，不以物喜，不以己悲；不为尧存，不为桀亡；顺之则昌，逆之则亡；近者祸及身，远者及其子孙。

站在关外的涧河桥边，听着桥下无声的流水，附会八句，凑成一律：

紫气东来拂涧川，鸡鸣函谷晓风寒。
青牛西去声犹在，古道前伸迹已斑。
秦晋姻缘多露水，山河表里尽忠贤。
庄周懒做蝴蝶梦，一体君臣等量看。

四

洛阳白马寺的古佛早就参拜过，此次再游白马寺的感受却不同寻常。

最早知道“白马寺”这个名字，是从北魏杨衒之的《洛阳伽蓝记》中读到的。30年前在专科学校读书时，购得一部《古代散文选》，分上、中、下三册，是人民教育出版社的版本，1962年4月第1版，1963年8月第2版，1980年3月第6次印刷。我和这部书的第2版一起出生，1980年3月第6次印刷的时候我已在读中文专科了。因为有缘，我将这部书一直带在身边。在上册第376页，就印着杨衒之的《白马寺》。文章开宗明义，第一句话就是：“白马寺，汉明帝所立也，佛入中国之始。”

仅此15个字，白马寺的由来和地位已无须多言。

至于汉明帝如何做梦，如何“遣使向西域求之”，后来演绎出了太多的版本。到了唐朝，太宗又遣洛阳偃师人玄奘到西天取经，更是演绎出了一部《西游记》——

中国人考据的功夫未必了得，但演绎的能力真是不得了。

遍览中国的文明发展史，每一个文化繁盛的时代，都是中外文化交流特别活跃的时期。西汉时期的张迁西使，东汉时期的佛学东渐，盛唐时期的兼收并蓄，甚至明清封建王朝即将衰微时期西方文艺复兴思想和基督教、天主教的渗入，都不能完全归结为“文化入侵”。特别是为解救中华民族于危难之际将马列主义理论的引入，更让中华民族在复兴的路上走出了一条全新的路径。再看一看近30年中国的改革开放，如若没有东西方文化的真正交融，我们能有今天的国力、今天的国际地位吗？

有鉴于此，我特别在意白马寺今天的开放。

以前到白马寺，没有感受太特别的地方。这是佛学东渐的第一个驿站，历史书上早已明载：其间的释迦佛、弥勒佛以及诸菩萨、诸护法天王，乃至殿宇楼阁，与此前此后见到的禅院，似乎没有什么太大的区别；前殿、中殿乃至最显要位置的大雄宝殿，似乎都千篇一律。然而，那是白马寺吗？

白马寺果然就是白马寺，从传统的寺院中出来，我看到了另一番景象——

印度、泰国、缅甸等佛学大国，都已在白马寺旁建起了自己的禅院，让赤县神州的中国人看到了另一种佛学的景象：以前我们见到的只有汉传或藏传佛教，如今在白马寺已经可以看到南亚人是如何礼佛了；以前见到的只有黄皮肤的和尚，现在已经可以看到白皮肤的和尚了；以前白马能驮的只有经卷，如今甚至连佛寺都直接驮过来了！

这种气度，略似于汉，酷似于唐。能够把好的坏的东西都摆在世人面前让人们自己选择，敢问哪个有愧于心的王朝有这种自信？！

有感于斯，我写了八句——

往圣绝学西渐东，寺名白马纪驮功。
经通天地遮风雨，咒感人神曜日星。
古洛伽蓝扬海隅，帝都花木继禅宗。
殿旁兀见天竺院，应是青天落大鹏。

之所以想到“青天落大鹏”，是因为禅院太重了。如果是经卷，再遣几匹白马也就可以了。然而，把异国他乡的禅院直接搬过来，没有大鹏，行吗？

从白马寺出来，我们就到对门儿的洛阳牡丹园。真的很感谢洛阳作协、洛阳杂文学会，特别是孙建邦先生的盛情。其实，到过洛阳的人，有谁没有过牡丹情怀呢？

“洛阳牡丹甲天下”的说法有之，“曹州牡丹甲洛阳”的说法也有之；秋翁遇仙的传说有之，武则天气急败坏、洛阳牡丹就是不领情的传说也有之；当年顺天应时、占尽风情的牡丹有之，如今基因逆转、四时能放的牡丹也有之。无论魏紫姚黄，无论宋白赵粉，这种因缘随分、顺其自然的状态，不也是一种佛的境界吗？

一花一世界，一佛一如来。人之所在，佛之所在；物之所在，佛之所在；无物之所在，亦佛之所在。唯其如斯，庶几自然乎？

五

到洛阳，不能不说酒。

因为曹孟德的一句诗，让洛阳的伊川和汝阳两个县的酒厂打了若干年的仗，最终“思念”一出，大家闻风响应，难道，这仅仅就是兼并？

实际上，酒是人类不可或缺的“燃料”。

说是燃料，似乎把人类视同为机器。但是，人类如果只有蛋白质与碳水化合物，还会是今天的人类吗？

如果说酒很容易酿造，如今遍地应该都是酒鬼；如果说酒很不容易酿造，何以寰球之中，先民们那么无师自通，居然都能做出让自己昏昏噩噩又飘飘欲仙的佳酿呢？

我认识“杜康”二字是从曹孟德处得来，我认识“杜康”的味道则是从我30年前的同学徐荣现处得来。

徐荣现是我30年前师专的同班同学。因为有了在校大学生却不够选民条件的共同经历，我们就有了更多的共同语言。荣现长我几个月，结婚时邀我前往助兴，让我认识了在当时伊川杜康酒厂工作的嫂子。之后荣现兄到我的寓所拜访，便不带别的礼物。于是，杜康酒，便成了我绕梁三日而不绝的“断魂香”。

我喜欢酒，但没有酒量。尽管多数场合我都不知道如何回去的，但经历了太多的酒阵，却让我知道了白酒酱香、浓香、清香、兼香与米香之别，也让我领略了几度的啤酒与红酒、十几度的清酒与米酒、三十几度的中低档白酒、四十几度的中高档白酒、五十几度的烈酒，甚至最高的时候，我喝过 79 度的刚刚蒸馏出来的真正的烧酒。我至今还存着学生赵钰国送我的一瓶高度白酒——茅台二锅头，72 度，酒盒上分明写着：“可能是目前中国度数最高的白酒。”一个“可能”，透出了不确定式的谦虚，也透出了稳居前列般的自豪。

喝酒的人，没有真正能够把酒拿住的。如果说有人能够喝酒从来不醉，我们真的应该考虑是否敢跟他再见下一次面。风花雪月无碍菩提路，酒色财气可证涅槃心。酒所能证明的，不只是你的酒量多大或你是否真的贪杯，更要证明的是你遇到难以逾越障碍时的那种态度。过去说“喝酒看工作”，多数人以为那就是腐败，可当你看到赳赳武夫壮行时淋漓尽致的那碗酒，你就会知道这种判断是何等的浅薄了！

酒能成事，也能坏事；酒能坏事，但也能成事。后世的酒徒、酒鬼、酒仙、酒圣们在开怀畅饮之时，想到过酒祖杜康吗？

如果你真的想到了杜康，不要忘了伊川和汝阳，更重要的是不要忘了洛阳！

关于洛阳的记忆应该还有很多，但 30 多年了，这是我写的关于洛阳的第一篇文章。想到白香山，想到卢舍那，想到范仲淹，想到“二程”与王铎，想到龙门二十品，我愧疚不已！

第五辑　师情琐忆

应从昨日思今日

王梦奎先生在母校泌阳师范九十周年校庆的时候，曾专程托人从北京带回一首诗，诗云：

三朝兴废历沧桑，桃李春风惠泽长。
报国但凭三寸笔，怀师每系九回肠。
常从昨日思今日，却把他乡作故乡。
何当同为归去赋，三千弟子咏流觞。

作为国务院机构要员，日理万机自是常事。母校庆典不能回来，没有人会苛责他。但是，他心里萦怀的，除了国家政务，还有他日思夜想的母校和曾就教聆训的恩师，这就不能不令人敬仰了。虽然我也熟知许多党和国家领导人如何尊师的掌故，但看到许多行为猥琐的政客——甚至有的还与我师出同门，便早已对政界（甚至部分学界）不知师尊为何物的情形不抱什么希望。因此，尽管第一次见到这首诗，已是泌阳师范学校九十周年校庆数年以后了，但是读后仍然不由自主地为王梦奎先生那一颗怀师知恩的心感佩不已。

由此，我忽然记起了我们师范专科学校毕业十五年后的一次同学聚会。十五年后的相逢，把酒话艰辛、说豪迈是很自然的事情，由此而觉得师恩难忘也当是自然而然的。于是，在众人议论得酒热兴酣的时候，我提议同学们看望一下虽“在”却未必健康的几位老师。听到这个倡议，有几个人附和，但也有一个同学说：“算了吧，此时看望老师，老师还不一定能认得出我们、想得起来我们。”当时我一听就火了。我说，老师们桃李天下，认不得我们不要紧，只要我们还认得老师，我们就应该去看望他们，不管老师们还认不认得我们，记不记得起我们。

那次动议到底没有成行，原因自然是多方面的。但是，我和几个要好的同学——有的已经年过半百——仍旧坚持着每年春节期间都要到那些老师们家里拜年的习惯。而且当几个未能参加十五年聚会的同学问及我对那次盛会的感受，我回答的也就是两句话：可爱的依然可爱，可恶的依然可恶。

最近，突然接到好朋友刘群先生的一个手机短信，是一首七言律诗：

独酌冷酒醉花荫，引唱壮怀育杏林。
残叶飘零思沃土，红梅绽放慰雄心。
寻阡灰雀噪归路，学海温风搔爱忱。
小醉还识草上谱，子期已去不操琴。

刘群先生是我十分要好的朋友，在孟州市一中做校长，才高八斗且傲骨嶙峋。此前他的每一首诗我都要相和的——我把这种别人看成附庸风雅的事情当成锻炼自己诗意表达的机遇。何况，他在为学校工作发牢骚，我哪有不“趁摊儿和泥”之理。于是，我就依他的原韵和了一首：

情钟育苑醉花荫，师道尊严托翰林。
学海浮槎应有意，杏坛授受敢无心？
常从昨日思今日，每把讥词换热忱。
历练何须磨铁杵，且回静里弄焦琴。

在这里，我有意引用了王梦奎先生的原句，是想用劝百讽一的旧制，宽慰一下这位仁兄。不过，当写到颈联的时候，便已经有了一种异样的感觉，似乎我已经不再是为这位仁兄和诗，而是在抒写自己的胸臆。是啊，人如果都能“常从昨日思今日”，许多事情便都能想得开了。王梦奎先生能够“常从昨日思今日”，所以，即便他位高权重，日理万机，也不会忘却母校的事情。因为他知道，如果没有昨日，就不可能会有今天。没有昨日在母校的历练，他便不可能用三寸之笔成就自己的报国之志。“不忘所自”是中国一切成功者最高的德行，王先生当不愧斯名。

同时，我还在想，我们做教师的，是不是也可以把自己的昨天作为参照物，来衡量一下自己今天的行为呢？如果我们过去的老师爱自己如同儿女，我们如今能够视学生如同路人吗？如果我们过去的老师没有善待过我们，根本没有把我们当回事儿，给我们当时的身心造成了无以言状的创痛，让我们到如今还记忆犹新，我们难道敢用他们当时的那种方法对待我们现在的学生吗？难道我们不怕学生也把我们负面的东西惦记一辈子吗？

历史的经验值得注意，只要能够经常想一想我们的昨天，一定会对今天有不少好的启迪或者警示；只要我们能够有孔夫子“三人行必有我师”的襟怀，能够对周边发生的事情做到“择其善者而从之，其不善者而改之”，那么，我们不仅不会因此而增加多少负担、承担多少压力，反而会使我们在向圣贤靠拢的道路上走得更便捷，更稳健。

大道如砥砺人生

——怀念恩师罗时霖先生

两个月前的今日，是恩师罗时霖先生的忌日。

痛定之后，长歌当哭。两个月过去了，先生的音容笑貌，在二十年前的学生中间，依然那样生动清晰。每每同学相聚，都要忆起先生，而且教师节将近，都觉着应当为先生写点东西了。

照实说，初闻噩耗，确乎令人难以置信。因为自打罗先生患上肺癌，同学中的知情者都十分关心他的病情。就在先生猝逝的前几日，我们还从师母柴浩老师处得知，经过一段时间的化疗，先生的晚期肺癌基本上得到了控制。复查过后，先生及家人亲友都额首相庆，甚至先生也发少年狂，又骑上摩托，开始兜风了。为此，大家都松了口气，以为虽然先生患的是绝症，但绝处逢生者也并不鲜见，且以他的宽宏和现代医术，奇迹并非不可能发生。然而几日过后，忽然接到一个同学的电话，说是先生去世了——不是逝于肺癌，而是逝于脑溢血！

连人们一向畏如蝎虎的肺癌都夺不走的先生，却猝逝于脑溢血。天道恢恢，世间真是好人不得长寿吗？

我们有幸师从罗先生，始于20年前。当时国家拨乱反正，百废待举，各行各业求贤若渴。为此，恢复高考制度之后，许多中专学校创造条件，办起了戴帽大专班。焦作师范的大专班在这种情势下也应运而生。由中专而大专，其他条件可以将就，教师将就不得。没办法，只好到中学选拔。于是，戴直夫、刘性坚、王慈荣、罗时霖、马克贵等一批享誉山阳的中学界名流群贤毕至。后来据内行人士称，焦师大专班的这种教师选拔办法，较之一些大学教师培养的方法，更具科学性，更能优中选优。这至今仍是我们认为值得庆幸的事。

焦师大专班每届两个班，一文一理，自 1977 年始，至 1982 年终，共招三届学生。罗先生教授文科班的古代汉语，以治学严谨、授课认真、教法灵活而深受学生的爱戴与欢迎。其广博的学识，幽默的谈吐，白眼鸡虫的傲骨和温文儒雅的学者气度，更令学生们欣羡而景仰。照实说，古汉语是一门知识密度相当大的课，年代久远且枯燥艰涩，不少人感到望而生畏。但经罗先生讲出，却能处处芳草鲜花，燕舞莺啼，美不胜收。讲古汉语，本没有鉴赏作品的任务，但当他讲到屈原的《离骚》等经典名篇时，往往情难自禁，滔滔不绝，众芳芜秽，美人迟暮，长路漫漫，上下求索——一下子就把学生带到了汨罗江边，仿佛在与披发行吟的屈子同游同歌。先生讲课特别讲求气势，往往如江河奔流，洋洋洒洒，痛快淋漓，汹涌而具有法度，酣畅而不失谨严，当时多数同学听罗先生的课都达到了入迷的程度，以至于步出校门走上讲台之后，许多学生还有意无意地模仿罗先生的教态，甚至罗先生的板书。当时我们只知道罗先生的课讲得好，无暇思谋这些好之所由来。若干年后，我们才从其他方面了解到，罗先生的课教到那种程度，除与“绝顶聪明”的天分有关之外，更重要的是靠他的奋强不息。

先生祖籍江西弋阳，幼承家学，其先严罗文藻是与方志敏、邵式平等革命家交往甚深的进步知识分子，一生坎坷，结局也很悲惨。但他古典文学功底深厚，使罗先生从小就受到良好的熏陶。先生大学毕业从教之后，更是潜心学问，处处在意，教学水平不断提高。早在上世纪 60 年代，先生在焦作一中任教时参加新乡地区的教师大比武，已显示出卓然不群的教学才能。到大专班任教，教学能力已臻炉火纯青。尽管如此，从教中学到教大学，在选择了古代汉语之后，罗先生并没有自恃功底扎实而敷衍备课，而是挤出大量的时间研读音韵学、训诂学、文字学，除尽心力教好每一节课之外，所著论文《关于诗词的格律》《“焉”“之”辨》在学术领域影响颇佳，参与编撰的《古代汉语》成为省定高校专业教材。1997 年，被评为教育系统全国劳动模范，当年被收入《中国百科专家人物传集》，次年又被收入《中国专家大词典》，成为焦作高校文科古汉语专业名副其实的泰斗。

罗先生治学严谨，为人也严谨。数十年的教书生涯，一直坚持写详案，尽管他讲课时绝不照本宣科，但在备课上从来一丝不苟。非但他自己这样做，在他参与中文系教研室领导工作以后，也要求年轻教师写详案。经过他的倡导带动，至今中文系教师备课仍然沿袭这一作风。在商品经济大潮的冲击之下，当文凭被人们当作求财或谋官的敲门砖时，高等教育，尤其是成人高等教育若想不染尘滓，确乎是不容易的事情。即便如此，罗先生仍不改其志。记得先生在焦作职工大学兼课期间，一位当时市里很有头面的人物想让他透一透考试题，便跑到罗先生处死乞活缠，并许愿说只要罗老师能把题透出来，要什么他就给什么。然而，这位用此种办法可能“解决”过不少“问题”的人物，在罗先生面前却没能如愿。先生给他只说了一句话：我什么都不需要，就要你的真实成绩。

教师是天底下最光辉的职业，但并非所有的教师都能树起光辉的形象。文人相轻、文过饰非、拜金主义、学阀作风在教师队伍中并不鲜见。然而罗先生的许多事情我们听到以后都十分敬佩。罗先生后来主持教育学院中文系工作时，已是望重德高、人学俱老的长者了。有一次，他无意中批评了一位年轻教师，使之思想负担很重。当时同教研室的马克贵老师到罗先生处谈了这一情况，按马老师的想法，让罗先生私下找一下那位年轻教师说开，解除他的思想包袱就行了。但让马老师没有想到的是，罗先生居然在教研室大会上，公开向那位年轻教师道歉，态度十分诚恳。这种大度、宽宏与不文过、不矫饰的作风让全教研室教师为之动容。罗先生的夫人柴浩也是市里知名的中学语文教师，先于罗先生退休。新乡市一所私立学校欲聘请她前去任教，管食宿每月一千余元，罗先生就是不让去；后来学院办的中学班要聘柴老师代课，每月补助只能给200多元，罗先生居然二话没说就让去了。其实先生的家境并不富裕，并非不需要钱，但他始终没有丢掉那铮铮傲骨。

先生从教数十年，一直住在一所中学的几间平房中，用水如厕都十分不便。学校也分过几次房子，要么是他主动让出去了，要么是赌气让出去了。看到学富五车、才高八斗的罗先生居住如此简陋，学生们多为他鸣不平，甚至当学生们讲到杜诗《茅屋为秋风所破歌》时，常常会想到罗先生的几间旧屋。但他身处陋巷，似乎一直未改其乐。直到退休以后，市里为教师建造了住宅小区，先生终于得到一套称心的住房。为了新家的布置，先生颇费力劳神，尤其是对于书房的安排，更是煞费苦心。他为自己设计出了一个不大但非常理想的天地——阳台，几架旧书，一把藤椅，一张小桌，一壶清茶，读书之余，或闭目静思，或矫首遐观，且身处五楼，不用登高，即可望远——然而，房子尚未交工，先生已身染痼疾，为筹钱治疗，欲将新房子转让出去。先生几次言及，颇觉凄然。后经亲友努力，房子保留了下来，晚期肺癌经化疗也有了好转，先生又有了再上层楼的信心，希望能在有生之年，将教书时无暇整理的东西整理出来，以期对后来者有所裨益。怎奈天不假年，祸福旦夕，一代名师竟猝然仙逝！

其实，先生是十分达观的，也并未因长期浸淫于故纸堆而抱残守缺。在我们熟知的老师中，他第一个骑上了摩托车。对于生死，他也看得很超然。他常说一句话：我最小的儿子18岁以后，我是活一年赚一年了。就是在这种情绪的激荡之下，先生一直在教学一线干过花甲，又超期服役近两年。患病之后，被迫从教学一线退了下来。治疗期间，先生还风趣地自制挽联一副，道是“半生畸零奋强不息皇天不负苦心人也算一方名师；正道直行白眼鸡虫澜急滩平恒如斯不失节亮风高”。我们读之，虽觉半是实情半是解嘲，但从总体上看，还真是勾勒出了先生孤直耿介的个性。按照常规，越是淡于生死者越当永寿，岂料先生竟走得那么急，前两日学院开会，他还骑着摩托车欣然前往，谁知倏忽间已成为隔世。

先生去了，满园嘉禾伤秋雨，一门桃李哭春风。尽管如此，弟子们从先生处获取的走正道、做真人的本领和“心存那朵莲花，尽享人间风雅”的情致，将绵绵无绝，成为先生生命的另一种延续。

又是一年秋光好，念及曾诲语谆谆、在一起促膝谈笑的恩师，颇觉晦明殊途，各自长路漫漫。学生们只能在此虔敬遥祝：教师节了，先生当安好！

1999年9月

一重识见一重天

——怀念恩师刘性坚先生

又是一年重九日，音容宛在仰高风。

三个月过去了。在恩师刘性坚先生仙逝之后三个月的时间里，我一直有一种写作的冲动，然而每每坐在电脑桌前，纷纭的镜头便在脑海里一片杂沓，让我总是理不出个头绪来，虽有一肚子的话要写，抬起手来却又一片茫然。

我师从刘性坚先生，是30年前的事情。那是在焦作师范大专班学习期间，先生教我们现代汉语。因为是刚恢复高考，师范学校办戴帽儿大专，有学问的老师相当紧缺。所以，尽管先生已经66岁了，仍然还在一线上课。先生的课如行云流水，深入浅出，虽然学养深厚却并没有让学生有不着边际的高深之感，但好景不长，一年不到，先生因劳累过度，上课时晕倒在讲台上。从此以后，先生才真正告别讲坛，开始颐养天年了。

2005年我到焦作市第十三中学当校长，在翻看学校综合档案的时候，一张老照片引起我的注意——在并排而坐的数十位老师之中，一张清癯的脸，一副板儿直的腰，那不就是我师专的老师刘性坚先生吗？果然，在稍后的资料翻检中，发现先生不仅从矿区干部业校干到十三中，而且后来做到十三中的工会主席，是名副其实的十三中老教师。

当年的农历九月九，我把曾在十三中工作有突出贡献的老同志请到学校，共商学校复兴大计。先生虽然不是从十三中退休的，我也恭敬地请了过来。那年先生已经91岁高龄，却是耳不聋，眼不花，牙也没有掉一颗，是大家公认的寿星佬。当时我给先生还特别交代了另外一个任务，就是给年轻教师谈谈如何治学，给老教师谈谈如何养生。

座谈会上，先生出言语惊四座。不仅中气十足，声若洪钟，而且时事新闻，学林掌故，鞭辟入里，语重心长，切中肯綮，掷地有声，在场的老师无不叹为观止。

转瞬之间，5年过去了。每一次探望先生，我们都为他那生命奇迹般的健康而啧啧歆羡，以为先生如此的身体，期颐之年何足挂齿。没成想先生迫不及待，7月15日上午，我从薛垂广老师处得知，先生已于昨日驾鹤西归了，享年97岁。

我是先生最喜爱的弟子之一。

所以这样讲，不仅因为我是先生教书生涯最后一届弟子中年龄最小的一个，也不仅因为我多年如一坚持在大年初一到先生家里给二老拜年，更多的怕是我和先生有着许多生命相通的东西：先生出身寒微，我在黄河滩里长大；先生喜欢书法，我也爱好写字；先生博览群书，我也嗜书如命；先生精于诗词，我也喜爱打油诗；先生终身从教，我也情钟育苑……所有这些，都使我感到与先生有着更多可以进行心灵与生命互通的渠道。

先生教我们现代汉语，因为身体原因没有完成这门课的教程，但在我们毕业时同学们到先生处求字，先生都一一满足。赠给我的是一行草横幅，内容是先生勉励我的一首七言绝句：

乘运应须宅八荒，男儿安恋旧池隍。
汉王自起新丰日，项羽何曾在故乡。

那一年，我19岁，正是血气方刚的年龄。在毕业分配时，不假思索选择了从未到过的博爱县去教书，很大程度是受了先生这首诗的影响。

我在博爱县第三中学教了五年书，而后调入焦作市第十一中学，三年后考入市教委，15年间先后在四个科室工作，2005年主动请缨到学校任职。在许多人看来，这也许是不安分、瞎折腾，但每当我思想低迷裹足不前几欲沉沦的时候，都会想到先生的教诲：汉王自起新丰日，项羽何曾在故乡啊！

2002年，先生88岁，我的另一位恩师戴直夫先生80岁，焦作师专师生和我们这些弟子们为两位先生祝寿。我专门为先生写了一首七言律诗，用楷书端端正正写出，装裱好恭恭敬敬给先生呈上。先生看后非常高兴，连声夸赞，并轻声吟出：

人逢治世若登仙，黄发犹堪越千年。
桃李芳蹊足启后，诗书大雅敢承前。
闲来静坐摹残拓，课下端居品《醴泉》。
眼界高时无物碍，一重识见一重天。

吟过之后，连忙摆手，说我言辞过誉，谦抑之态溢于言表。

先生知道我也喜欢读书写字，就将他近年来陆陆续续整理出来一些书法或古典方面的书籍，在去看望先生的时候转送给我。我现在案头的《历代书论》、《现代书法文论选》和许多《书法研究》杂志，都是先生送的。尤其令我感动的是，先生不知经过多少辗转得到的线装本《韩昌黎诗文全集》，是前清贤达博爱耆宿杜友梅先生的藏书，很珍贵的，也一并送给了我。后来从先生的大女儿刘服真处得知，先生曾给她们一再交代，好书要送给懂书爱书的人，那样才不至于明珠投暗。

记得一次同学聚会，我们请90多岁的先生参加，席间我呈上我的一本杂感集，先生当场便翻阅起来。之后许多次见了我都要夸几句，说，你很有成绩，我是一辈子一事无成的。其实了解先生的人都知道，先生是名副其实的通儒，从业余大学到焦作师范大专班，他教过古代汉语、现代汉语、古代文学、现代文学、文学概论、逻辑学。而且他做中文教研室主任，把课程选择的权利都交给同事，同事挑过的他去教，而且每门课都能深入浅出，出神入化。

什么叫大师？大师其实是那种有突出建树又自以为渺小的人。在刘性坚先生这里，我感触颇深。

先生的治学严谨是出了名的。

在我们师从先生的过程中，一直以为先生是从战乱岁月走出，没有上过什么学的，然而在整理先生履历的时候发现，先生祖籍河南滑县，1914年生于北京，1933年2月至1934年4月在原北平中国学院国学系学习。

先生幼年失怙，曾读过一段平民小学，没上过中学，不懂得 ABCD，14 岁就被抓了壮丁，辗转于山东、山西、北京、内蒙古之间，在那个战乱纷仍的岁月里，能在 19 ~ 20 岁进入大学读书，没有足够的底子是不可想象的。而一个下层士兵，只读过一段平民小学的士兵，到后来具备读大学的底子，更是不可想象的。这样的不可想象，先生说起来却平淡而又平淡，“我就是喜欢读书”，许多学问“都是从书上学来的”。

先生教育自己的子女，是不求闻达，不求显贵，但一定要做通学问。他常说的是，学问不要贪多，做一门就要做深做细，做通做透。

先生一辈子挣的钱，大都花在了买书上。战乱之中尚能静心读书，新中国成立之后，先生被安排到焦作矿区干部业校——后来改称焦作市第十三中学教书，便更加潜心钻研、手不释卷了。学然后知不足，教然后知困。学问越大，先生越是谨慎，每当写一些东西，他都要反复查阅资料，切磋琢磨，推敲锤炼。尤其写诗填词，用韵平仄讲究自不待言，化险为夷，追求韵味，字斟句酌，绝不重复，是先生坚持的原则。一次一个诗词学会将先生一首诗刊发出来，中间出现了两个相同的字。先生看后很有意见，说不是校对不负责任，就是编辑胡改，不明白格律诗惜字如金，怎么可以在一首诗中把一个字重复使用两次呢！

先生由中学到大学，讲义编写坚持自己完成，教材选用坚持亲自把关。为了选用合适的教材，他跑了当时省内外许多高校，即使带儿子到北京看病的间隙，也要跑到北京图书馆找教材。在焦作，上至耄耋，下至中年，许多人都是先生的学生。凡听过先生讲课的人，都能感觉到，先生的学问才叫真学问。

作为全市最大的教师住宅小区，龙源湖小区建成之后，党和国家领导人多次莅临视察，小区管理者为提升小区文化品位，请一位才气与功底兼善的老师起草了一个“区训”，是以散句形式出现的。草稿拿到先生处修改，先生说从格式到内容都需要完善。于是到小区看了一圈，第三天，四字一句的韵文文从字顺，句整理彰，并且用工整的汉隶写在一张四尺宣纸上送到了小区。那一年，先生已经是 91 岁高龄了。

先生是把治学完全融入生命的。90 岁之后，一次发烧住院，高烧时说起了胡话，女儿在床前听到的是：“第二次文字改革是对第一次文字改革的否定。”因为发烧，先生的声音变细了。他给身边的女儿说：“我这次变声，很难好过来，要想好，还须一个字一个字地练发声。”于是，天—地—玄—黄，宇—宙—洪—荒……便吟诵不停，让身边看护的子女和医护人员都感动不已。

启功先生自制的墓志铭说自己“中学生，副教授，博不精，专不透”，展现的是一位渊博大儒的谦逊；刘性坚先生谦卑为人，透出的是先生一生的谨严。

先生一辈子是吃文字饭的。

在解放前的战乱岁月里，先生时民时兵，亦民亦兵。14 岁被抓了壮丁之后，当官的看到他字写得好，又有学问，就让他给当官的写书信，后来一直做到国民党北平行辕新闻处书记、国民党华北剿总政工处司书，实际上就是傅作义将军的文字秘书，负责处理傅作义将军的日常家信和军务公文。所以能够如此，除了先生的学问人品之外，还有一个重要因素就是，先生的字写得好。

先生的字，以欧楷、汉隶见长，行草也属上乘。初次见到先生的字，还是在焦作师范大专班跟先生学习的时候。那时候我还不知晓书法为何物，但幼承家学，知道谁写的字好谁的不好。一次到先生家，看到他斗室粉壁上挂的字，欧体楷书含蓄蕴藉，威而不猛；汉隶格调优雅高古，谨严中又不失洒脱。看过之后，景仰之情油然而生。以为学问做到这种地步，字又写到这种程度，平生没有见过如此的高人。

受先生的影响，我教书之余，则以学书，从唐楷入手，直追魏晋，反复临写张猛龙、郑文公、石门铭、瘗鹤铭。行书宗法米南宫，上溯“二王”，兼及苏黄，心摹手追。虽日有所进，但进行书法创作，却十有九不成。5 年之后我调到焦作，拿一些习作请先生过目，先生也曾点头示意。当我提出请先生指点的时候，先生说：所谓指点，是你路子走歪了，指点一下，让你把路子走正。如今你的路子走得很正，只是功夫不到，回去下功夫吧！

之后，我便遍搜米芾及学米有成的书家作品，在反复临写把握字型笔法的基础上，抄完了唐诗三百首、宋词三百首等经典诗文，然后再行创作，成功率高多了，且在 40 岁前后入选全国首届书法兰亭奖，加入中国书法家协会。当我再拿一些字请先生过目的时候，在先生的颔首示意之中，我读出前辈大师对于弟子的一种欣慰。

20世纪80年代，市里曾举办过一次“五老书法展”，先生是五老书法家中最有学问的一个，所写的不少作品都是自己的诗词，给人们留下了很深的印象。随着这些老书法家的相继谢世，真正跨过世纪、度过千禧年的老书法家，就仅剩下先生一人。每每与先生谈及书法，先生总是谦逊有加。其实我知道，无论书学研究还是书法实践，我们与先生比都是难以企及的。

世间的事情常是这样的，当你望着大师项背的时候，大师已经为你搭好了人梯。

仁者寿，先生一生善待所有的人。

我与市教科所所长周秀龙同出先生门下，有一次与秀龙一起看望先生，出来之后秀龙说：做学问就是要做到刘老师这种程度啊！

我深有同感，学问做透了，一些事也就看开了。

先生那么大的学问，最后也只是个讲师职称，他不是没有机会，他让了。

先生省吃俭用，一生买书无数，最后不是送给了学生，便是捐给了学校图书馆。

先生的寓所一直是一座狭小的三室一厅，书房不足十平方米，堪称斗室；客厅里进三个人就显得拥挤，但先生一直没有换，处之泰然。

先生的诗词写得很好，尤其是七律，大有老杜入蜀之后的韵致。但当我提出给先生整理一下诗词的时候，先生却说：我随写随扔，都没有了。

先生字写得好，春节期间乡里乡亲找到门上，他不像有些半瓶子书法家还拿拿架子，而是来者不拒。

2008年，先生已经95岁，听说汶川地震，毫不犹豫地拿出300元，自己一个人颤巍巍地走到东方红广场交给红十字会，一腔爱心天地可鉴。

还记得一次和马克贵老师聊天，马老师谈到先生曾送给他的一首诗：

伸张正义费精神，背后时防冷箭频。
万物静观宜玩味，诸般正论自归仁。
胸无挂碍当长寿，腹有诗书足漫吟。
对榻宵谈常入梦，涂鸦聊寄旧时忱。

这是一个长者为他血气方刚的同事所作的宽慰诗，从中我们看到了先生胸无挂碍、腹有诗书、万物静观、正论归仁的博大与仁厚。先生一生的经历太丰富，学养太深厚，为人太谦逊，眼界自然高远。人生的极致是舍得，是放下。大象无形，大方无隅，说的不就是像先生这样的人吗？

当年血气方刚的马克贵老师，如今也退休多年。得知先生仙逝，写了一首缅怀刘老先生的诗，用电话传递的方式送到先生家里。今并录于后，以示同怀。

精勤杏坛人共知，品节风骨足范式。
红烛不干翳目泪，老蚕染就鬓双丝。
有情杨柳春化雨，无言桃李下成蹊。
而今乘鹤登仙境，后辈唱和教泽诗。

2011 年月 9 月

高怀意逐白云长

——怀念恩师戴直夫先生

数九霜风催木叶，百年人事半凋零。

2012年冬天，卧病8年的恩师戴直夫先生谢世了。

我是较早接到先生女儿戴烨电话通知的。电话那端说，你们的戴老师去世了。又说，你那里有一些老师喜欢的学生的联系方式，拜托你也告诉他们一下吧！

戴老师的几个子女我都接触过，教养都很好，说话没有一个粗声大气的，戴烨与我同学张继之当属“发小儿”，所以我们的过从相对多一些。那时我到郑州工作刚一个月时间，正在忙于熟悉环境，闻听先生西归的噩耗，我也顾不得许多，匆匆收拾一下，便驱车赶回古城山阳。

先生家里已经设下灵堂，先生的遗像摆放在客厅正面墙的中央，依然那么睿智，那么安详。

8年卧床，91岁高龄，先生的子女们已是尽心尽力，先生也是寿终天命了。先生在世时，尽管卧病在床，然而每年大年初一，我们几个先生喜欢的学生，还都能去给先生拜拜年，尽管先生已经几年都无法开口和我们说话了，但从先生的眼神中能够看出，先生还认得我们，对我们来看望他，很是高兴。

师恩难忘！随着岁月的流逝，这种感觉愈加强烈。特别是做了教师的我们感觉戴老师，就如同有了孩子的我们体谅父母一样，那种感同身受是行业外的人无法想象的。所以每年大年初一，周秀龙、冀先礼、冯青枝和我都要踏着新年鞭炮火红的碎屑，呼吸着浓烈而又芳香的硝烟气息，去给先生们拜年。一开始还有更多的几位，后来，也相对稳定的，就只有我们四个同学了。

然而，春夏秋冬，阴阳代序，能够让我们拜年的老师越来越少了。近20年间，先是罗时霖先生突发脑溢血辞世，然后是王慈荣先生卧床多年之后也悄然离世，前年刘性坚先生逝世——尽管刘先生已经90岁高龄，然而我们总觉得他身体素质好、底子厚，是会终老百岁的——接着，马克贵先生回新乡老家过年，心脏病突发，才70多岁，竟也不在了。戴直夫先生身体本就孱弱，退休以后不久师母突发急病，医院与家里来回奔波，忙碌与焦虑诱发脑梗，后经及时救治，病情得到了控制，但身体状况一直不是太好。每次我们看望先生，先生给我们的感觉都是“文弱”。后来在脑梗的同时又加上了脑出血，更给治疗增加了难度——治脑梗的药容易引发出血，治出血的药又容易诱发脑梗。几经反复，多次周折，先生的生命却一直顽强地与死神做着抗争。最终在壬辰龙年岁尾油尽灯枯，走完了多舛人生的最后一段里程，羽化飞升了。

戴直夫先生是豁达的。

早年曾见过先生一首五言律诗：

小雨新晴后，清风送晚凉。
窗开花气重，室静茗烟香。
抱膝吟佳句，袒胸卧竹床。
谁知闲亦乐，意逐白云长。

我喜欢诗，也偶尔诌上几句。物以类聚，人以群分，便也结识了不少喜欢吟风月弄花草的同好。特别是在教育领域吃饭，此类附庸风雅者就更不鲜见。然而，拿着那些诗册翻看，隔靴搔痒无病呻吟寻章摘句生吞活剥的比比皆是，甚或老干体式的打油也时常从一些教坛“耆宿”的笔底流出，把自己懒于读书拙于思考得过且过敷衍塞责的马脚暴露得一览无余。戴直夫先生精于治学，底蕴丰厚，是山阳教坛公认的学界泰斗，后来还兼任焦作市政协副主席。按照常理，这样的先生做事做人，应当如大匠运斤，凛凛然有庙堂气象。其实不然，当你走近先生便会发现，先生没有高谈阔论，没有侃侃而谈，有的只是娓娓道来。在先生身边，你会被那无边的亲和融化。每当我们和先生在一起，聆听先生说学问论时事的娓娓谈吐，都有如饮甘露、如坐春风般的感觉。

唯真学问能平静，腹有诗书气自华。先生在同事间有儒者风没有学究样，在学生面前有长者气象没有学阀威严，这种人生境界是读书读出来的，是做学问做出来的。只有大学问才能体味物我融会天人合一的境界，从这首散文中我们能够得到最具体的感悟——

夏日一场小雨初收，晴云缕缕映衬得天空更加瓦蓝。眼见得夕阳西下，清风徐徐，丝丝的凉爽轻轻拂过，令人暑气顿消。窗外花草葱茏，群卉竞放，湿漉漉地散发着馥馥郁郁的花香。屋里窗下几案旁侧，一张竹榻，一壶清茗，一盒香烟，一本旧书，一把蒲扇，一位袒胸长者抱膝半卧于竹榻之上，听着窗外高树上的蝉声与渐渐而起的虫鸣，在香风阵阵之中品味着书页之上的诗情画意，时不时露出一丝会心的微笑与怡然自得，仿佛已与古人心会，与天地融通——这是怎样的一种闲适啊！无欲自然心似水，有营何止事如毛。这种快乐，那些碌碌公差、劳形案牍的人体会不到，那些身卧东山、心存魏阙的人也体会不到，那些丝竹乱耳、声色犬马的人更体会不到。窗外白云悠悠，齿间意韵悠悠，若说忘机是一种暂时的放下，眼下的先生应该是真正的悠然了。只是，悠然心会，妙处难与君说！

戴直夫先生又是执着的。

戴先生教我们古典文学，主讲唐宋至明清部分，是从师专的第二年接我们的课。在戴先生之前，古典文学先秦至魏晋南北朝是马克贵先生的课，而古代汉语是罗时霖先生的课。马先生以谨严见长，而罗先生则声情并茂、绘色绘声。他们已经熏染了我们一年，戴先生刚一接课，我们便不自觉地将戴先生与马先生、罗先生相较，特别是拿罗先生的表情达意方式来绳戴先生的课，一开始并没有觉得精彩的所在。然而几节课后，便被戴先生对文学史居高临下的把握及对作家作品深入的开掘所折服，仿佛如饮琼浆，越品越有味道，越听越耐人寻味。后来就连戴先生的颜体行楷板书，也成了我们许多同学心摹手追的对象。

戴先生的课是两年四个学期，前两个学期我们在北院上课，后两个学期学校南迁与教师进修学院并校上课。这期间，我在古典文学方面的领悟全被激活，课堂上听得出神，笔记生怕漏掉先生每一句话；课下一有时间便钻进学校并不太大的图书馆，许多来不及细品的好书先行拿来大口地吞咽。许多书店根本买不到的好书，便从图书馆里借出来抄写。一年间，利用课余时间将龙榆生先生的《唐宋词格律》、《红楼梦诗词曲译注》等书规规矩矩抄了出来。张相先生的《诗词曲语词汇释》我从图书馆借出来之后实在爱不释手，书店里又无从购买，只好昧了下来，最后以三倍的价钱进行了赔付。这时候养成的抄书习惯走出校门走上讲台之后我还一直坚持，《论语》《中庸》《大学》《尔雅》，康殷先生的《文字源流浅说》，甚至张永枚长篇叙事诗《西沙之战》，我都是抄过来的。

抄书的办法虽然笨拙，但后来的确发挥了重要的作用。戴先生教我们课的几个学期里，每期我的古典文学成绩均列优属，尤其最后一期考试，我的成绩排到了第一，这不能不说是先生诱导示范与感染之力在起作用。

戴先生执着于学问，对学生们更是严格要求。当时学校风气较之现在要正得多，考试不存在夹带作弊的现象，会就是会，不会就是不会。平时没用功，考试伤脑筋。成绩出来，有些不及格的同学到戴先生那里想“通融”，结果每次都是碰钉子。先生坚持，必须下真功夫，求得真学问，在学业成绩方面无可“通融”！

戴直夫先生还特别注重呵护晚辈、奖掖后人。

先生不仅严谨治学博闻强记厚积薄发通古会今，而且言传身教愤悱启发置腹推心行端表正。先生在教书之余，工于书法、精于篆刻。据说先生年轻的时候曾经在文化名城开封鬻印换粥，持家度日，金石功底相当深厚。先生的印风谨严，结字绵密，刀法精准，大气横陈，许多人都以能够得到先生的印为荣耀。在学校时我喜欢写字，走上讲台之后利用业余时间也临临帖，甚至动动刀。先生得知之后，曾经送我一本《白石印谱》，嘱我多临多刻，在师法前人的基础上要知道创新。先生曾讲，书法看王铎，篆刻看白石。这些都是博古通今、融古会今的大家。王铎是能够承上启下、继往开来的大师，齐白石是能够开天辟地、点石成金的大匠。而且还特别告诫我，说白石先生讲过，“学我者生，似我者死”，这应当成为一切艺术学习活动的圭臬。

得到先生所赠印谱之后，我下了一段功夫，将摹刻的印拓呈给先生指点。先生看了频频点头，说方法得当之后须勤于用功，“功到自然成”不是挂到嘴边就行了，要做到行动上。临出门时，先生拿出一把精致的篆刻小刀，说，这把刀我用了多年，很凑手，送你吧!

非但如此，为了鼓励我在书法艺术方面深入用功，先生还就我的名号专门治了朱白两方印，如今凡是我十分慎重的赠物，所钤的都是戴先生的这两方印。

戴先生去世之后，我写了一首追念先生的诗：

常将往事对空山，把卷临窗惜善缘。
小雨诗情留古意，朱白印迹慕高贤。
堂间娓娓发灵悟，席下谆谆启大观。
岁月无情惊逝水，抢呼不见旧容颜。

写成之后，我发给了先生的女儿，因有紧急公务，没有参加先生的送别仪式，想先生九泉有知，许会谅解我的不肖。

先生这一去，我们高山仰止的一代大师都没有了。念及这些，怆然吟出四句小诗：

罗公遽去王公随，刘老西行马老追。
戴老仙飞冰雪后，岁时年拜复阿谁?

后来，我把这首诗发到了“教育在线”，还加了个小序：

每年正月初一，是我们几个要好同学一定要去看望老师的日子。就在年前，戴直夫老师以91岁高龄辞世。自此，30年前以罗公时霖、王公慈荣、刘公性坚、马公克贵、戴公直夫为代表的一代恩师俱已离去。一个时代已经终结。呜呼！大师不再，吾谁与归？！

第六辑　友朋刍论

胆大而心细，行圆而志方

——阿丙先生杂感之印象

去年又到江南，在无锡购得一本《河汉遥寄》，其间收录的是王蒙、萧乾等人追忆已入重霄的亲朋的几篇文章。顺手披阅时，在叶圣陶先生次子叶至诚的《追念母亲》一文中，读到了一个情节，说是至诚小学毕业时，母亲胡墨林在他自制的纪念册上题了两句话，“胆欲大而心欲细，行欲圆而志欲方”，给我的印象特别深刻。当时我曾掩卷长思，觉着这两句话实乃人生之至境。因为遍览众生，胆大者往往粗心，心细者又多缺乏胆量；行圆者多胸无大志，有大志者又往往棱角过于鲜明，故而很难见容于世。胆大、心细，行圆、志方，二者兼得已属不易，四者集于一身，非有大志向、大智慧、大毅力者莫能为也。近日读阿丙先生的自选杂感，念及阿丙先生平日的为人与为文，分明透出了这方面的追求与境界。

阿丙先生的自选集题跋，是深有感触的几句话：“在假、丑、恶触目可见的地方或时候，杂文作者存在的价值，就是肯站出来说几句人话。”此言道出了阿丙先生杂感创作的目的，从中我们也不难看出作者创作杂感的初衷。是的，在假、丑、恶随处可见的时候或地方，说“人话”是不大容易的。这既需要有关注社会、关注人生的博大情怀，同时也是很需要些胆量的。没有这种情怀不愿为之，没有这种胆量不敢为之。在诸多文学创作门类之中，杂文往往把人们司空见惯、充耳不闻、熟视无睹的假、丑、恶抖落开来，揭其本质，述其危害，疏泻块垒，针砭时弊，因而就很容易触及世人尤其是当权者的敏感部位。尽管事实上还是“小骂大帮忙”，但仍旧会招致许多麻烦。在文字狱盛行的年代，基本上没有杂文。不让说话之后的文人，有的钻进了故纸堆，搞起了小学的繁琐考证；有的则托物言志，把本当说成的“人话”变成了花妖狐鬼的“鬼话”。前者如王念孙，后者如蒲松龄。及至民国，鲁迅先生以杂文闻名于世，很说了一阵让当局深恶痛绝而又无可奈何的“人话”，其间忧国忧民之心自不待言，单这胆量就很值得敬佩，不然的话，何以像毛泽东那样的硬骨头都要说“鲁迅的骨头是最硬的”？

创作杂文之所以需要胆量，是因为假、丑、恶多貌似凶恶而色厉内荏，最惧怕有人透过其狞恶的表皮戳穿其虚弱的本质，因而对于那些善于运用杂文来揭其画皮者，就要想尽一切办法，极尽绞杀之能事。在一定的时期或地方，如果这些假、丑、恶者还拥有生杀予夺的重权，那杂文作者可就惹大麻烦了。前些日子有位同道谈及自己因一篇杂文险被摘去乌纱的事，尚如惊弓之鸟，就足见这杂文创作是自找麻烦的“活计”。

在大小文人多不愿为的山阳“杂坛”，近来赫然站出了个“张大胆”，他借古讽今，评时论世，纵横捭阖，激浊扬清，嬉笑怒骂，蔚为大观。他不仅敢于戏说“亲自”，对官僚们与溜须拍马的僚属们给予一顿奚落；还敢于拒绝“成熟”，将那些四平八稳，矜持含蓄，貌似胸有城府，临乱不惊，实为庸俗世故、沽名钓誉之徒一阵挞伐。既能够公开“写复函的学问”，将目前许多单位不负责任的文字游戏般的“复函”剥得一丝不挂，还能够为如今人们已司空见惯的“学习日综合征”开出辨证的诊治之方。从历史到现实，从文人到侠士，从华夏到夷邦，在阿丙笔下，无论官场、民间，无论政治、经济、文化，只要有假、丑、恶存在的地方，他都无所顾忌，敢于挺身而出，奋戈一击。读他的杂文，常常使人忘记此公已混迹官场多年，竟完全是一个血气方刚、胆壮气粗、忧世愤俗、敝屣功名、洒脱豪迈的主人翁形象。

当然，阿丙先生的胆大绝不意味着粗心，从他细致入微的观察和入骨三分的分析中可以读出，在这方面他心细如发。在《赞誉声中说龙短》中，他以逆向思维入手，从人们惯常的龙年赞龙引出“龙”的诸多短处，再由“龙多不治水”引出“头多不结果”、“官多不做事”的现实命题，分析得鞭辟入里，细致透彻，且一气呵下，水到渠成。而《开心于机车船票提价》则由国家交通部门机、车、船票提价的决策升发开来，联想到反腐倡廉的重大问题，为那些“五岳寻山不辞远，一生好入名山游”的公费旅行家们提了个不大不小的醒儿。《过关古今谈》通过关云长过五关、老子过函关、伍子胥过昭关说到共产党人如何过生死关、“糖弹”关、苦乐关。《可怜的“上帝”》则通过一则新华社电稿议论开去，将一些口头上竭力尊奉“上帝”，而实际上又百般捉弄“上帝”的人们的嘴脸揭露得一览无余。尤其是他笔下的一组历史人物，更是精彩纷呈。其间帝王将相有之，如刘玄德、周公瑾、诸葛孔明；泼皮无赖有之，如该杀的牛二、“贪贿说风情”的王婆；更有那为官默默，父子相承，造福蜀中百姓至于数千载的好官李冰。在他们身上，无一不寄托着阿丙对现实世界的褒贬。所有这些，设若不是细于观察，长于思考，处处留心，时时注意，怕是很难做得出来的。

由于杂文具有独特的直刺时弊的社会功用，这就要求杂文作者既要有牺牲精神，又要有自我保护意识，做到“志方而行圆”。因为要完成切中时弊，对社会上的假、丑、恶给以致命一击的使命，如果不想方设法保护自己，闹得不好就会“出师未捷身先死”，做出无谓的牺牲。《三国演义》中魏国大将许褚在大战马超时赤膊上阵，结果挨了两箭，被马超嗤为“虎痴”，后人也讥为“莽夫”，讽其不讲求战斗方法；瞿秋白在论及鲁迅先生的杂感时，也曾盛赞其不逞匹夫之勇，保持“韧的战斗精神”，说的也是这个道理。阿丙先生的杂感，尽管激昂慷慨的文人侠士激愤之语随处可见，但在许多篇什中，已分明透出了“韧的战斗”意识。尤其是《马谡斩过之后》一文，他借古喻今，既盛赞诸葛亮的执法如山、不徇私情、严于律己、勇担责任的磊落气度，为后世为官者树立起了一个高山仰止的行为楷模；同时也将后世官僚们的闻利立至、遇事推责的丑行摆到了光天化日之下。尤其是结尾一段，他居高临下而又不无遗憾地说，“但后世与此相类的许多故事中，偏偏只苦了马谡一个人，斩过马谡之后，一切都没有了下文”。这段话非常精妙。妙就妙在既深刻又含蓄，既精练简洁又含蕴丰富。在人类历史长河中，此类现象确乎太多了，在如今一些官僚主义盛行的地方，更是俯拾皆是。历史与现实，究竟哪一个是作者更为关注的所在，这已无须多言。因为发思古之幽情，也往往是为了现在的。但尽管如此，作者却没有明说，只是说了个“后世”。这个“后世”时间跨度到底有多大，听凭读者仁者见仁，智者见智。倘若真是有人硬是对号入座，往自己头上扣“屎盆子”，那只能说是你做贼心虚，怨不得“咱家”了。

遍览阿丙先生的自选杂文，尽管胆大心细、行圆志方的杂文之道他尚未完全灵活自如地运用，但笔者已明显感触到了他这方面的追求。且后半部分越写越老辣，足为我等垂范。管中窥豹，难免挂一漏万。鄙陋之见，还请就正于诸方家。

亦儒亦道亦诗客

——《张丙辰精选集》题后

长时间混迹江湖，听过形形色色的领导报告，习惯了那种毫无生机的八股腔，时常替那些只会打官腔已经失去“说人话”能力的官员们打心眼儿里感到惋惜，以为这种“语痿”的根源其实就是“脑瘫”，较之“阳痿”要严重许多的。但遗憾的是，任你如何做扁鹊四顾，人家没有一丁点儿危机将临的感觉，反倒让自己感到很是没趣。

然而，自从来了个张丙辰，让我对领导报告的感觉一下子敞亮起来；非但是我，许多听过张丙辰报告的人都有同样的感觉，那就是：口才真好，学问真扎实！原来领导报告可以这样做，领导同志原来也是可以讲“人话”的！

丙辰君主政焦作教育六年之后，上峰要委重任于他，有司派人到焦作考察。谈话时我说，张君主政，是书没有耽误读，文章没有耽误写，官没有耽误做，酒也没有耽误喝的，是个“四不耽误”的好领导。后来丙辰君见我，谈及对他的考察情况反馈，说这样的评价一定出于你李志强，别人绝对不会这样评价我的。

做到这“四不耽误”，没有充沛而过人的精力不行，没有恪尽职守的责任意识不行，没有燃烧如烈焰般的激情不行，没有视事业如生命的教育情怀更不行。

当今许多地方的基础教育，倒更像是生产了。在“生产”理念的支配之下，学校成了工厂，教室成了车间，学校与社会、教师与学生之间的关系完全成了“来料加工”的关系。社会与家庭向学校提供“原材料”，政府出加工费，教师在校长的组织之下，建立起“考试机器”生产线，对来自四面八方的基础不一、个性多样的学生进行加工。材料好的加工得精致一些，将来能够送入好一些的上一级学校继续加工；材料一般的就加工成一般的产品，送入一般的上一级学校加工；倘若是不可雕的朽木，不可圬的粪土之墙，那就把他扔到“废料堆”中任其自生自灭。这种看起来类似合理的教育，从根本上异化了教育的本质，让老师不再把学生当人。许多学校出现的教育乱象，却能够从这种异化中找到根源。

对这些问题的思考一直萦绕于张丙辰这个地方教育主官那颗智慧的头颅，使他经常卧不安寝食不甘味，包括他后来全力推进朱永新先生倡导的“新教育实验”，正是为了实现被应试教育层层封锁的素质教育的大突围。在全党、全军、全国各族人民都在关注“考试分数”的大背景下，奋力撕开了素质教育的口子，这需要多大的勇气、智慧、激情与真挚的教育情怀呀！

陶行知先生曾说过：唯有学而不厌的先生才能教出学而不厌的学生。丙辰君深知这句话的分量，更清楚好学的先生与好学的学生之间那种身教当先的因果关系。同时，他还能够清醒地看到社会性的阅读贫乏症已经把教师群体拉扯得蓬头垢面，面目全非。于是，他在审慎的思考之后做出的是最为庄严的选择——用自己的行动感染校长，让校长感染老师，让老师再感染学生。当然，管理问题绝不会做得如此原始。但，行动却是如此的令人感动！

在市教育局工作期间，丙辰君每天坚持晨练。晨练时他一定要带上一个MP3，但那里边录制的既不是周杰伦，也不是莫文蔚，而是唐宋诗文经典。他边跑边听，边走边背，以至于《古文观止》的多数篇什，他都可以背得滚瓜烂熟。在教育局——当然，在他当教育局局长之前都已经这样了——他坚持读书写作。公文是看家的饭碗，但活着就不能没有文学。尤其是杂文、诗词，他能做到随手拈来，出神入化。与教育局机关的同仁们接触，上下级关系一定得处理好，但文友关系从不怠慢。因为他知道，从这里边所能吸取的，是战战兢兢或别有用心的下级永远也不可能给他的东西。一有闲暇，他便神游物外，思接千载，既能写出阳刚如《兰亭主人和魏晋遗风》之类对历史现象进行深入剖析的文字，但笔下也能流动比沈园还要“柔软”的《柔软的沈园》。他曾不止一次地告诉我们：我们之所以能够取得一点点的成就，不就是因为我们年轻时候多背了一些东西？他也曾多少次做出示范——当每年一度《教师人文素养拓展计划》的读本要付梓的时候，他一定要热情洋溢地写出序言——每一篇序言都是足以耐人咀嚼的名篇佳构。工作之余，他喜欢和朋友推杯换盏，不惜换得一夕醉。但如果酒力还能驾驭，他更愿意和同道品唱京腔京韵。他几乎可以把“文革”期间被“打造”出来的“样板戏”从唱词到念白做到倒背如流——那些在思想内容方面被严重“规范化”的东西，在艺术上真的到了无以复加的程度。

朱永新先生写张丙辰“局长本是一书生”，我们的感受是，“书生局长”更知道规律、更富有情感、更明白人生责任、更懂得教育是要从生命的本质考虑问题的。也正因为如此，他不仅从行动上给校长和老师们做出了表率，更显示了“书生局长”应有的良知与原则。看看他所写的杂文、随笔，尤其是针砭时弊的东西，不能泯灭的是作为文人的那种社会责任感，是那种替天行道为民请命的担当精神。

“进亦忧退亦忧”是儒者的本能，但是，张丙辰没有陷入腐儒的那种不可劝谕的执着，在他真正努力过后实在无力回天的地方，他也会做出出世哲人般的潇洒与超脱。自己做不到的事情，相信终会有人做得到；目前解决不了的问题，相信后人的智慧一定比我们强。没有必要将完全可以由后人做的事情我们都做完，更重要的是得认清自己，其实一个人能做的事情极其有限。当仁不让是应有的担当，得放手时且放手也是一种智慧的超脱。在这个方面，可以从《缘祭》中看出张丙辰先生在思想方面的基本特征：对于美好的东西要坚持不懈地追求，但追求也能做到适可而止。这种境界看似简单，其实真正做起来，又有几人能够做得好？拿得起容易，放得下难。能够把自己的人生活出弹性，非有足够的智慧与胆识不行。这一点，我们是需要向丙辰君学习。

丙辰君喜欢写诗，尤其喜欢写古体诗，写得也非常好。但他有个很重要的缺憾，他的普通话实在不能令人恭维。正因为如此，他写古体诗常常是按照自己的感觉在做，并不是按规律与规矩在做。尽管如此，因为他雄厚而广博的古诗文基础，虽然未必符合平仄规律，但他的诗让人读来感觉境界高远，韵味十足。古人云，韵生于有余。张丙辰先生的诗读起来之所以给人韵味无穷的感觉，或许就是那些诗作背后先生那无以拟测的深厚学问功底与无以言表的教育情怀吧。

想到此，我记起了范仲淹《岳阳楼记》里边的一句话：微斯人，吾谁与归？

“通透”的“国柱”

——张国柱《方人说话》读后

说来惭愧，尽管在朋友那里看到《方人说话》时我也曾电催国柱先生，还责怪他为什么厚人薄我。然而，拿到这本书，我便如对所有购得或获赠的作品一样，放在了手边的书堆里。若不是张丙辰君短信告诉我，6月底要开国柱先生的研讨会，我还真不知道何时才会认真披阅这本《方人说话》。

书到用时始知读——如同袁子才的“书非借不能读”一样，这个毛病我已经渐入膏肓。每逢见到喜欢的书，我便要买回来，但至于什么时候才真正读起来，的确没有个定准。因为我觉得，既已拥为己有，便什么时间读什么时间现成，着什么急？然而往往由于这样的“优越感”，竟贻误了许多逝水一般的光阴。

国柱先生是我的畏友。这倒不是因为他平日的不苟言笑，而是他深厚的学养和犀利的言谈。国柱先生在报社工作，20世纪90年代以后，我也渐渐有些文字见诸报端，多为杂感随笔之类。国柱先生深谙此道，且为报社资深编辑记者，又长我10岁，每逢一起座谈，必有真知灼见震人心魄。如此一来，越发让我觉得自己的“醋瓶”不满。久而久之，便在心中形成一种思维定式，见到国柱，仿佛蹩脚的学生见了严厉的老师一般，连思维都要滞障。

三年前，偶尔在沁园春网站上看到网名“北里汉”在征联，以“三姑泉水聚成湖”为下联求对，看到许多网友的对句，一时兴起，也凑了个热闹。我出的上联是“个旧�竹裁作简”，虽不是太工稳，倒也应了坛主的要求。后来在论坛上看到北里汉先生的跟帖，说："只有侃夫（我的笔名兼网名）对这样稀奇古怪的对子，但你蒙不了我，我看得透！"而且还以"好端端的一个'夫'怎么给'侃'了"为话题，取笑我的笔名。过后的一段时间，有朋友告诉我，这个"北里汉"就是张国柱，他还有一篇文章，是专门评论你与张丙辰的，你可以找到看看。

当时我与张丙辰君有几首唱和的诗，我发到了沁园春网站上，跟帖评论自然是有的，但一般都是很简易的褒贬，北里汉的那篇文章则是全方位的评论，从内容到形式，从立意到功夫，鞭辟入里，切中肯綮。但其中有一句话让我惶恐了多日。大意是说，我的每一首和诗都在"教"张丙辰君如何讲究平仄。其实我清楚，张君不是不知晓为律之道，只是他的普通话实在蹩脚，讲究起来既艰辛又很难准确，所以干脆潇洒为之。不过以其深厚的诗文功底，随口吟出的句子便意趣横生。如"老来怜子倚门柳，病后扶妻看庭花"之类，虽不十分工稳，然确为佳句。张新峰君也称这叫"古律"。对于这样的大家，我如何敢"教"？不过好在帖子中还有"侃夫的诗有味儿，丙辰的诗有劲儿"之类的评价，充分肯定了张丙辰君的大才，让我紧绷的神经稍稍松弛了下来。不然的话，且不说让我与张丙辰君的"上下级关系"不好相处，就是在方家面前好为人师的轻佻，也是让我很难消受的。

正如国柱先生文章中所言，"所谓网友，是一群儿童般天真无邪淳朴单纯的人""没有防人之心，嘴边不留半句话，见面即抛一片心"。网友间的这种接触多了，原来对国柱先生那种敬畏也渐渐给冲淡了许多，其间的心理障碍也便慢慢地消除殆尽了。

通读国柱先生的《方人说话》，常常感喟于他深厚的学养、精辟的见解、三教九流无所不涉的视野和纵横捭阖思接千载的灵性。孙过庭的《书谱》中有"古不乖时，今不同弊"的说法，拿来为《方人说话》作注脚，窃以为是很妥帖的。

尽管国柱先生生长于一个祸乱纷仍的时代，但值得庆幸的是他那个饱有书香的"社会关系"——大爷爷是开蒙的好老师；外祖父是能够明白"世上人多心不平""河里鱼多水不清"的乡间读书人；父亲虽然只有 4 本"藏书"，但读的书却不少，是可以随口说出"北辰居其所而众星拱之"的农民；外祖父那里有《今古奇观》，五叔那里有《西游记》，G 叔那里有《浣溪纱》，Y 叔那里有《红楼梦》，松哥那里有《水浒传》，姐夫那里有《文学》读本，大哥还给他买来了上海春明书店的《初级模范作文》；更不消说他还能够从同学那里“讹”到《唐诗三百首》，在新华书店“偷”到《收姜维》，在苗老师那所剩无几的书架上“抽”到《史记》，在同学手中无限神秘地“拿走”《笑林广记》。可以这样想，国柱先生的童年、青少年，对别人来说是个闭塞与贫乏的时代，对他来说却是那么丰富而又多姿多彩的时代。当然，这既得益于那个充盈书香的“社会关系”对他的陶冶，更得益于国柱先生“久旱逢甘露”般对知识的孜孜以求。正因为有了这种特质，他不仅在“闷极无聊”的时候连针灸都钻研，甚至在厕所里见到便液中浸泡的绝句，也要将它摄入大脑……任何“成功”的背后都有“功夫”在支撑，当我们现在看到国柱先生汩汩滔滔的文字、顺手拈来的名人佳句、随意点染即成佳构篇章、放言横陈汪洋恣肆的宏论的时候，是否想到过他的这段经历？好在有了《方人说话》，可以让我们顺藤摸瓜，寻觅一位智者走向成熟的蛛丝马迹。

在国柱先生的笔下，历史都是现实的一面面镜子。潮州江山易姓韩，是因为韩愈虽贬谪潮州但为官一任，造福一方；超级大玩家宋徽宗，最终玩丢了江山玩掉了性命；和珅聚敛的钱财达到当时国家财政收入的10倍以上，结果却是“室暗难挨暮，墙高不见春”之后的一丈白绫泉路近；宰相的贪腐与奸佞、世故与伶俐，最后不过是尽付渔樵谈笑中；仅凭忠其前君说贰臣，则史家无法面对令公老杨业；若以篡位谋逆行褒贬，则世人不能颂扬秦王李世民。现实中的是是非非，都与历史有惊人的相似之处；世间人的头头脑脑，千万别一叶障目掩耳盗铃。有历史的一面面镜子在，一切画皮伪装都无济于事；能够以史为鉴，得以祛灾免祸已是不易，就不要再做想钻历史空子的小聪明了。

国柱先生说历史是在说现实，说现实也在讲历史。人生在世，派头越大自由度就越小。近如经理董事满天飞，远如石崇王恺夸富贵。说到交往，须看透世间势利是常情。廉颇老将虽然叱咤风云，却不能揣摩清楚苏秦嫂子的心态；郑板桥感叹糊涂难得，就是因为他看得太清。女为悦己者容，“容”得男人越来越麻；男人想要“喂眼”，也得分古今中外，不能紧盯的时候不敢紧盯；所谓网友，除了直言不讳还能够国事家事天下事事事关心；说是月饼，其实已成请客送礼打通关节不折不扣的行贿“托儿”；以低价收购自己捣垮的企业有“功”无罪，似与不似之间，亦官亦商、亦警亦匪、亦精亦愚，无论官与民，所有的当权者一个个混得“满葫芦妖道”！在国柱先生的文章中，虽亦俗亦雅，亦庄亦谐，但骨子里透出来的却是一片与共和国同时代的那片赤热与坦诚！

融古会今，通古透今，以古鉴今，借古讽今，使国柱先生的文章既能古能今，却又古不乖时，今不同弊。如此的境界在书法的继承与发展中是最值得追寻的境界，但要想达到这种境界，单凭“练”字“练”不出来，非有大知大识，非有足够的字外功夫莫能为之。书法如此，文章亦然。一本《方人说话》，让我们看到了一根古今通透的国柱，尽管由于其孤直耿介的个性，时常在激昂慷慨之中忘掉了自己的年龄与身份！

让天地作证

——兼评杨晶的亲情散文

早就听说杨晶会写文章，也听说过当时南北院儿有几个能写东西的同志，写出几本长篇小说。特别是在二月河推出了清史系列小说之后，或许因为半个老乡的缘故，把整个儿中原能人的劲儿都调动了起来。凡是能写些东西的人，多数屁股都坐不稳，性子也耐不住了。还有的人附庸风雅，以为只要能够编出些个故事来，就算能够写书；只要把字数凑够，用俩钱儿或者找个熟人，把书印出来，当然也就成了作家。“作家”二字在人们心中是很神圣的，尽管当今社会对作家的崇敬感没有过去那么热烈了，但在相应的阶层里边，如果你是作家，相当数量的人都会对你表示尊重。不论他读没读过你的书，喜不喜欢你的文字，都会对你表示那种莫可名状的“景仰”，仿佛皇帝已穿上新装，谁若说没有看到，那是很失身份、很没面子的事情。

要说写小说，题材最好选择历史故事，不会惹麻烦。写现实的东西，不一定哪一脚落得不利索，就可能踩着别人的尾巴，那可不是很好玩儿的。在当今的社会，真的很少有那种井水不犯河水的事情。就连天上下的雨都给整酸了，还分什么井里河里，谁跟谁呀！比如《废都》与《白鹿原》一前一后出来，《白鹿原》中间自然主义的描写一点不比《废都》少，但因为它写历史，就躲过了一劫。而《废都》则没那么幸运，虽然作者在前面已经把《红楼梦》开篇“满纸荒唐言，一把辛酸泪，都云作者痴，谁解其中味”都给搬出来了，但还是没能逃出“文化猎人”鹰一般的眼睛。于是，就把它给禁了，还批得一塌糊涂。当然，禁的理由决不会是揭露现实的深刻与尖锐，和大家想的一样，是它“诲淫诲盗”——男盗女娼之类的事情，可以做但不能说的，尤其，不能教！

但是，杨晶却冒周边之大不韪，写出了《危栏》。

其实，我读到的那本小说，已经改名叫“水与火”了。拿到杨晶的书，快速读过去，仿佛置身当事人之间，许多事情都历历在目，宛在眼前。其间的许多人物尽管都已改头换面，但大多似曾相识；还有相当数量的人物，虽然为读者所不齿，但一点儿不影响人家的“使用”，一步步青云浩荡，春风得意马蹄疾。也许正是因为如此，这部书才得到河南作协副主席李佩甫先生的盛赞，以为是中原作家群中又一部批判现实主义的力作；也许正是因为如此，这本书才在群星璀璨、百花争艳的中州文坛大放异彩，傲然挤进了河南的“五个一工程”奖。

批判现实主义也是现实主义。一个人，思维方式决定你的一切。如果你踏上的是现实主义的道路，那么，你就一定很难拔得出腿来做稍许浪漫的。杜甫的诗一看就不是李白的，原因也在于此。所以，尽管杨晶也绝顶聪明，似乎也没能逃脱如此这般的窠臼。于是，两年以后，又一部长篇小说《危崖》问世。时隔不久，两部纪实散文《多想再叫一声妈》和《让爱永远陪伴你》相继出炉，而且让人一眼就能够看出，这还是杨晶，还是批判现实主义的杨晶。

杨晶的情怀是热烈的，但笔触却十分冷峻。初一看，似乎杨晶在记流水账。虽然一本时间跨度大，一本时间跨度小，一本是写母亲的，一本是写妻子的，但都存在明显的“记账”情结。无论中间涉及谁，无论这些人与作者的关系有多么密切，更无论可能会惹着哪些麻烦，杨晶都如实地写出来。看似自然主义的记叙，中间的褒贬自在其中。过去写史都崇尚《春秋》笔法，什么叫《春秋》笔法？就是如实记录！记录下来当时的实际情况，是非曲直自然会有人评说。如果你不是如实书写，人家便会把帽子扣在你头上，说你巧用曲笔，无法相信，夹杂个人感情与家族恩怨太多。可是如果你坚持做客观记录，谁都用不着多说了。“《春秋》成而乱臣贼子惧”，他们“惧”什么？惧真！在《多想再叫一声妈》中间，用母亲的人生际遇，折射出了一个多灾多难的时代；而《让爱永远陪伴你》，剖露的却是世所共知的危难之际的人情冷暖。虽然这些事情并不新鲜，并不是什么新奇卖点，但是，如此这般细致入微地记下来，就成了一幕幕社会解剖的活标本，不由你不佩服杨晶的细心与细致。

杨晶是孟州地方语言一个忠实的传承者。读杨晶的作品，无论是小说还是散文，如果用普通话，那是读不出味道来的，最好用地道的孟州话来读。在怀府八县之中，孟州话是曾被称为“官话”的，与其余诸县近似山西的口音大不相同；在河南，也较之其余诸县语言容易听懂得多。这样的语言虽历千百年来的风雨剥蚀，依然保持着十分突出的个性色彩。我曾听到过一个十分典型的孟州方言，说是“一个老汉儿拿着个茭草格档谷双到胡器合拉核捞徐须儿”（一个老头儿拿着一根高粱杆蹲到两个土坯垛子的夹缝中撩拨小麻雀），这样的话虽只能自己说，不足为外人道，但却显示着特殊的生命之力。在杨晶的散文中，随处可见“弥圪板”、“钉气眼儿”之类的词句。这类语汇如果不是出现在杨晶的散文中，若干年后很可能就要被人们忘却。杨晶多年生活在城市，又曾多年从事教学工作，不可能不会说普通话。但是，语言是承载情感的最佳工具，杨晶是以对家乡深沉的爱在使用着本土语言，并希望用这种方式使这种语言能够传得更久，走得更远。记得刘绍棠说过一句话：“土就是洋，洋就是土，越土越洋，越洋越土。”从杨晶的散文中，我分明感受到了这一点。

当然，捧读杨晶这两本亲情散文，在时而眼眶濡湿时而扼腕感叹的同时，也还觉得似有某种不足。特别是在选材与布局上似乎有些过于随意，流水账的倾向过于明显。也可能在取舍的问题上，杨晶也进行过激烈的心灵争斗，哪一点都割舍不下。好在天地可以作证，是非自有人说。而且，我谈的也仅是一管之见，未必切中肯綮，或许隔靴搔痒，甚至画蛇添足，在这里说出来，还想就教于诸同仁。

卢立文印象

——兼评卢立文摄影集《行吟秋韵》

与卢立文先生初次接触，是15年前了。那时，我刚刚到市教委办公室工作不久，从事文秘工作，同时还兼领部分大型宣传报道的任务。20世纪90年代初，焦作全市学山东，集资办学如火如荼，在山野乡村，都做到了最好的房子是学校。精诚所至动京城，1992年，全国集资办学现场会在河南召开，焦作作为最重要的一条参观线路，不仅要接待来自山东、天津、辽宁等七个省市的代表团，还要集中报道时任中央政治局委员、国务委员、国家教委主任的李铁映一行领导同志的视察。在焦作宣传组织工作之中，我负责随行记录，整理李铁映视察的指示与谈话，卢立文先生负责摄影报道。

当时卢立文先生在市委宣传部新闻科主事，又是焦作市摄影家协会的负责人，涉及重大题材的摄影报道非他莫属。那次活动给我最深的印象是，卢立文摄影可以不看照相机的视窗。摄影记者与文字记者不一样，大凡领导同志下车视察，各路记者便蜂拥而至，尤其是摄影记者，长枪短打鳞栉炫目，如果抢不到好的拍摄角度，很难拍出好的照片。有好几次，卢立文被淹没于摄影记者群，他就双手高高举起照相机，对准中心人物啪啪啪一顿紧拍。当时我想，这样会有什么效果呢？没想到回来以后卢立文发在报纸上的新闻图片，无论角度、构图、清晰度还是被摄人物的神采，均属上乘。博“拍”约取，披沙拣金，卢立文的新闻摄影战略让我深信，神枪手都是子弹喂出来的，摄影家都是胶卷喂出来的。

与卢立文先生二次亲密接触，则是三年以后了。市教委与吉林大学合作，建起了当时在中西部少有的一座多媒体计算机培训中心，近 80 万元装配起了 40 台多媒体计算机的培训机房。在大半个中国还没听说过“多媒体”，不知道 CD-ROM 为何物的时候，焦作舍得投巨资采取如此这般“导夫先路”的大举措，足见当时领导的气度与眼光。培训中心建成并开始培训，为了做好宣传，市教委专门请卢立文先生过来，集中拍摄了一些照片，并印制成了宣传彩页。具体服务卢立文先生的，还是我。

如果说报道李铁映视察，卢立文是率性写意的话，这一次就是工笔细描了。从镜头选择、灯光设计、画面人物安排到场景物品摆放，都精心布置，反复选择，推敲琢磨，匠心独运。图片选出来后，我陪卢立文先生到当时河南境内彩印设施最先进的临颍县南街村，校文校字校版校色，直到定样，方才喘了口气。在这次行动中，让我恼火至今的是，由于我的不慎，竟将卢立文先生价值不菲的摄影三角架遗失在出租汽车里，如此专业的三角架对于的士司机来说未必有用，但那司机居然就给昧下了。世道难测，人心不古啊!

光阴荏苒，岁月如歌。转瞬之间，世纪更迭也已经六七年了，其间卢立文先生由宣传部而文联，由一线而二线，我也由机关而学校，实现了真正意义上的回归。虽然与立文先生没有过多交往，但联系却一直保持着。今年春上，忽然接到立文先生的电话，说他集了一部摄影画册，要举行首发式，邀我参加。对于摄影虽然不在行，但我对立文先生的摄影作品却是心仪已久。于是欣然前往，手中便拥有了这本《行吟秋韵》。

说实话，我一直认为，焦作之于全国，由原来的“煤黑子”到如今的“优秀山水旅游城市”，如此巨大的转折，摄影家们是“与有力”的。看似平常的一汪碧水，一抹青山，透过摄影家们的镜头，便有了仙境一般的感觉。在几次焦作大型的摄影展览之中，我都有这样的体会。特别是卢立文拍摄的云台天瀑，已经成了焦作山水形象的经典，成了焦作的核心名片。尽管我对立文先生的山水摄影早有叹赏，但披开书页，走进《行吟秋韵》，仍然感受到了一次次的心灵震撼。

枫叶如丹，好风似水，晶露如珠，一片红叶，便可醉倒黄昏。满目苍凉，看胡杨风骨，在大漠晴空，艰难地舒展着那一片金色。内蒙古额济纳的胡杨林，走进卢立文先生的镜头，便成了希什金、列维坦笔下的名画。什么是生命的抗争？看一看卢立文镜头里的胡杨吧，那千年老干上挺起来的枝杈，不就是靠吮吸苍老母亲那干瘪乳袋里仅有的一点浆汁顽强活着的老儿子吗？九寨的林间，飞瀑响流泉，竟如同无数个白雪公主新沐出浴呢！凝望那一碧如染的水，你会想到无名那剑尖划出的一道波痕吗？最安详的要数白桦林边那片富庶的原野了，天地一片苍茫，草野牛羊成群，牧民的草个子，若不是零散摆放在汽车旁边，我还以为走进北朝的敕勒川呢。东西南北走遍，还是家乡最好。在白居易诗中的黄栌，给了诗人多少无奈的哀叹啊，然而在卢立文的画面里，却成了秋日青山绿水间夺目的精魂。谁说安泰没有力量，一旦他的脚坚实地踏在盖娅母亲的身上，他便成了力大无穷的巨人。卢立文先生踏遍太行青山，胸中便成竹一片了。那轻轻旋动的镜头，对准的又岂止这一点红叶？

《行吟秋韵》是卢立文先生在不长时间段中采撷出的精华，也当是卢立文先生自然风光摄影的一个里程碑了。我一直在想，如果没有过人的情怀，不可能撷取如此的美好；如果没有过人的心力，不可能踏遍青山人不老；如果没有精湛的技艺，不可能把造化的气韵与灵魂请进书中；如果没有博大的爱心，不可能把天地的灵秀奉献给大众。闲暇时候，随意翻一页，想象你就在其间的那种美妙，那种融会天地、吐纳自然的境界，该会给自己饥渴而躁动的心带来多大的抚慰啊！

那个时候，你会不感激卢立文？！

散文小说亦可喜

——从《传道红尘》到《菩提树》看韩达的语言表达

韩达先生的新作《菩提树》出版了，嘱我读后写两句。我抓紧时间在一周内读完了这部小说，感受了韩达先生营造出来的复杂的人际关系与社会背景，但在写上，却犯难了。

我与韩达先生的接触，应该相当早。那时候在《焦作日报》上常看到署名韩达的文学评论，剥茧抽丝，细致绵密，气势恢宏，滔滔不绝。像我这样对语感要求比较苛刻的读者来说，韩先生的表达，读起来非常过瘾。但那个时候只知道韩达文章写得好，却不知道其人在何方。

后来，韩达先生被提拔到修武县当副县长，主管教育，我在焦作市教育局工作，自然接触就多了起来。再后来，韩先生又到市文联做领导工作，教育局与文联一条街，相距甚近，且我喜欢书法，书协的活动韩主席又往往出席指导。忽一日，韩达先生听说我居然也还有码字的癖好，骤然间刮目相视，以为弄墨者多数是不舞文的，而我与他交往许久，竟然瞒着先生做文坛两栖，那自然与蛤蟆差不多了。好在虽是蛤蟆，却也不癞，于是便赠我一本他创作的长篇小说《传道红尘》，让我给以指点，谦谦君子之状可掬。

在与韩达先生交往的过程之中，我十分喜欢听他讲故事。韩先生的口语不太入俗，往往出口便是书面语言，再加上表达时力图绘声绘色，自然就让人感到娓娓道来。尤其是他讲故事的时候不用普通话，不用普通话而又能够以书面语的形式进行故事讲述，是很不容易的，当时心下里佩服，此公语言功夫了得！

《菩提树》是近年韩达的力作。据他自己讲，构思创作用时当在十年以上。小说情节并不复杂，无非一个城市建设的硬空间，一个人事变迁的软空间，再加上一个菩提树本身所含蕴着的世俗与宗教的虚空间，一切故事都由此展开。其间男男女女，分分合合，明明暗暗，狗苟蝇营，演绎得上上下下，熙熙攘攘，浑浑噩噩，轰轰烈烈。这样的小说与当今文坛上许多政坛小说、情场小说、神秘文化小说、市井里巷小说并没有太多的不同，甚至从故事的编排设计、人物的个性把握、情节的曲折离奇等小说所必须讲究的诸方面来考究，《菩提树》并不是最抢眼的那本。但我想说的，是韩达先生散文化的那种表述风格。

长期以来，我读书养成一个毛病，就是不会浏览。让我走马观花一目十行，我做不到。每每捧读一卷，都要一字一句地读。最初是感到，作者苦心孤诣经营这些文章的时候，可都是一字一字做出来的，我们不能深究细探个中要义也就罢了，如果成段成章地囫囵吞枣，那就太对不住作者了。对人不尊重，人家也不会尊重自己。久而久之，居然成了痼疾，无论是美文，还是小说，甚至是街头小报，我拿起来也要一字一句地读，也难怪余秋雨先生说当今阅读多数是浪费生命了。

但是，捧读韩达的小说，从《传道红尘》到《菩提树》，常常是满心欢喜。因为韩达的小说文字不糙，读小说如同读散文。从第三人称的叙述语言到其中的人物对话，都具有令人愉悦的可读性。许多时候读着读着常常忘掉了情节，甚至会把人物关系给弄混了，但其间的那些抑扬顿挫，轻重疾徐，又往往让人为之击节。

韩达的表达文气是很盛的，这让我时常想起他的同姓乡贤韩文公。韩愈讲究文气，他说“气盛则言之长短与声之高下皆宜”。读韩达的小说，常为作者语言的汩汩滔滔、一泻千里的气势所感动。

小说语言的散文化倾向有时候会受人诟病，但我总觉得，看热闹与看门道如果是着力点不同，热闹与门道都是会移步换形的，看故事的说情节，讲人物的看个性，剖主旨的求立意，也得允许品文字的察语言。

其实，欧洲文学与中国文学，经典的著述也有不少是以语言见长的。屠格涅夫的小说，中国的《红楼梦》《水浒传》与《三国演义》，摘录出来一段便可以拿到中学语文课本之中。我们当下的作者，如果也能够认真练一练这种功夫，受益的怕不光是小说创作吧。

笔底风云任卷舒

——杨家卿先生散文随笔《磨砺集》读后

近日，杨家卿先生送我一本他新出版的散文随笔《磨砺集》，嘱我写一篇书评。展卷细品，越读越觉得不敢落笔。

照实说，对于家卿，是既应该称“领导”，也必须称“同志”的。“先生”云者，照我的习惯，一般是对学术或艺术领域里朋友或师长的称谓。以其一日长乎我，便可以称为“先生”。先生者必先知，先知者必先觉。所以，能够被称为“先生”的，不是德高望重的长者，也一定是学富五车的学人。然而，杨家卿不但是一个地市级党校的副校长、正教授，而且做一行爱一行，是一个真正意义上的共产党人。当我把《磨砺集》读过之后，这种想法便更进一步地清晰起来。

读家卿先生的这本书，有几个不可思议。第一个是，我与家卿先生竟属同年。从王梦奎先生的文字中看到，当他 1958 年负笈离乡的时候，家卿先生才刚出生。依此推出，家卿先生应长我 5 岁左右。5 年时间，在当时就是一个时代。“文革”后期的风云变幻，教育领域各种势力的此消彼长，在我只如天书一般，在他却是亲历了。更没有想到的是，当我学完 3 年，挈书将担，首次进入一所县立中学的时候，紧邻的另一座城市的师范学校大专班，走出了杨家卿。如此说来，家卿先生虽则年龄长我 5 岁，其实教龄与我同年，此其一。

第二点，是家卿先生等身般的著述。家卿先生是党政机关难得的孜孜以求者。我印象中的党政机关干部，多是脑满肠肥、傣比官大的政客。那些大人先生们摆起谱来可以架比天大，冷起脸来可以赛过严霜，找起乐子往往吃喝玩乐样样技艺超群，玩起权术又一个个城府深似海。尽管这些人个个浑身的“能耐”，可他们大多都不屑于为文的，在他们的嘴里如果说谁是“文人”，就如同上海人说谁是“瘪三儿”一样。而家卿先生身处闹市而能静，位居高位而喜文，的确是不容易。从《司马懿与司马故里》到《毛泽东心系怀川》《北苑居散记》《学步小札》《笔凝心声》，乃至于《走进新的伟大工程》《新世纪的思索》，无论是人文考据、学林漫笔，还是政坛思索、资政宏论，都做得有板有眼，有声有色，雪泥鸿爪，处处留痕。若非有一种执着的追求，单世俗浮躁就早已让你风摆杨柳了，如何还能见到这一本本的著作！

第三点，是家卿先生的文字情结。在政坛混世界，多数人是纵横捭阖官场却视文字为末技的。有道是“没材料人写材料，越写越没材料”。还有人将当今最舒心的工作概括为“出差不拈兜儿，开会不办会儿，上班不写字儿”。家卿先生的工作，如果说一开始是身不由己必须端文字这个饭碗的话，渐行渐远，我们越来越发现他是跟文字干上了，把写作文章罗砌文字当成了生命不可或缺的一部分，几乎到了稍一搁置便技痒难挠的程度。不然的话，国家、省、市级报刊上的百余篇有分量的文章，不可能都是领导吩咐的听将令所为，甚至可以说相当多的数量都是他乐此不疲的结晶。中国过去的政坛巨擘，往往也都是文坛高手，三曹自不必说，唐宋明清，身居高位而以文名世的就灿若群星，唐朝宰相贺知章位高权重，但他“二月春风似剪刀”的诗句却脍炙人口；宋朝就更多，欧阳修、范仲淹、王介甫、苏东坡，都是为政与为文两相兼顾，相得益彰的。然而社会发展到如今，除了毛泽东等老一辈革命家有一些诗文俱佳之外，后来的继任者，特别是省部级官员，就很少听说谁的文字很好了。也许是底子问题，也许是倡导问题，反正此风之渐，使得官僚群体之中多不能文。太平盛世不尚武，官衙僚属又缺文，那么他们崇尚的，只能由看官们去想象了。然而，就是在这样的大背景下，杨家卿却始终将身嫁与文字，终日厮守青灯黄卷，这不能不让人感佩有加！

第四点，是家卿先生的故土深情。家卿为文有个特点：以平实话，写身边人。其实最重要的是，他的身边也有人好写。他的出生地温县安乐寨村，是个了不起的村落。说起魏晋风流，没有人不知道司马懿，此公就是安乐寨人。尽管后来的《三国》戏着意忠良之臣把诸葛亮捧上了天，但诸葛亮还是没有斗过司马懿。虽然两晋并不是中国最强盛的时代，但两晋在中国文化史上的地位绝不可小觑。在中国近现当代，这个小村走出来的人物也不得了，经济学家王梦奎、工程院院士王梦恕、中医大家杨医亚、史学家杨碾、民国众议员王文郁、黄埔教官牛文化、抗日将领杨团一等等。书画家林国选虽非同村，也近同乡里。这样名震寰宇的人物，一个村子出一个便不得了，而这里居然林林总总棋布星罗。也难怪杨家卿娓娓道来如数家珍，单这些上应天星下应地理的人物激荡出来的氛围，也会让生于斯长于斯的文化人有说不穷道不尽的表达欲望。谁不说俺家乡好，好得有好的表现，否则只能是狭隘的自恋情结。杨家卿笔底流出的，与其说是这些各路英雄的业绩，倒不如说是自己久久鼓荡起来的乡土自豪。

还有一点，是家卿先生本分为人的厚道。一个人本分与否，主要看他是否干一行爱一行，干一行干好一行。世人的通病，是骑驴找马、见异思迁、这山望着那山高，结果往往舍近求远荒废了大好的做事光阴。而杨家卿则不一样，他在学校说学校，在机关说机关，到了党校，就又一门心思研究起了党员干部的培训。无论干哪一行，他都能干出名堂干出滋味儿。我也常听一些年轻人终日牢骚满腹怨天尤人，孰不知，什么岗位好什么岗位不好，干好了什么岗位都好，干不好什么岗位都不好。看一看古今之成大事者，哪一个不是“凉桌子热板凳铁砚磨穿”的执着一念者？家卿先生的成就，不也印证了这一真理？

正因为家卿先生的博学善思，才奠定了他深厚而广博的文化底蕴，无论为政还是为文，无论散论还是诗词歌赋，无论家乡名人的事迹钩沉还是文坛方家的生活访谈，他都能做到随手拈来即成文章，不禁让我想起郭沫若评价茅盾先生的那副对联：“胸藏万汇凭吞吐，笔有千钧任翕张。”

感于斯，遂成是题。

情系雅俗共赏间

——杨德才先生书法作品集序

谈到当今书家及其作品，我有一种观点，即“雅也易，俗也易，雅俗共赏最不易；得不难，失不难，得失两忘最为难”。这是有感于部分书家过分强调领异标新，在没有多少传统功力的情况下，只引进几个西方美学语汇，便要“张扬个性”，如果有人持不同观点，便要斥为“不懂艺术”，甚至将书法艺术弄到玄之又玄的程度，拉大旗作虎皮，故弄玄虚吓唬后学之类的现象。书法艺术，从字面上理解，至少可以理解为“书而有法，艺而有术”。尽管由技而艺、终进乎道是一个艰难的过程，但只要肯下功夫，而且得法，终归是有门径可循的。这个观点同道中间不少人未置可否。但在深表赞许的人中，就有杨德才先生。

杨德才先生于山阳书坛，是我可以师事的一位书家。早年我在山阳书壁上曾看过他的一个条幅，内容是“万壑松声山雨过，一川华气水风生”，笔走龙蛇，行云流水，洋洋洒洒，气韵横生。当时我的揣测，杨德才先生定是一位风流倜傥、潇洒飘逸之人。此后每见到他的作品，总要多留意几分，常被他字里行间透出的温文尔雅的气息所感染。一个偶然的机会，我去参加《山阳墨萃》在孟州市的首发式，经成万武先生介绍，第一次见到了杨先生。一个不太浓密的偏分发型，一架金丝眼镜，一副笔直的腰板儿，稍慢却有板有眼的谈吐，温文尔雅，一如他的书作。且对于我等后学，谈及书法练习与创作，总是诲语谆谆，没有丝毫的不耐烦，更没有一点故弄玄虚，给我留下了很深的印象。

后来我参加的书法展览活动多了，与作为焦作市书法家协会副主席的杨德才先生，自然接触、交往也多了。由师而友，逐步到了几乎可以无话不谈的程度。特别是参加笔会，我都十分在意杨德才先生的挥运状态，其点画之精当，运笔之沉稳，任你围观万千重、我自从容不惊的气度实在令我折服。问及他何以修炼出这样的功夫，他对我说，写东西多少不要紧，如果你能写得好而且快，不妨多写一些；如果快了却不能保证质量，那就宁可慢下来。出手的东西都署有自己的名字，不对人家负责，至少要对自己的名字负责吧。

就我所知，杨德才先生临池是很勤奋的。每次到他厂子里的办公室，都能看到恣意横陈的练习作品，如有得意之作，便悬挂起来，无论大字小字，不管是对联或者手札。有时他还鼓励我在他的案子上试试，我胡涂之后他总是要鼓励几句："最近在用笔上下功夫不少"，"近来又临某某的帖了吧"，等等等等。一段时间，他对自己长年保持的风格不满意，因此，从苏东坡到倪元璐，认认真真下功夫临写。在一次书法展中，我们一起看了一遍没有发现他的作品，正纳闷间，他却得意地说，到底有所变化了吧，能不被你们发现，我的目的也算达到了。

杨德才先生作书严谨，治学也严谨。他曾戏谑地对我讲：过去人称我"小杨"，后来变了，改称"老杨"，到如今已经有人称"杨老"了，可我的字仍没有苍老的样子。人老书不老，这可不是好现象。对此，我颇不以为然，便告诉他，花甲前后，对于书家来说，还只是个青壮年期，精神到处文章自老，不必担心。至于一些年轻书家，把字写得看似很老到——无论是用笔还是结体——那都是练出来的，他们下的就是这种功夫。然后我们谈到启功先生的晚年，以启先生的学问人品，道德文章，不能说不老吧，但他一直没有追求所谓的"苍劲""古拙""险怪"，没有追求所谓的"人书俱老"，但不是一点也没有影响先生一代宗师的艺术地位吗？阅尽奇险归于平淡，这才是大家风范。对此，德才先生深表赞许。

杨德才先生写字，也是一直没有追求所谓的奇险古拙，他不怕别人说他"媚俗"，一直坚持走自己的路。在山阳大地，无论是圈子里的书家，还是平头百姓，只要识得字且见过德才先生字的，没有不说好的。正因为他的雅俗共赏，所以能够欣赏他书法的受众逐步增加，喜爱他的人也越来越多。他常拿黄惇的话来开玩笑："不能说古拙不好，但如果讨老婆，谁愿意讨一个丑怪古拙的女人呢？"

近年我一直在思考这样的问题，书法艺术作为一种国粹，它到底是线条艺术还是结构艺术？到底应该为社会大众服务，还是为了书家宣泄自己的情感？是把书法艺术锁进象牙塔让它逐步萎缩，或者让它成为一部分艺术野心家追名逐利的工具，还是还书法的本来面目，让它成为人们表情达意的工具？带着这些疑问，追溯中国书法史上的经典人物及其经典作品，发现“二王”、颜柳、苏黄米蔡，似乎没有一个走的不是雅俗共赏的道路。自然，有明以降，受某种哲学思想的影响，各艺术领域都有了“异态新姿杂笔端”的可喜面目，但是，这个“百花齐放”在产生了许多独领风骚的艺术大家的同时，也惑乱了人们的眼睛，鱼龙混杂，良莠莫辨，以至于让许多人以为，只要抒写性灵的都是好东西，只要这个人在诗文绘画方面有较高的成就，他随意写出的书法作品也一定属于“神品”，甚至一些人已经不会用自己的眼看，不会用自己的大脑思考，只要有影响的“大人物”说好，便天下异口同声众口一词全是好！非但书法艺术的好丑莫衷一是，而且逗引得书坛争相“标新立异”，突出所谓“艺术个性”，名曰“艺术创新”，其实熙熙攘攘，皆为名利来往。过去书法家以书法养性怡情，结果耄耋之年仍身轻体健，如今我们听到书法家“英年早逝”的消息似乎日渐多了。这到底是书法艺术的正途，还是书法艺术的邪路？是书法艺术的本真，还是书法艺术的异化呢？

当一些年轻的书家在用许多书界大家都未必听懂的语汇阐述他们大众看不懂的书法作品有何理论支撑的时候，天津书法大家孙伯翔先生在接受记者采访时，说了一句耐人寻味的话，他说：我其实就是一个写字的。在这个方面，杨德才先生有着同样的境界，不信的话，请你翻一翻、品一品他的这个册子。

2007 年元旦后二日夜于龙源湖畔

米闹印象

第一次看见米闹的字，是在十多年前。我到一个亲戚家中，他一间陋室，家中什物已是拥挤不堪，然在那存留无多的粉壁之上，却张贴着一幅字，内容是人们熟知的辛稼轩的《青玉案·元夕》。虽然写在一般的图画纸上，四边也只是用广告色稍事修饰，但那清雅俊丽、风流蕴藉的格调和使转灵活、挥运自如的意趣却给我留下了很深的印象。从那时候起，我知道了博爱县书法界有一个叫米闹的年轻人。

而后，尽管在山阳书坛的各项书法活动中屡屡目击“米闹”这个字眼儿，也看到了米闹朴拙古茂的章草，隽秀险拔的张猛龙碑以及稍显稚嫩的南宫书体，一次次感受他那掩抑不住的才情，但至于米闹其人，却一直像那“披薜荔兮带女萝”的山鬼，惚兮恍兮，若即若离。而后我因冗务羁縻，往往不能临池习练。砚田常干，空余羡鱼之情；弛心焦渴，徒发楚狂之叹。世纪更迭前夕，待我工作变动，稍有余闲，重阅山阳书坛旧事，竟惊人地发现，此刻已不再是山阳米闹，而是山阳“闹米”了。米闹自博爱清化小镇一步步走出来，走出了焦作，走出了河南，在域内刮出了一股“米旋风”。

当然，这股旋风是温柔的，没有关西大汉执铁板唱大江东去的豪健，没有中原大地为北碑滋养出来的刚劲，甚至没有明清以降王嵩樵、傅青主等影响深远的北方书家那种略带霸气的雄强奔放，他呈现给人们的是中原乃至于江北书家少有的小桥流水般的清雅与淡远。读米闹的书法，无论是他那以南宫托体、香光作助、“二王”传神的书札，还是以侧锋拖出的碑版，甚至于附庸出来的流行书作，都弥漫着浓郁的书卷气息。这种情况常常使我纳罕。据我所知，书法作品中的书卷气息绝不可能是临出来的，也不可能是想出来的，只有下足字外功夫，才能在挥运之中自然流露。米闹既非科班出身，又年纪轻轻，缺乏“长年”的积学累功，哪儿来那么深厚的文化底蕴？若非天假之才，在如此短的时间里完成这等辉煌的业绩，殊非易事。

然而，从我逐级了解到的米闹来看，他的“江山”又绝非凭借才气打出来的。

在当今书坛，才华横溢、艺术眼光与艺术胆识兼善的年轻人确实不少，有的甚至已做出了蜚声内外的创举。但是，恃才傲物的窠臼多数人走不出来。因此，有些人稍有成就便不思进取，做了一现的昙花，成了书坛的匆匆过客；有些人夜郎自大，得到些许荣誉便目空一切，置所有的大家于不屑，仿佛只有自己掌握了书法艺术的真谛，或陷于自我闭锁、一意孤行的陷阱，或从此志满意得，不再思谋任何的艺术超越；还有些人急功近利，一心想做能够置身于书林的大家，基础尚未扎实就要立异标新，“创造”自己的“风格”，结果最后弄得什么也不是。米闹却不是这样，同宗先师米南宫集古成家的传统对他影响深远。他不知疲倦地追求着，不浮躁、不追风，对传统优秀书作的临习一丝不苟且孜孜不倦。尽管作为新一代年轻书家，现代人的时代气息使他无法隐遁，但在社会风气日渐浮躁、书坛一阵阵“刮风”的今天，他却能在传统的滋养中自由徜徉，游刃有余。看米闹作书，好一似风樯阵马，点画疾徐，跳宕多姿，字里行间充盈着浓郁的传统格调与书卷气息。

米闹作书认真，做人更认真。在平素交往中，无论自己已获得多大的荣誉，只要不是面对人所不齿的官僚与政客，均现谦谦君子之风。从米闹的做人看米闹的作书，就不难理解他在当今书坛门阀作风盛极一时，艺术探索进而弥艰的情况下，仍能层层脱颖，一直保持勇猛精进势头的原因了。

师古而不泥古，大才而不恃才，是米闹成功的精髓所在，这有他所取得的成就为证。但米闹毕竟年轻，今后许多方面还是个变数。学无止境，艺未有涯。倘若米闹能心存仲永之戒，坚持在字内功夫历练的同时，更多关注一些其他的艺术门类，甚至于更多的学问领域，做到在更多方面的触类旁通，并不断地修养身心，如此的话，在我们身边成就一代大师，也绝非没有可能。

天将降大任，高处不胜寒。作为长米闹几天的书坛道友，看着他渐渐远去的踧涉背影，心中油然升起一股崇高的感觉，不禁暗暗相祝：勉之，勉之！

造化钟神秀，情寄山水间

——张瑞奇先生山水画印象

瑞奇先生的画册要付梓出版了，嘱我写上几句，权充序言，我欣然应允。一来我与瑞奇同乡，都是少小离家，原本并不相识，然既为同乡，所托当无旁贷。二来我喜欢写字，瑞奇喜欢画画，又都在一座城市，文联诸协会往来本来就十分密切，再加上书画同源，自然接触多些。而且瑞奇先生是典型的原阳人，酒风人品俱为上乘，每每朋友相聚，往往一醉方休。时间久了，与瑞奇于推杯换盏之际，各方面的了解也便多了起来。

照实说，没有见到瑞奇画作之前，便于书画界的老师和朋友处听到了不少关于瑞奇善画的消息。但真正见到瑞奇的画，却是近十年之内了。一次我到焦作新华书店王长根先生官邸闲坐，看到他办公室的粉壁之上，挂着两幅字画，字是著名书法大家米闹先生的小行草，抄录的应该是几则诗话；画是一帧山水横幅，以赭石为基调，写北方山川，虽山势排布略显单调，然气势恢宏，意境辽阔，足见作者胸襟浩瀚，意态脱俗。到得近前一看款识，竟是瑞奇。照实说，当时我并不了解瑞奇其人。

后来与画界朋友交往之中得识瑞奇，总的印象是真诚、豪爽，既耿介孤直，也快意恩仇。一次酒后，我应邀到瑞奇家中，品茗闲话。我想参观他的工作间，他欣然应允。看到我喜欢的一幅山水斗方，便慨然相赠。言及自己画作润格，他说，朋友之间不谈这个，陌生人购画按润格付酬，朋友介绍的或可优惠，如若达官显宦，抑或富贵豪门附庸风雅之徒，则断无二价。因为这些人其实很少有知道艺术品价值的，也很少有尊重艺术和艺术家的，非如此不足以教育他们。

展读瑞奇厚厚的一叠画稿，也便跟着瑞奇沉醉于他的山水世界之中。造物主真的伟大，非但造就了风光无限的山川，也造就了一双双能够广摄山川灵秀的慧眼，而且还造就了特有的中国画笔与水墨纸彩。一旦这些造物的精华荟萃在一起，便产生了出神入化妙造天成甚至惊天地泣鬼神的艺术作品。瑞奇的山水画，上承唐宋明清中国传统山水画风，也广泛汲取现代西洋绘画技法，尤其是他的泼彩山水，直追刘海粟技贯中西的泼彩气韵，气势雄浑，笔墨豪健，色彩纷披，云山雾罩，澹水烟树，光影明灭，浑然天成。陶醉于瑞奇营造的山水画中，如同穿行于灵山秀水之间，与山川同吐纳，与万物共生息。

中国山水画之高妙者都离不开诗的意境与禅的精神。东坡公有言：“味摩诘之诗，诗中有画；观摩诘之画，画中有诗。”读瑞奇的山水画，即如读谢灵运、王摩诘的山水诗，也有着朦朦胧胧的参禅悟道般的感觉。尤其细品其清深幽邃的山林川泽，移步换形间都有着浓浓的诗意与淡淡的禅机。真正的中国文人，大多都有着出世、入世两套哲学思想作支撑。得意之时出将入相，匡世济民；失意之时归隐田园，寄情山水。穷则独善其身，达则兼济天下。进可攻，退可守，潇洒临世，应付裕如。甚至参透个中玄机的方家巨擘，都知道祸福相倚有无相生的道理，得意时便已开始做失意的准备，失意时也能看得开。得之未必喜，失之未必悲，胜也未必骄，败也未必馁。也许正因为如此，才造就了那么多出入相谐、宠辱不惊的中国文人，才造就了中国山水画特有的那种不瘟不火、恬淡悠远的抒情色彩。

我是个写字的，虽也积攒有许多的绘画技法方面的资料，却从未敢轻易染指画事。但是，多年来，我也从未间断过对优秀画作的把玩、欣赏、咀嚼与品味。怀川大地人杰地灵，北宋郭熙名传千古，当代靳尚谊饮誉中外，怀川的山水养育了这些大家，他们的文化成就又滋养了怀川这片文化沃土。瑞奇先生能取得如此的成就，或许也与这样的滋养有些关系吧！

言不尽意，甚或隔靴搔痒，好在诸位方家见仁见智，自会对瑞奇先生的为人与艺术做出公允的评判。

栗玉柱先生篆刻作品集序

天下事不如意者十常八九，且不说足金与完人不可得见，“四美”与“二难”并现的情况，千余年来见于记载的，怕也就是王子安之于滕王阁了。

尽管许多教育部门只将语言能力与数理逻辑能力作为智商测定的核心范畴，但美国哈佛大学教育研究所加德纳教授在他的《智能的结构》一书中，却对人的能力进行了 8 个方面的划分。他认为，人除了语言能力与数理逻辑能力之外，还有视觉空间能力、身体运动能力、音乐节奏能力、人际关系能力、自知自省能力、自然认知能力等 8 种能力。尽管在每个人身上，这 8 种能力的分布可能并不均匀，8 种能力同时兼擅的几乎不可能存在。但是，只要依据他独特的个性特征来施以教育和导引，仍然可以达到人人成才、个个成功的最终目的。

栗玉柱先生便是这样一位并不兼擅但个性与特长十分突出的平常人。

虽然我与栗玉柱先生同在一座城市工作，且又有许多同好，然而，由于各自都在忙着自己的事情，真正让我将名字与人联系在一起的，还是今年春节前的一次“文化下乡”活动。我随市书法家协会到一个企业义写春联，一位中等身材、憨厚质朴的先生一直在旁边殷勤地铺纸、添墨、转运写就的对联。当时我并没有太清晰的印象，事后有朋友告诉我，那就是栗玉柱。

那个点破让我大大吃了一惊，因为栗玉柱其名我曾多次耳闻，知道他不仅书法不错，篆刻亦精，且喜收藏，长于各种艺术作品展览活动的组织工作。曾组织过焦作市中青年书法篆刻研究会，具体操持过两届焦作市环卫系统的书法展、山阳书院首届城建杯书法展。他曾专门进修于西泠印社创作提高班，书法篆刻作品曾多次获河南省群众书展优秀奖，入选过西泠印社的三大展，是河南省书法家协会会员，河南省农民书画家协会理事。在我的想象中，玉柱先生应该人如其名，当具七尺伟岸之躯，不曾想那位其貌不扬，一直默默做事的就是大名鼎鼎的栗玉柱！

在后来的接触中，我更多地感受了玉柱先生“敏于事而讷于言”的特质，他和别人在一起，既没有过多的言辞，也没有高声的言语，不是默默地做事，便是静静地倾听。在艺林之中总是一副谦虚谨慎、永不厌足的样子。他自己也讲，他自幼家境贫寒，兄弟姐妹又多，从小并没有受过很好的教育。长大以后种过地，挖过煤，经过商，也做过裁缝。但在他心中，一直不灭的是对书法艺术的追求。书法艺术在他的心中，仿佛就是若隐若现的一丝灵光，一直引导他在暗夜里前行。

玉柱先生不信邪，不信命。他认为一切都是假的，只有本事是真的。他最讨厌说大话不干实事的人，他最大的梦想就是能踏踏实实地干些自己喜欢干的事情。

功夫不负有心者，艰难困苦玉其成。经受过生活的痛苦与艰辛磨难的栗玉柱，如今已取得了人所共知的艺术成就。看玉柱先生的篆刻作品，见不到当今印坛常见的那种匠气、躁气与霸气，扑面而来的是质朴华茂的结字与严谨又不失灵动的章法，分明萦带着明清江南印风的痕迹，走的是一种十分稳健的路子，这一如玉柱先生的做事与做人。朋友们在一起常说，书法篆刻灵气与颖悟虽然重要，但并不起决定作用。只要方法对，路子正，取法高，且肯下功夫，人人都能取得成功。并不像有些“理论家”说的那样，非天资颖悟不能染指书法艺术，那种用吓退后学的办法维持独尊的野狐禅绝非书坛正道。

近日玉柱先生要将他的印谱付梓刊印，托我为他说几句话，这对我这个本不大懂得篆刻的人来说，是一个不小的挑战。争奈玉柱先生再三相请，不便坚辞，

啰啰嗦嗦便写下这许多。自觉入木三分的少，隔靴搔痒的多。好在每位读者还都有一双慧眼，会在玉柱先生的方寸龙蛇之间读出更多的东西来；而且玉柱先生在篆刻的漫漫长路上，也没有显出要歇脚的样子。相信在不远的将来，我们还能看到玉柱先生更好更精的作品。

2006 年 3 月于桃花盛开时节

匠心在独运，大朴赖勤雕

——侯庆福先生书法管窥

侯庆福先生新的书法作品集要付梓了，嘱我写上几句。先生在电话那端言之切切，我在这端诚惶诚恐。我与侯庆福先生相知多年，他是我最敬佩的老师之一。最早见到先生的书法作品，是在 30 年前焦作市的山阳书壁上，仿佛为一幅隶书条幅，内容好像是辛稼轩的《青玉案 · 元夕》，结字宏放宽博，行笔迂徐舒缓，笔致腾挪灵动，笔力无所不至——尽管山阳书壁当时使用的材质是水泥墙面，但依然尽可能做到了精雕细琢，给我留下了很深的印象。后来和书界的老师们接触多了，渐渐领略了侯庆福、成万武、杨德才等书法名家勤耕苦读的非凡功力，以及他们激情澎湃的创作热忱。

在艺术风尚此起彼伏的当今社会，书坛也同样风起云涌、躁动不已。书法艺人对书法艺术的追求，常常不能够以自己的审美意志为转移。兰亭展、国展以及各种类型的单项展琳琅满目，每次大展都要力求推出新人新作，于是乎“删繁就简三秋树，领异标新二月花”，便成了书法艺术工作者的主要追求。诚然，艺术的生命在于创新。但是创新的艺术追求多了，有些还能够守住心中那朵莲花，扎稳中国书法艺术那条慧根，更多的则创来创去，创成了无根的漂萍、过眼的云烟。做得书坛届有才人出，各领风骚三五年。上一届你可以是叱咤风云的书坛领军人物，下一届就可能销声匿迹。这中间固然有些书家是功成身退，有些是船到码头，还有可能是遇到的评委口味时咸时淡，但事实摆在面前，真正能够连续在几届国

还有可能是遇到的评委口味时咸时淡，但事实摆在面前，真正能够连续在几届国展出现的书家，如今已经不太多见了。

在如此躁动的大环境中，侯庆福先生却能够从容淡定，这是他给世人最深刻的印象。先生隶书写得好，楷书写得好，行书也写得好。花鸟虫鱼，青山绿水，无不涉笔成趣。他很早就在中原书坛享有盛誉，但这些丝毫没有影响他在书法艺术探索方面的孜孜以求。用“咬定青山不放松，任尔东西南北风”来比况先生的书法艺术追求，是再恰切不过的了。

侯庆福先生的书法创作风格，一如他的为人。他祖籍河南温县，那是名扬海内外的陈式太极拳的发祥地，如今几乎是名震海隅，妇孺皆知。先生也打太极拳，但他打的却是吴式。他没有因为山阳陈式太极拳名师遍地便习练陈式太极拳，也不怕别人说他系出名邦而数典忘祖。焦作的太极拳手往往有没有功夫都是一袭太极衫赫然临世，他却终日里一身宽松阔大的运动服把吴式太极拳演绎得津津有味。

品味侯庆福先生的书法作品，常常能够闻出其中的太极气息，不仅隶书动笔徐缓，就连行草他都能写出神龟过路的味道来——任你风驰电掣，我自优哉游哉。王羲之的《兰亭序》盛唐八柱各领风标，后世临写《兰亭》者也泱泱大众，但如果你看了先生临写的《兰亭序》，一定会得出特立独行的评价。他的《兰亭序》追求的不是形神兼备，而是神完气足。我们看到的行笔较快的临写作品，往往时有神来之笔，让人眼前焕然一亮，但只要仔细端详，一定会看出鳞鳞败笔。而先生临写的《兰亭序》，无论是横幅还是竖轴，不仅通篇气韵畅达，而且每一字甚至每一笔画都能够经得住推敲，那奇险过尽的平正和铁画银钩一般的线条，虽然处处力透纸背，却又那样灵动自然，就如同一趟含胸拔背、虚领顶劲、沉肩坠肘、松静圆活的太极拳。

细细咂摸侯庆福先生的书法作品，时常让我想到快与慢的辩证法。当人们口头“一日千里”“日新月异”之类的词汇使用过繁的时候，人类生存的质量到底是提高了还是降低了呢？按照常理，物体在爬坡的时候总是越来越慢的，只有走下坡路的时候才可能越来越快，到了收不住脚的那一刻，下边定是万丈深渊。当今社会，似乎讲究快的东西日见其多，能够慢下来的东西越来越少了。应试教育是教育中的短期行为，应付大展是书法界的短期行为，坑蒙拐骗是生意上的短期行为，破坏环境是发展上的短期行为。它们都有一个共同的特征，就是快。然而，紫檀长得慢，却极珍贵；灵龟爬得慢，却能长寿。快追求的是数量、是规模，慢了才可能有质量、有效益。如果不能从侯庆福先生的书法作品中读出些做人的道理，怕是没有读懂它。这是他独到的地方，也应该是他真正意义上功夫的所在。

写到这里，我眼前仿佛出现了一只巨大的神龟，它不愿意被供奉于庙堂之上，只愿意自由自在地爬行于大泽泥涂，谁能说这就不是真正的逍遥游呢?

那可是真正的庄子啊!

后记

平生最爱范曾先生的画，以为那简洁的线条加上率意的挥洒，瞬间便能洋溢出人物的精神来。特别是那幅《灵运临风图》，一张脸被仰得只剩下三分之一的高度，但从那眯成一条线的双眼、做深呼吸状的鼻翼和临风飘起的长髯之间，我感受到了谢灵运的沉醉，设若没有天人合一、物我两忘的超然，绝对画不出这样的神采来。给这本书起这样一个名字，灵感首先来自这幅画。

后来在读大学时，读到了徐志摩先生的《我不知道风是在哪一个方向吹》，在徐志摩的梦境从光辉到黯然的淡淡忧伤之中也迷失了自己。虽然每每有风吹过，无论冷暖香臭，都会引起一阵阵的心悸，然而心悸之后便是一片茫然——我不知道风是在哪一个方向吹。

再后来，我喜欢上了郑板桥，尤其喜欢上了郑板桥那咬定青山、立根破岩的墨竹，那种“千磨万击还坚劲，任尔东西南北风”的倔强，多多少少给自己的做人做事平添了几分观照与映象。而且，那瘦骨铮铮傲骨嶙峋的墨竹，只要横下心来，居然也敢应对八面来风，何况我等大活人一个，怕什么！

再再后来，便有了这本集子。其实这本集子是三合一式的集合体，一部分文章是从杂文集《玩深沉不容易》中挑出来的，一部分文章是从教育随笔集《期待是美丽的》中挑出来的，还有一部分是后来写作未入前两本书又感觉还可以拿得出手的。这些文字的时间跨度很大，最早的如《竹子的讽刺》是 20 世纪 80 年代中期的文字，最近的上个月才写出来，文字绵延近30年。因为文字之间存在较大的时间跨越，每个时期的文字都会带有那个时期的烙印。尽管当时凭栏临风，做的是所谓“深沉”的思考，但是现在看来，多数不过是小儿科了。虽然如此，话又说回来，即使现在自以为还能“拿得出手”的东西，将来未必就不会被自己视同小儿科，而且，即使如今自己不以为是小儿科的东西，在方家们法眼之下，难道就不是小儿科了吗？苏子云：“盖将自其变者而观之，则天地曾不能以一瞬。自其不变者而观之，则物与我皆无尽也。”从这个意义上讲，至少这些东西还有某些方面存留的价值。能看思想的看思想，能看文字的看文字，如果实在没得看了，至少还可以从政治社会文化学的角度作为一本“气象学”的书籍来看。毕竟，这是作者当时的“临风”所思，所思既在，不也可以间接了解一下当时的“风”味吗？

少年不识愁滋味时为赋新词强说愁，而今识尽愁滋味时却道天凉好个秋。在这本书中，反映了我从青涩到成熟的过程。趁着尚未熟透以至于腐烂，把它拿出来，对于有些上进想法的年轻人，或许会有些启发；对于阅尽人间春色的过来人，权当是临风一瞥吧。

李志强

2013年立秋后一日于郑东斗室南窗之下